Geulnuri
2025-A-09

한 권으로 읽는

러시아 문화와 예술

최윤희 허선화 이호림 지음

글누리 HNU

일러두기

1. 이 책은 러시아어 고유명사의 표기에 있어 국립국어원의 표기법을 따르고 있으나, 이미 익숙해진 표기인 경우, **ж**는 '쥐'로, **ш**는 '쉬'로 표기했음을 밝힌다. 예) 에르미타쥐, 푸쉬킨

2. 우크라이나와 관련된 지명은 기존의 러시아어 발음을 따랐다. 예) 키예프

목 차

서 문 _ 9

1장 | 러시아 개요 _ 13

01 러시아 국가 명칭 _ 15
02 러시아 국기와 문장(紋章) _ 16
03 러시아 인구 _ 17
04 러시아 영토 _ 17
05 러시아의 자연환경 _ 19
06 러시아의 지하자원 _ 20
07 러시아 화폐 _ 20

2장 | 러시아 일상 문화 _ 23

01 주거문화 _ 25
다차 | 바냐 (러시아 사우나)
02 음식문화 _ 29
흑빵과 흰 빵 | 쉬와 보르쉬 | 카샤와 올리비에 | 블린과 피로그 | 샤슬릭 | 스메타나와 케피르 | 과일과 채소 | 물 | 차 | 보드카 | 맥주
03 여가문화 _ 37
공연문화 | 스포츠문화
04 결혼문화 _ 39

05 국경일 _ 40

새해와 성탄절 | 세계 여성의 날 | 전승 기념일

06 러시아 교육 _ 43

3장 | 러시아 역사 _ 47

01 키예프 루시 _ 50
02 몽골 지배기 _ 51
03 표트르 대제의 서구화 _ 53
04 농노제 _ 56
05 1812년 조국 전쟁 _ 58
06 데카브리스트 봉기 _ 60
07 농노 해방 _ 62
08 러시아 혁명 _ 64
09 스탈린의 공포정치와 대조국전쟁 _ 67
10 페레스트로이카와 그 이후 _ 70

4장 | 러시아 민중문화와 종교 _ 73

01 러시아 일상 민중문화 _ 75

러시아 전통 의상 | 러시아 전통 주택 | 러시아 전통 놀이

02 러시아 민중 신앙 _ 80

자연숭배 | 정령숭배 | 민중 축일 | 이중신앙

03 러시아 정교 _ 85

정교란 무엇인가 | 정교의 수용 | 부활절 | 십자가와 성호 | 성당과 예배 | 수도원

5장 | 러시아 도시 _ 99

01 모스크바 _ 101

크렘린 | 붉은 광장 | 굼 백화점 | 성 바실리 성당 | 볼쇼이 극장 | 구세주 그리스도 성당 | 트레티야코프 미술관 | 노보데비치 수도원 | 모스크바강 투어 | 모스크바 국립대학교 | 아르바트 거리 | 모스크바 지하철 | 모스크바 시티

02 상트페테르부르크 _ 118

에르미타쥐 박물관과 궁전 광장 | 청동 기마상 | 성 이삭 대 성당 | 표트르 파블롭스크 요새 | 넵스키 대로 | 카잔 성당 | 국립 러시아 박물관 | 그리스도 부활 성당 (피의 구원 성당) | 여름 정원 | 알렉산드르 넵스키 수도원 | 마린스키 극장 | 백야 | 페테르고프 (여름 궁전) | 예카테리나 궁전

6장 | 러시아 문학 _ 133

01 19세기 러시아 문학 _ 136

19세기 러시아 문학의 특성 | 푸쉬킨 | 고골 | 도스토옙스키 | 톨스토이 | 체홉

02 20세기 러시아 문학 _ 161

은세기와 사회주의 리얼리즘 | 고리키 | 러시아의 노벨 문학상 수상자들 | 파스테르나크 | 솔제니친

7장 | 러시아 미술 _ 179

01 러시아 이콘 _ 181

이콘이란 무엇인가 | 〈블라디미르의 성모〉와 루블료프의 〈삼위일체〉

02 19세기 러시아 미술 _ 186

브률로프 | 이바노프 | 페로프 | 이동파 |
크람스코이 | 레핀 | 풍경화가들 - 쉬시킨과 레비탄

03 20세기 러시아 미술 _ 202

브루벨 | 추상파 - 칸딘스키와 말레비치 | 샤갈

8장 | 러시아 음악 _ 213

01 러시아 민요 _ 215

02 19세기 러시아 음악 _ 216

글린카 | 국민악파 5인조 | 무소르그스키 |
림스키 코르사코프 | 차이콥스키 | 라흐마니노프

03 20세기 러시아 음악 _ 229

스트라빈스키 | 쇼스타코비치 | 러시아의 대표적
연주자들

9장 | 러시아 발레 _ 235

01 19세기 발레 _ 237

마리우스 프티파

02 러시아의 3대 발레 _ 239

〈백조의 호수〉 | 〈잠자는 미녀〉 | 〈호두까기 인형〉

03 20세기 초 발레 _ 247

미하일 포킨 | 발레 뤼스 | 20세기 초 무용수들

04 소비에트 발레 _ 257

아그리피나 바가노바 | 유리 그리고로비치 |
〈스파르타쿠스〉

05 포스트 소비에트 발레 _ 259

김기민

10장 | 러시아 영화 _ 263

01 혁명 전후의 영화 _ 265
02 에이젠슈테인과 몽타주 이론 _ 266
03 스탈린 체제의 영화 _ 270
04 고전 문학의 영화화 _ 271
05 해빙기 영화 _ 273
06 안드레이 타르콥스키 _ 275
07 해빙기 이후 소비에트 해체까지 _ 278
08 포스트 소비에트 영화 _ 282

11장 | 러시아 대중문화 _ 289

01 로망스 _ 291
02 바르드 음악 _ 293
03 러시아 록 _ 297
러시아의 비공식 문화 | 러시아 록의 발생 | 러시아 록의 전성기 | 록의 쇠퇴와 쇼 비즈니스의 등장
04 러시아 애니메이션 _ 307
애니메이션의 서정시인 노르슈테인 | 〈마샤와 곰〉

참고문헌 _ 313

서 문

또 러시아 문화 예술에 관한 책인가? 이렇게 반응하는 독자들이 있을 것으로 짐작한다. 이미 국내에 러시아 문화와 예술을 다룬 번역서, 저서들이 적지 않게 출간되어 있는데, 또다시 한 권을 보탤 필요가 있을까? 이 책을 구상하면서 필자들 역시 이런 질문을 던졌다.

이 책의 필요성은 강의 현장에서 느끼게 되었다. 누구나 수업을 해 보면 마음에 꼭 드는 교재를 발견하기 어려운 것이 어쩔 수 없는 현실이다. 어떤 책에는 필요한 내용이 빠져있고 어떤 책에는 불필요한 내용이 너무 많다. 여러 책을 참고하며 강의안을 작성하다가 결국은 교재를 새로이 집필해야겠다고 생각하게 되었다. 그렇게 이 책은 탄생했다.

이 책은 러시아 문화예술을 교양과목으로 가르치기 위한 목적으로 썼다. 따라서 지역학에서 다루는 러시아 정치, 경제, 국제관계 등의 분야는 자연스레 배제했다. 전공 학생들을 대상으로 한 수업이 아닌 만큼 문화예술의 전 시대를 다룰 필요가 없다고 판단했다. 역사적인 순서를 유지하되, 필자들이 판단하기에 교양 수준에서 가르칠만한 내용들을 선별하여 구성했다. 이를테면, 문학에서는 중요한 몇 작가와 작품을 뽑아서 집중적으로 설명하는 방식을 택했다. 미술과 음악에서도 화가들과 작곡가들 그리고 중요 작품을 선별했다. 역사에서도 러시아 역사의 10대 사건을 선정하여 그 사건들 위주로 설명했다. 책 한 권에서 모든 것을 다 다루기에는 한계가 있어 가장 중요한 부분만 다루기로 집필의 원칙을 세웠다. 그러다 보니 시기적으로 러시아 문화예술이 활짝 꽃을 피운 19~20세기를 주로 다루게 되었다.

이 책은 기존의 책들에 비해 내용상 더 풍성하거나 독창적이지는 않다. 이미 국내에 소개된 책들의 도움을 많이 받아 집필되었음을 밝힌다. 러시아 문화예술을 말할 때 필요한 전 분야를 고루 다루었다는 점, 교양 수준에서 꼭 알아야 할 내용들을 신경 써서 선별했다는 점, 그리고 불필요한 내용을 과감히 걷어냈다는 점이 이 책의 장점이라 할 수 있다. 음악과 영화, 대중문화 부분에서는 기존에 소개되지 않았던 구체적인 정보들을 수록하려고 노력했다.

책의 구성은 총 11항목으로 되어 있다. 러시아 문학은 두 주 수업 분량을 한 항목에 담았다. 일차적으로는 대학생들의 교양 수업을 위해 쓴 책이지만, 일반인들도 한 권으로 러시아 문화예술의 대략적인 개요를 살필 수 있도록 썼다. 더 폭넓은 지식을 얻고자 하는 독자들은 참고문헌에서 도움을 받을 수 있을 것이다.

세 명의 필자가 나누어 공동 집필을 했는데, 각각 맡은 영역은 다음과 같다.

- 러시아 개요, 러시아 일상 문화, 러시아 도시 - 최윤희
- 러시아 역사, 러시아 음악, 러시아 발레 - 이호림
- 러시아 민중문화와 종교, 러시아 문학, 러시아 미술, 러시아 영화, 러시아 대중문화 - 허선화

유럽과 아시아에 걸쳐 세계에서 가장 큰 영토를 가진 러시아는 동슬라브 민족의 고유한 특성과 유럽으로부터의 영향이 상호작용하면서 문화예술을 발달시켜왔다. 필자들은 각 항목에서 유럽이 러시아 문화 발전에 미친 영향과 러시아가 문화 강국으로 성장할 수 있게 한 수용력과 민족적 자의식을 드러내고자 했다. 특히 러시아 문화를 이해할 때 중요한 키워드라 할 수 있는 '민중'의 문제를 부각하려 노력했다.

문화와 예술을 이해한다는 것은 그 나라와 민족을 이해하는 지름길이 된다. 이 책을 통해 러시아인과 그들의 문화를 올바르게 이해하고 우리나라와 다른 문화의 특수성을 인식하며 국제적인 안목을 넓히는 기회가 되길 바란다. 최근 러시아의 우크라이나 침공으로 인해 러시아에 대한 부정적인 이미지가 커졌다. 러시아에 관한 관심이 더해지면서 자칫 러시아가 아직도 사회주의 국가라거나, 역사적으로 다른 나라를 자주 공격한 호전적인 국가로 오해할 소지가 있어 러시아를 사랑하는 전공자들로서 안타깝다. 이 모든 것은 러시아에 대한 부정확하고 올바르지 못한 이해에 기인한다. 본서를 읽는 모든 이들이 우리와 가까운 이웃인 러시아에 대한 오해를 불식시키고 찬란한 문화예술의 부국인 러시아에 대해 올바른 인식을 갖게 된다면, 필자들에게는 더할 나위 없는 기쁨이 될 것이다. 속히 우크라이나에 평화가 돌아오기를, 러시아가 세계인의 비난거리가 되지 않고, 인류의 화합과 평화에 함께하기를 간절히 소망한다.

필자 일동

1장

러시아 개요

01 | 러시아 국가 명칭

러시아 지도

러시아의 국가 공식 명칭은 러시아 혹은 러시아 연방[1])이다. 유럽과 아시아의 북부를 아우르는 넓은 영토를 지닌, 세계에서 가장 큰 나라이다. 러시아가 공식 국호로 사용된 것은 18세기 초 표트르 대제 때부터

1) 러시아 연방은 1991년 소련 해체 이후 수립된 러시아의 공식적인 명칭으로서 다수의 공화국·지방·자치구 등으로 이루어진 국가 체제를 의미한다.

였으며, 그 이전에는 루시로 불리었다. 수도는 모스크바이며, 표준 공용어는 러시아어이다.

02 | 러시아 국기와 문장(紋章)

러시아 국기

러시아 국기는 제정 러시아 때부터 직사각형 안에 순서대로 흰색, 파란색, 빨간색을 넣은 삼색기를 사용했다. 이 국기는 1705년 표트르 대제 때 만들어진 것으로, 소련 시절에는 붉은색 바탕에 농민과 노동자를 상징하는 낫과 망치가 그려진 국기를 사용했지만, 소련 해체 이후 다시 삼색기가 국기로 채택되었다.

러시아 문장

17세기부터 공식적으로 사용해온 쌍두 독수리가 새겨진 러시아 문장은 15세기 말 비잔틴 제국의 문장을 근간으로 만든 것이다. 이 국가 문장은 제정 러시아 황실의 권위를 나타내면서, 러시아가 동로마 제국의 진정한 계승자이자 동방정교의 마지막 수호자라는 자부심을 표현한다. 동쪽과 서쪽을 바라보고 있는 쌍두 독수리의 머리에 각각 작은 왕관이 있고, 그 위에 다시 큰 왕관이 올려져 있다. 세 개의 왕관은 행정 · 입법 · 사법권을 의미하며, 쌍두 독수리의 두 발이 각기 잡고 있는 홀은 세속적인 권력을, 황금 구는 종교적 권력을 상징한다.

03 | 러시아 인구

러시아 인구는 1억 4,580만여 명(2022년 기준)이며, 러시아는 200여 개에 달하는 민족으로 이루어진 다민족 국가이다. 주요 민족 구성은 러시아인이 80%로 대다수를 차지하고 우크라이나인, 벨라루스인, 타타르인, 고려인(약 18만 명) 등이 있다. 러시아인은 우크라이나인, 벨라루스인과 더불어 동슬라브족이다.

04 | 러시아 영토

러시아의 면적은 구소련의 76%에 해당하는 1,707만 5,000㎢이다. 이것은 남아메리카 대륙 전체 면적에 근접하고, 미국과 중국의 영토를 합한 것에 조금 못 미치는 광대한 면적이다. 한반도와 비교해 보면 남한의 173배, 남북한 전체 면적의 76배에 해당한다. 러시아의 동서 길이는 지구 절반에 해당하는 9,000㎞에 이른다. 러시아는 중국, 몽골, 북한, 핀란드, 중앙아시아, 우크라이나, 벨라루스, 발트 3국 등 14개국과 국경을 접하고 있다. 러시아는 국토의 상당 부분이 북위 50~70도 사이에 위치하며, 우랄산맥을 가운데 끼고 유럽과 아시아로 나뉘는 유라시아 국가인 까닭에 영토가 가로로 길게 펼쳐지면서 무려 11개의 시간대를 사용한다. 모스크바를 기준으로 한국과는 6시간의 시차가 난다.

러시아의 영토는 광활하지만, 지형이 단조롭고 대부분이 낮은 평원 지대이다. 우랄산맥을 경계로 서쪽의 유럽 지역에는 러시아 평원이, 동쪽의 아시아 지역에는 시베리아 평원이 펼쳐져 있다. 러시아 평원은 유럽 대륙의 2/3를 차지하는 넓은 지역으로 서쪽으로는 유럽과 접해 있다. 발트해, 흑해, 카프카즈 산맥, 카스피해, 우랄 산맥의 자연 지형으로 둘러싸여 있으며, 러시아의 심장부라 할 수 있다. 북부에는 호수와 습지가 많고, 남부는 비옥한 토지로 덮여 있다. 러시아 영토의 70%에 해당하는 시베리아 평원은 전반적으로 완만한 평지를 이루는 지형적 특성을 나타낸다. 시베리아에는 세계 최대 담수호이자 수심이 가장 깊은 바이칼 호수가 있다. 바이칼 호수는 넓이가 남한의 1/3이나 되고 길이는 약 640㎞, 면적은 약 31.500㎢, 최대 수심은 1,637m에 달한다. 이 호수에는 2,600여 종이나 되는 다양한 동식물이 서식한다.

영토의 남부에는 고지와 거대한 산맥들이 몰려 있어 이웃 국가들과 자연적인 국경을 형성하고 있다. 전 국토의 약 10%는 늪지, 약 45%는 숲으로 이루어져 있다. 러시아는 해안선 또한 세계에서 가장 길게 펼쳐져 있는데, 국토 둘레의 2/3에 해당한다. 해안선은 북쪽과 동쪽으로는 북극해와 태평양을, 남쪽과 북서쪽으로는 흑해와 발트해를 끼고 있다.

다음 지도는 과거 소련과 현재 러시아의 영토를 비교해 보여주고 있다.

구소련 영토

러시아 영토

과거 소련은 15개 공화국으로 이루어진 연방 형태의 국가였다. 1991년 소련 체제가 붕괴하면서 15개 공화국은 각각 별개의 독립 국가가 되었다.

05 | 러시아의 자연환경

러시아는 국토가 넓은 만큼 극지방의 대륙성 빙설 기후부터 온대 기후에 이르기까지 다양한 기후대가 광범위하게 나타난다. 영토의 많은 부분이 춥고 긴 겨울과 짧고 서늘한 여름이 이어지는 전형적인 대륙성 기후대에 속한다. 한랭한 대륙성 기후가 지배적이지만 유럽 지역의 북서부와 흑해 연안에서는 습한 해양성 기후가, 연해주 지역에서는 여름에는 고온다습하고 겨울에는 저온 건조한 몬순 기후가 나타난다. 러시아의 사계절은 지역에 따라 편차가 큰데, 전체적으로 눈이 많이 내리고 강추위가 이어지는 겨울이 길고 봄과 가을이 짧은 편이다.

러시아에는 여러 자연대가 분포해 다양한 기후와 토양, 동식물이 나타난다. 식생 분포는 북극해 연안에서 남부 지방에 이르기까지 툰드라, 타이가, 혼합림, 스텝 등의 순서로 이루어져 있다. 러시아의 서쪽인 유럽 지역에는 침엽수림과 활엽수림이 섞여 있고, 우랄산맥 동쪽은 침엽수림만으로 이루어져 있다. 영구 동토대인 툰드라는 1년 내내 영하의 날씨로 산림을 찾아볼 수 없으며 이끼류만이 대지를 덮고 있다. 러시아 영토의 1/3을 차지하는 타이가는 농토로는 부적당하지만 넓게 분포한 침엽수림이 발달하여 이 지역에서 생산되는 목재는 세계 목재 생산량의 1/4을 차지하고 있다. 러시아 인구는 주로 서쪽인 유럽 지역에서부터 남부의 흑토 지대에 걸쳐 밀집해 있다. 러시아에서 가장 비옥한 땅을 자랑하는 흑토 지역은 러시아 식량 대부분을 차지하는 밀의 주산지이다.

06 | 러시아의 지하자원

러시아는 다양하고 풍부한 에너지 자원과 광물 자원을 보유한 국가이다. 주요 에너지 자원의 매장량을 보면 석탄 매장량은 미국에 이어 세계 제2위이며, 천연가스는 세계 제1위, 석유는 사우디아라비아와 쿠웨이트에 이어 세계 제3위이다. 이 밖에 주요 에너지 자원으로 우라늄과 수력발전 등이 있다. 많은 자원이 시베리아 지역에 집중되어 있으며, 20세기 중반부터 개발되기 시작했다. 이 외에도 시베리아에는 니켈, 금, 납, 다이아몬드, 아연과 같은 천연 광물들도 풍부하게 매장되어 있다. 러시아의 주요 광물 자원으로는 세계 제4위의 생산량을 자랑하는 철강과 구리, 그리고 세계 제1위의 니켈 및 제2위의 생산량을 차지하는 알루미늄과 플루토늄 등이 있다. 이 밖에 코발트, 크롬, 금, 납, 망간, 아연, 텅스텐 등도 풍부하게 매장되어 있다.

07 | 러시아 화폐

러시아의 화폐 단위는 루블이다. 현재 10루블 · 50루블 · 100루블 · 200루블 · 500루블 · 1,000루블 · 2,000루블 · 5,000루블짜리 지폐 8종과 1루블 · 2루블 · 5루블 · 10루블짜리 동전 4종, 1 · 5 · 10 · 50 코페이카 동전 4종이 통용되고 있다. 지폐의 도안에는 러시아의 대표적인 역사적 기념물들이 사용되고 있다.

러시아 동전

러시아 지폐

2장

러시아 일상 문화

01 | 주거문화

러시아의 주거문화는 크게 도시와 농촌의 주거문화로 나눌 수 있다. 현재 러시아의 도시에서 사는 사람들 대부분은 아파트에 거주한다. 도시마다 높은 아파트들이 즐비하게 들어서 있다. 소련 시절에는 공동주택 개념이 생겨나면서 귀족들의 주택을 몰수하여 방을 한 가구에 하나씩 배정해 여러 가구가 함께 살기도 했다. 이런 거주 형태를 '코무날카'라고 불렀다. 1950년대 이후에는 주택난 해소를 위해 '흐루쇼프카'라고 불리는 5층짜리 네모난 아파트들이 급하게 대거 건설되었다. 어느 도시를 가든 흔하게 볼 수 있는 이 아파트는 획일적인 형태로 낮은 천장에 시멘트로 지어져 인기가 없었다. 대체로 소련 시절에 지은 러시아 도시 서민 아파트는 공간이 좁은 편이다.

개방 이후 도시의 러시아 주택은 다양하게 발전해 오고 있다. 도시 외곽에 기존의 아파트와 구별되는 호화로운 아파트와 단독 주택들이 생겨났고, 아파트의 내부 구조 또한 개인의 취향과 부에 따른 차이가 두드러지게 나타나고 있다. 최근에는 서구식 첨단 편의 시설을 갖춘 초고층 호화 아파트들과 외부인의 출입이 통제되는 고급 빌라형 거주 지역도 등장하고 있다.

시골의 경우는 단독 주택에서 거주하는 경우가 많은데, 여러 집들이 서로 가까이 모여 마을을 이루고 있다.

흐루쇼프카 아파트

현대 러시아 아파트

✳ 다차

다차

도시 외곽에 텃밭을 가꿀 수 있는 소규모 농지와 그에 딸린 주택을 '다차'라고 부른다. 다차를 보통 별장이라고 해석하기도 하는데, 일반적으로 우리가 생각하는 단순한 휴식을 위한 별장과는 의미가 다르다. 대도시에 사는 러시아인들은 주말이나 휴가에 다차에 머물면서 자연 속에서 휴식을 취하기도 하고, 채소와 농작물을 재배하여 가정에서 소비하고 시장에 내다 팔기도 한다.

다차는 18세기 초 표트르 대제가 공을 세운 귀족에게 시 외곽에 있는 작은 사유지를 하사한 것에서 기원했다고 전해진다. 이후 제정 러시아 시기에 귀족들 사이에 확산하면서 귀족들이 휴식과 여가를 즐기는 제2의 생활공간으로 다차 문화가 형성되었다. 귀족의 전유물이었던 다차는 소비에트 혁명 이후 정부에 몰수되었고, 당 지도자들이나 유명 예술가 그리고 지식인들에게 선물의 형태로 주어졌다. 오늘날과 같이 도시에 사는 사람들이 나무로 집을 짓고 텃밭을 가꾸는 형태의 다차는 흐루쇼프 집권기부터 시작되었다. 소련 국민의 삶의 질을 높이고자 노력했던 흐루쇼프는 식량 문제를 해결하기 위해 도시 외곽의 주택을 각 가정에 무상으로 분배하면서 도시민의 70%가 다차를 소유하게 되었다.

이후 다차는 노동하는 공간, 식량을 자급적으로 해결하는 공간이면서 자연 속에서 여유롭게 휴식하는 공간으로 도시인들의 생활 속에 자리 잡았다. 소련 시절 지어진 다차는 전기와 공용 수도만 갖추고 있는 곳이 대부분이었다. 소련이 해체된 이후, 자본주의 사회로 진입한 러시아에서 어떤 다차를 소유했느냐가 부의 척도를 가늠하는 현상이 나타났다.

일반적인 다차는 2층의 조립식 통나무집으로 방을 두 개 정도 갖춘 형태가 기본이다. 이것보다 조금 더 큰 것부터 아예 헛간을 갖춘 것까지 다차의 형태와 규모는 다양하다. 모스크바와 상트페테르부르크 근교에는 위성 안테나, 사격장, 수영장, 넓은 잔디밭까지 갖춘 호화로운 빌라 형태의 다차가 생겨나 부유층의 새로운 다차 문화가 형성되었다. 모든 러시아인이 다차를 소유하고 있지는 않지만, 일반적으로 러시아인들에게 다차는 곧 제2의 집이라고 할 수 있다. 대다수 도시민이 주말이면 짐을 싸 들고 다차로 가고 여름 한철을 보내는 것이 러시아의 생활 문화로 자리 잡은 지 오래되었다.

✳ 바냐 (러시아 사우나)

러시아인들은 춥고 긴 겨울에 건강을 유지하기 위해 통나무로 지은 목

바냐

욕탕인 바냐에서 목욕을 즐겼다. 바냐는 러시아식 사우나를 의미하는 것으로 혹독한 추위를 이겨내기 위한 러시아인들의 생존 방식이었다. 일반적으로 페치카[2]에 나무를 때 달구어진 돌들에 물을 끼얹어 뜨거운 증기를 낸 뒤, 바냐 안에서 피로를 푼다. 보통 바냐는 단층에 방이 하나인 통나무로 만든 작은 오두막집으로 다차 주변에 호숫가나 강가 등 물이 있는 곳에 있다.

러시아 바냐는 핀란드 사우나와 비슷한데, 수증기가 내부에 가득 차면 빗자루 모양으로 엮은 나뭇가지로 몸을 구석구석 때린다. 주로 자작나무를 사용하는데, 혈액순환과 노폐물 배출에 효과적이다. 몸을 덥힌 후에는 바냐에서 나와 바로 강이나 바다로 뛰어들거나 눈 속을 구르면서 열기를 식힌다. 도시의 바냐는 전기 페치를 이용하여 온도를 높이고, 몸을 식히는 것은 내부에 있는 냉탕에 들어가는 것으로 대신한다. 냉온욕을 반복하면 몸을 탄력 있게 하고 튼튼하게 단련해 주는 효과가 있다.

대도시에는 공중 바냐도 있다. 도시에 있는 바냐는 탈의실과 샤워실, 한증막 실 등으로 구성되어 있고, 탈의실 주변에 맥주 바 등이 마련된 곳도 있다. 바냐를 마친 뒤에는 반드시 차나 주스, 물 등 수분을 섭취하는 것이 좋다. 러시아에서 바냐는 단순히 목욕만 하는 공간이 아니라

2) 러시아어로 난로를 말한다. 전통 가옥에서 사용되던 벽난로를 의미한다.

피로를 풀고 활기찬 생활을 하는 데 필요한 휴식의 공간이다. 가족, 지인들과 대화를 나누며 음식을 먹고 가볍게 술을 마시기도 한다.

과거 러시아 농촌에서는 일주일에 한 번 온 가족이 몸을 씻기 위해 바냐에 불을 넣었고, 가족들은 그날을 축제일처럼 손꼽아 기다렸다고 한다. 지금도 러시아인들은 정기적으로 바냐에서 피로를 풀곤 하는데, 바냐를 갖기 위해서 교외에 집이나 다차를 지을 정도로 바냐에 대한 러시아인들의 애정은 지극하다.

02 | 음식문화

러시아인들의 음식문화는 기본적으로 검소하고 요리법이나 식재료의 종류도 다양하지 않다. 주식인 빵은 곡물 중에서 밀, 보리, 호밀, 귀리를 주로 사용하고, 채소는 감자, 양배추, 오이, 토마토 등이 널리 사용되며, 육류는 소고기, 돼지고기, 닭고기가 주를 이룬다. 과일은 러시아 남부에서 일부 재배하지만, 일부 열대 과일을 비롯한 몇몇 과일류는 중앙아시아 국가들이나 남유럽 국가들에서 수입한다. 바쁜 현대 러시아인들은 대체로 아침과 점심을 간단히 먹고, 저녁에 주요리를 곁들여 풍성한 식사를 한다. 아침에는 빵과 수프 또는 죽을 치즈, 러시아식 소시지, 달걀과 곁들여 차나 커피와 함께 먹는다. 저녁에는 보통 빵과 함께 야채 샐러드, 육류나 생선이 들어간 주요리와 차를 마신다. 소금에 절인 청어와 오이절임, 캐비어도 자주 식탁에 오른다.

✳ 흑빵과 흰 빵

흑빵

흰 빵

러시아인들은 빵을 색깔에 따라 흑빵과 흰 빵으로 구분한다. 러시아인들이 가장 선호하고 즐기는 빵은 호밀을 발효시켜 만든 흑빵이다. 러시아 흑빵은 호밀 냄새가 나며 시큼한 맛 혹은 담백한 맛이 난다. 맛과 식감이 익숙지 않은 사람은 처음에 이 맛에 적응하기 어려울 수 있다. 예전에는 귀족들이 하얗고 부드러우며 소화가 잘되는 흰 빵을 먹고, 가난한 서민들만 흑빵을 먹었다고 한다. 지금은 흑빵이 흰 빵보다 건강식으로 알려져 더 선호하는 빵이 되었다. 흰 빵은 바게트와 유사하게 생겼는데, 길고 홀쭉한 것이 아니라 중간 크기에 가로가 넓은 모양을 하고 있다.

✳ 쉬와 보르쉬

쉬

보르쉬

러시아의 대표적인 수프로 쉬와 보르쉬가 있다. 쉬는 신선한 양배추 혹은 절인 양배추를 사용하여 조리하며, 고기, 생선, 버섯, 감자, 당근 등을 함께 넣는다. 보르쉬는 고기, 양배추, 비트, 양파, 토마토 등을 넣어 만든 수프로 선홍빛을 띤다. 색깔과 달리 전혀 맵지 않으며, 이 수프에 하얀 스메타나(샤워크림)를 넣어서 먹는다. 수프에 크림을 넣으면 맛이 훨씬 더 고소하고 부드러워진다.

카샤와 올리비에

카샤

올리비에

전통적으로 내려오는 러시아 음식에서 빼놓을 수 없는 카샤는 러시아에서 가장 오래전부터 먹었던 음식이다. 보통 쌀을 비롯하여 메밀, 조, 수수 등 다양한 곡물에 우유와 약간의 설탕 혹은 꿀을 넣어 만드는 죽이다. 올리비에는 감자, 당근, 완두콩, 절인 오이, 삶은 달걀을 마요네즈에 버무린 러시아 대표 샐러드로 손님맞이에 빠지지 않는다.

✳ 블린과 피로그

블린

피로그

블린은 밀가루에 우유를 섞어 얇게 부친 러시아식 팬케이크이다. 그냥 먹거나 고기, 버섯, 잼, 버터, 꿀, 캐비어 등 다양한 속 재료를 넣어서 먹는다. 블린은 본래 축제 음식으로 과거 러시아인들은 사순절 직전 일주일 동안 태양을 상징하는 블린을 먹으며 축제를 즐겼다. 지금은 일상적인 음식으로 자리 잡아 언제든지 블린을 즐길 수 있다. 집에서 만들어 먹기도 하지만, 블린 전문점이나 일반 음식점에서 쉽게 사 먹을 수도 있다.

피로그는 러시아식 파이로 빵 반죽 부분이 두꺼운 편이다. 안에 고기나 생선이 들어가 있어서 식사 대용으로 든든하게 먹을 수 있는 파이와 사과, 레몬, 체리 잼 등이 들어가 있는 디저트용 파이가 있다.

✳ 샤슬릭

샤슬릭은 중앙아시아에서 유래한 러시아의 대표적인 바비큐 요리이다. 양고기, 돼지고기, 닭고기 등을 쇠꼬챙이에 꽂아 숯불에 구운 꼬

치구이로 토마토, 양파 등을 곁들여 먹는다. 레스토랑에서도 사 먹을 수 있지만, 러시아인들은 다차 혹은 야외에서 직접 구워 먹는 것을 더 선호한다.

샤슬릭

스메타나와 케피르

스메타나

케피르

러시아인들이 여러 음식에 곁들여 먹는 스메타나는 우유를 발효시킨 샤워크림이다. 약간 신 맛이 나고 달지 않은 요거트와 유사하며 고소한 유지방 맛이 조금 난다. 블린, 보르쉬, 만두 등 각종 음식에 넣어 먹는다. 케피르는 우유를 발효해 만들었으며 요거트보다는 조금 묽고, 우유보다는 걸쭉한 유제품이다. 흰색이며 신맛이 강한 것이 특징이다. 장 건강식으로도 유명하다.

✳ 과일과 채소

드냐

야채 통조림

러시아는 넓은 영토에 비해 과일과 채소가 풍부하지 않은 편이다. 많은 과일을 유럽에서 수입해오고, 여름에는 남부 지역과 중앙아시아에서 수박, 체리, 살구, 드냐 등을 공급해온다. 긴 겨울 때문에 러시아인들은 절인 음식이나 잼을 만들어 비축해 두었다가 겨울철에 과일이나 채소를 대신하여 섭취한다. 양배추, 오이, 토마토, 버섯 등으로는 절임 통조림을 만들고 딸기, 포도 등으로는 잼을 만들어 먹는다.

✳ 물

러시아에서는 수돗물에 석회석이 많아 식수로 마실 수가 없다. 그래서 정수한 물이나 생수를 사서 마신다. 러시아에서 판매하는 생수는 두 가지로 탄산이 들어간 가스 물과 탄산이 들어가 있지 않은 생수가 있다. 가스 물을 처음 마실 때는 익숙하지 않아 마시기 어려울 수 있다. 러시아인들은 건강에 좋은 가스 물을 즐겨 마신다. 가스가 들어있는 물과 들어있지 않은 물은 상표에 러시아어 접두사 не가 있는지 없는지로 구분한다. не는 부정을 의미하는 접두사로 не가 없으면 가스가 있는 물(газированная), не가 있으면(негазированная) 가스가 없는 물이다.

✳ 차

사모바르

러시아인들은 차를 즐겨 마시는 민족이다. 현대에 와서는 간편하고 다양한 티백 제품이 나와 있어 편리하게 마시지만, 예전에는 나무 열매나 약초 등을 말려서 사모바르에 끓여서 먹었다. 사모바르는 러시아어로 '자기 스스로 끓는 용기'라는 뜻으로, 찻물을 끓일 때 쓰는 금속 주전자이다. 18세기에 차 문화가 널리 퍼지면서 사용하기 시작했다. 아래에 수도꼭지가 달려 있으며 예전에는 가운데에 있는 통에 달군 숯을 넣거나 장작으로 불을 피워 물을 끓였는데, 현대에 와서는 전기식 제품으로 대체되었다.

사모바르가 보급되던 초기에는 귀족이나 부유층 사람들만이 사용할 수 있었으나, 점차 차 문화가 모든 계층에 널리 전파되면서 어느 가정에서나 볼 수 있는 생활필수품이 되었다. 모양은 일정하지 않으나 화병 모양인 것이 많고 보통 철제에 은, 구리, 주석 등으로 장식한다. 모양이나 장식이 꾸준히 발전하면서 오늘날 러시아의 대표적인 전통 공예품이 되었다. 사모바르에서 끓인 물로 티폿에서 우려낸 차는 설탕이나 잼, 레몬과 함께 마시고 과자나 피로그를 곁들여 먹기도 한다. 러시아 사람들은 단맛을 매우 좋아하기 때문에 차를 마실 때 설탕을 함께 먹는데,

설탕을 차에 넣지 않고 입속에 넣어 물고 차를 조끔씩 마시는 방법으로 단맛을 음미하기도 한다.

✳ 보드카

러시아 보드카

보드카는 러시아를 대표하는 술로 무색, 무미, 무취의 3가지 특성이 있으며, 알코올이 40% 이상 포함된 독한 술이다. 러시아의 추운 날씨를 견디기 위해 몸을 따뜻하게 하려는 목적으로 많이 마시지만, 러시아에 알코올 중독자가 많아진 원인이기도 하다. 그러나 러시아인이 가장 즐기는 술이며, 전 세계적으로 가장 많이 마시는 술에 속한다. 보드카는 14~15세기부터 제조된 술로 증류 방식으로 추출하는데 제정 러시아 시대에는 제조법을 비밀에 부쳤으나, 소련 시절에 제조 기술이 다른 나라들로 전파되면서 세계적으로 알려졌다. 보드카는 오이피클이나 소시지, 캐비어 등과 함께 먹으며, 숙취 해소에는 오이피클 물이 좋다고 알려져 있다.

✳ 맥주

최근 러시아에서는 보드카 못지않게 맥주의 인기도 높은 편이다. 러시아인들이 가장 즐겨 마시는 대중적인 맥주 브랜드는 발티카이다. 발티카는 번호별로 맛이 다른 러시아 국민 맥주로 번호가 커질수록 도수도 높아진다. 0번은 무알코올, 마지막 9번은 알코올 도수가 가장 높은 맥주이며, 6번은 흑맥주, 8번은 밀맥주이다. 맥주는 번호별로 맛과 도수가 달라 기호에 따라 즐길 수 있어 러시아인들이 가장 선호하는 주류이다.

러시아 맥주

03 | 여가문화

✳ 공연문화

볼쇼이 서커스 공연

러시아인들의 여가문화 중 일상생활의 일부라 할 만큼 커다란 비중을 차지하는 것이 공연문화이다. 러시아인들이 즐기는 공연문화의 수준은 세계 최고라 할 만하다. 오페라, 발레, 콘서트, 연극, 서커스, 인형극, 최근에는 뮤지컬까지 그 종류도 다양하고, 대도시에는 크고 작은 극장들이 매우 많다. 러시아에서 극장은 공연하는 곳을 의미하고, 영화관은 '키노'라고 부른다. 모스크바, 상트페테르부르크에서는 여름 휴가철을 제외하고 일 년 내내 수많은 공연이 무대에 오른다.

서커스도 러시아인들이 즐기는 공연예술 중 하나이다. 제정 러시아 때부터 지금까지 꾸준히 인기가 높은 서커스는 여러 예술 장르의 요소를 적극적으로 수용하여 발전을 거듭하면서 특히 가족들이 즐기는 공연예술로 입지를 굳혔다.

카사

공연에 대한 정보는 시내 곳곳에 있는 '카사'에서 얻을 수 있다. 주요 극장들과 공연 날짜, 공연 프로그램에 대한 정보가 있는 포스터가 매주 새로 나붙는다. 표는 카사와 극장, 인터넷에서 구매 가능하다. 러시아인들은 공연을 보러 갈 때 잘 차려 입기를 좋아한다. 겨울에는 여성들이 극장 내부로 들어서면서 부츠를 구두로 갈아 신기도 한다. 공연예술 외에도 미술관이나 박물관 관람도 러시아인들의 여가 속에 깊숙이 자리하고 있다.

스포츠문화

러시아의 스포츠는 소비에트 시절 정부가 정책적으로 지원하면서 발전하기 시작했다. 소련은 전 국민을 대상으로 기초체력 향상에 도움을 주기 위해 체육 대중화 정책을 펼쳤으며, 그 일환으로 학교에서 각종 스포츠를 가르쳤다. 이를 통해 폭넓게 대중 속으로 스포츠가 확산되었다. 또한 고도의 경기력을 갖추기 위한 시스템을 갖춤으로써 오늘날 러시아가 세계적인 스포츠 강국이 될 수 있는 발판을 마련하였다. 소련 시절에는 각종 스포츠 경기에서 선수들이 거둔 성과가 국가적 자부심을 높여주는 커다란 역할을 했다. 러시아는 오랫동안 기계체조, 리듬체조, 피겨 스케이팅 등에서 스베틀라나 호르키나, 알리나 카바예바, 예브게니 플루셴코 등 세계적인 선수들을 배출해왔다. 현재도 체조, 스키, 피겨 스케이팅, 육상, 아이스하키 등은 세계 정상권 수준이다.

러시아인들에게 가장 인기 있는 스포츠는 축구이다. 도시마다 축구 클럽이 있는데, 대표적으로 모스크바의 스파르탁, 디나모, 상트페테르부르크의 제니트 등이 있다. 축구 클럽은 각자의 팬클럽을 운영하며, 도시 간 경기 시즌 때는 온 도시가 축제 분위기를 형성한다.

04 | 결혼문화

러시아는 전통적으로 가부장제 사회였으며, 가족들, 특히 자녀에 대한 중요한 결정은 부모가 담당해 왔었다. 결혼도 역시 부모가 결정해 이루어졌는데, 현대에는 당사자들의 의사로 결혼이 이루어신나.

과거에는 중매인이 결혼을 중재했으며, 결혼식은 2~3일 동안 진행되었다. 결혼식은 교회에서 올렸고, 신랑 집에서 피로연을 열어 신랑, 신부를 축하했다.

소련이 들어서면서 전통 혼례는 사라졌다. 대신 국가 기관에서 결혼을 신고하는 방식으로 대체되었다. 교회에서 치르는 결혼식의 경우, 소련 시기에는 법으로 금지했으나 소련 해체 이후에는 부활했다. 현대 러시아에서 결혼식이 치러지는 방식은 신랑과 신부가 작스라는 국가 기관에 가서 신고하는 것으로 매우 간단하다. 신랑 신부가 증인들을 대동하여 담당 공무원 앞에서 서약하고 결혼 증명서를 받으면 결혼이 성사된다. 지금은 결혼 축하객들로부터 축하 인사와 선물을 받기도 해 시간이 좀 더 길어졌지만, 예전에는 약 10~15분 정도로 결혼 예식이 매우 짧았다.

결혼 등록 절차가 끝나면 사진 촬영과 피로연이 이어진다. 신혼부부는 들러리 친구들과 함께 도시 내 대표적인 관광명소에서 사진을 찍고 참전 용사들의 추모비에 헌화하러 다닌다. 저녁에는 양가 부모와 가족, 친지들이 모인 결혼식 피로연에서 함께 흥겹게 시간을 보낸다. 러시아의 결혼 연령은 평균 20대 초반으로 이른 편인데, 최근 점차 늦어지고 있다.

러시아 정교 결혼식

작스 결혼식

05 | 국경일

현재 러시아에서 공식 공휴일로 지정된 국경일은 '새해(1월 1일)', '성탄절(1월 7일)', '조국 수호자의 날(2월 23일)'[3], '세계 여성의 날(3월 8

3) 러시아에서 군인과 군 복무 경험자, 그리고 넓게는 모든 남성을 기리는 날로, '남성의 날'로도 불리는 국가적 공휴일이다.

일)', '봄과 노동의 축일(5월 1일)', '전승기념일(5월 9일)', '러시아의 날(6월 12일)'[4], '국민 단결의 날(11월 4일)'[5]로 모두 8개이다. 가장 대표적인 새해와 성탄절, 여성의 날, 전승기념일에 대해 소개하도록 한다.

새해와 성탄절

새해는 러시아에서 가장 큰 국경일이다. 12월 31일 밤 도심의 거리는 한 해를 마무리하고 새해를 맞이하려는 인파로 가득하며, 자정이 되면 "새해 복 많이 받으세요!(스 노브임 고돔!)"라는 소리가 곳곳에서 울려 퍼진다. 연말과 연시에 러시아 전역에서는 겨울 할아버지(제드 마로스)와 눈 처녀(스네구로츠카)의 모습을 한 인형이나 사람들을 볼 수 있다. 겨울 할아버지는 산타클로스와 유사해 보이지만, 파란 망토를 두르기도 하고 길고 하얀 수염을 기른 모습으로 마술 지팡이를 가지고 다닌다.

그 후 러시아의 성탄절이 이어진다. 러시아의 성탄절은 1월 7일[6]이다. 이 시기에 사람들은 얼음을 깨고 물에 들어가기도 하는데 이 의식은 본래의 종교적 의미와 더불어 새해를 맞아 새롭게 마음을 다지고 건강을 기원한다는 의미를 동시에 지니고 있다.

4) 1990년에 러시아의 주권 선언문을 채택한 날을 기념하는 국가 기념일로 현대 러시아의 시작을 상징한다.
5) 1612년 러시아 민병대가 모스크바에서 폴란드 침략군을 몰아낸 사건을 기념하는 역사적 기념일이다. 2005년부터 공식 공휴일로 지정되었다.
6) 러시아의 성탄절은 러시아 정교회의 율리우스력(구력)에 따라 1월 7일에 기념되며, 서방 교회가 사용하는 그레고리력의 12월 25일보다 두 주 느리다.

성탄절

겨울 할아버지와 눈 처녀

✳ 세계 여성의 날

'세계 여성의 날'은 1975년 유엔에 의해 공식적으로 지정되었다. 1966년부터 공휴일로 지정된 이후 여성의 날은 러시아에서 큰 기념일 중 하나가 되었다. 모든 여성에게 꽃과 선물을 주는 것이 이날의 주요 행사인데, 연인뿐 아니라 집과 학교, 직장에서 아는 모든 여성들에게 꽃을 선물해야만 한다. 꽃은 반드시 홀수로 준다.[7] 붉은 장미나 튤립을 주는 것이 일반적이다. 2월 23일인 '조국 수호자의 날'에는 반대로 여성들이 남성들에게 감사를 표시한다.

✳ 전승 기념일

2차 세계대전 당시 소련이 독일에 승리를 거둔 것을 기념하는 5월 9일 '전승 기념일'은 러시아의 가장 중요한 국가 행사 중 하나이다. 푸틴 대통령 집권 이후 더 성대하게 기념하는 경향을 보인다. 소련 붕괴 이후 볼 수

7) 전통적으로 홀수 개수의 꽃은 축하와 기쁨을 나타내고, 짝수 개수의 꽃은 주로 애도나 장례식에서 사용된다.

없었던 붉은 광장의 열병식이 1995년에 부활했다. 첨단 무기와 전투기 등을 동원한 거대한 행사는 러시아의 군사력을 국내외에 과시하는 효과를 톡톡히 내고 있다. 이 외에도 크고 작은 행사들이 도시 곳곳에서 열린다. 도시마다 있는 '꺼지지 않는 불'에는 국가를 위해 생명을 바친 용사들을 추모하는 시민들의 발길이 끊이지 않는다. 이날 노인이 된 참전용사들에게는 전 사회가 큰 경의를 표하며, 저녁에는 대도시의 중심에서 화려한 불꽃놀이가 펼쳐진다.

붉은광장 열병식

06 | 러시아 교육

러시아의 학교는 11학년 제로 초 · 중 · 고등학교 과정이 통합되어 있다. 러시아의 학교는 대부분 공립이며 학교의 명칭은 이름 대신 일련번호로 구분된다. 무상교육이 원칙이었으나 2012년 학교법 개정을 통해 부분적인 유료 교육 시스템을 도입하였다. 2000년대 들어서면서 대도시를 중심으로 사립학교가 계속 증가하는 추세이다. 2015년부터 모든 학교에서 영어를 포함한 외국어 교육을 시행하고, 교과서의 전자화를 의무화하여 멀티미디어 기능을 통한 다양한 교육 방법을 실시하고 있다.

6~7세에 학교에 입학해서 대부분 11학년까지 함께 공부하는데, 학생들의 진로에 따라 상급학교 진학이 달라진다. 현재 9학년까지는 의무교육 기간에 속하며, 의무교육 이후 대학 진학을 원하는 학생은 10학년으로 올라가고, 취업을 원하는 학생들은 기술 전문학교로 진학한다. 러시아의 학교는 학기가 9월 1일 시작되어 이듬해 5월 말에 끝난다. 9년간의 의무교육 과정을 마치면 학생들은 종합국가시험을 본다. 기술 전문학교에 진학하는 학생들은 이 시험의 결과를 증명서로 사용한다. 상급학년으로 진학한 학생들은 11학년 과정을 마칠 때 통합국가시험을 치르는데, 그 결과를 토대로 대학 입학을 한다. 졸업식은 매우 영예로운 것으로 여겨지며 우등생들은 메달과 붉은색으로 된 졸업장을 받는다.

러시아의 고등교육기관으로 대표적인 종합대학은 동일한 학사과정에 따라 운영된다. 종합대학은 인문학에서 공학에 이르기까지 폭넓고 다양한 전공을 포괄한다. 모스크바 국립대학교와 상트페테르부르크 국립대학교가 러시아를 대표하는 대학이다. 이 두 대학은 18세기 이래로 러시아의 학문 발전에 크게 공헌해 왔으며, 현재도 러시아 최고의 대학으로 그 위상을 인정받고 있다. 최근에는 지방의 주요 거점 도시에 해당 지역의 교육 및 경제 발전을 위해 연방 대학이 생겨나고 있다. 2006년 시베리아 연방 대학을 시작으로 현재 10개에 이르고 있으며, 대표적인 대학으로 2010년 블라디보스톡에 설립된 극동 연방 대학이 있다.

현대 러시아의 대학 교육 제도는 기본적으로 소련 시대의 것을 따르고 있으나, 1990년 이후 서방의 영향을 받으면서 일련의 변화가 나타났다. 1990년대 후반부터 고등교육과정이 5년제에서 4년제 학사과정과 2년제 석사과정으로 점차 바뀌게 되었다. 현재 대다수 대학의 학사과정은 4년이며, 기존의 5년제 과정은 일부 전공에서 부분적으로 유지되고 있다. 박사과정(아스피란투라)은 최소 3년이며, 박사학위(칸디다트)를 취득한 사람은 박사 후 과정(독토란투라)에서 일정 기간의 연구 및 강의를 수행하고, 상당한 연구 업적을 쌓은 후에 최고 학위인 독토르 학위를 취득할 수 있다.

러시아 대학에서 시험은 예비시험과 정기시험으로 나뉜다. 보통 일반 기초 과목은 예비시험으로 평가하며, 주요 과목과 전공과목은 정기시험으로 평가한다. 러시아의 정기시험은 겨울방학과 여름방학 전 1회 시행된다. 정기시험을 통과하지 못한 학생들에게는 재시험 기회가 주어진다. 시험 전에 교수는 예상 문제를 학생들에게 미리 알려준다. 학생들은 시험 당일 준비한 시험문제 중에서 제비뽑기로 답할 문제를 고른다. 시험은 필기가 아닌 구두로 행해진다. 시험 결과 점수는 5점에서 1점까지 부여된다.

러시아의 고등교육은 원래 무상교육이 원칙이었다. 그러나 현재는 국립대학에서 러시아 학생들을 대상으로만 부분적으로 무상교육이 시행되고 있다. 2000년대 이후 크게 늘어난 사립대학들은 대부분 기부금 또는 등록금을 받고 학생들을 선발하고 있다.

3장

러시아 역사

러시아 역사는 크게 여섯 시기로 나눌 수 있다. 첫 번째 시기는 동슬라브 지역에 최초의 국가로 등장한 키예프 루시 시대(862~1240)이다. 두 번째 시기는 키예프 루시가 멸망하고 몽골의 통치를 받던 몽골 지배기(1240~1480)이다. 이 시기에 루시의 중심은 키예프에서 모스크바로 옮겨가기 시작한다. 러시아의 농노제는 이 시기에 시작되었다. 세 번째 시기는 모스크바 공국 시대(1480~1613)이다. 이 시기에 루시는 몽골의 통치에서 벗어나 모스크바 공국을 중심으로 발전한다. 이때 왕조의 후계자 문제로 루시는 폴란드의 침공을 비롯한 혼란의 시기를 겪게 된다. 네 번째 시기는 로마노프 왕조 시대(1613~1917)로서, 제정 러시아 시기에 해당한다. 로마노프 왕조는 혼란의 시기를 종식하고 1917년 세계 최초의 사회주의 혁명이 일어날 때까지 계속된다. 이 시기에 러시아의 수도는 모스크바에서 상트페테르부르크로 옮겨졌다. 표트르 대제의 서구화, 1812년 조국 전쟁, 데카브리스트 봉기, 농노 해방, 러시아 혁명은 모두 이 시기에 벌어진 사건이다. 다섯 번째 시기는 소련 시기(1917~1991)이다. 스탈린의 공포정치와 2차 세계대전이 이 시기에 일어났던 가장 큰 사건이다. 소련은 고르바초프의 페레스트로이카 이후 1991년에 역사 속으로 사라졌고 여섯 번째 시기인 러시아 연방이 새로 문을 열었다. 본서에서는 이 여섯 시기에 일어난 크고 작은 사건 중에서 러시아 역사에서 가장 중요하다고 여겨지는 10대 사건을 뽑아서 설명하고자 한다.

01 | 키예프 루시

류릭의 도착

러시아의 역사서 중 가장 오래된 것으로 1113년에 키예프 정교회 수도사였던 네스토르가 쓴 『지나간 시절의 이야기(원초 연대기)』라고 불리는 책이 있다. 이 책의 내용에 따르면, 노브고로드에 살던 동슬라브인을 포함한 사람들이 자신들 사이에 벌어진 분쟁을 해결할 수 없게 되자 노르만인 바랴크(바이킹) 공후 중 한 명인 류릭(830~879)에게 문제를 해결해 달라고 청했다. 류릭은 그들의 초청에 응하여 자기 형제 두 명을 데리고 862년에 노브고로드에 왔고, 그때부터 러시아를 다스리기 시작하였다. 여기서 '루시'라는 명칭이 유래했는데, 루시는 '노를 젓는 사람'이라는 뜻을 가졌다.

류릭이 죽은 후 그의 후계자인 올렉은 882년에 수도를 키예프로 옮겼다. 이때부터 키예프 루시 시대가 시작되었다. 루시는 도시의 통치자인 공후가 다스리는 여러 공국의 느슨한 연합체로 이루어졌다. 그 여러 공국들을 대표하는 인물이 키예프에서 통치했으며 '대공'이라고 불리게 되었다. 대공이 키예프 루시를 대표하는 존재이기는 했지만, 공후들은 자신이 키예프 대공의 신하라고 생각하지 않았고, 공국들은 반쯤 독립한 자유로운 상태로 있었다. 그러다 보니 공국 간의 분열과 반목이 끊이지 않았고, 이런 이유로 초원 지역의 유목민들로부터 공격이 있을 때 효율적으로 대처하지 못하는 커다란 문제점이 있었다. 키예프 루시의 대공 중에서 가장 중요한 인물은 988년에 비잔틴 제국으로부터 정교를 수용한 블라디미르 대공이다. 블라디미르 대공 시대에 키예프 루시는 가장 큰 발전을 이루었고, 키예프는 11세기에 매우 발달한 상업 도시가 되었다.

02 | 몽골 지배기

1237년에 칭기즈칸의 손자 바투가 키예프 루시를 침공했다. 분열된 상태에 있던 루시의 도시들은 연달아 함락되었다. 몽골군은 자신들과 맞서 싸운 모든 러시아 도시를 폐허로 만들었다. 몽골은 루시 침공 3년 만인 1240년에 최후의 보루인 키예프를 함락시키면서 키예프 루시를 멸망시켰다. 이때부터 러시아 역사에서 '타타르의 멍에'라고 불리는 몽골의 지배가 240년 동안 지속되었다. 몽골의 지도자인 칸은 루시를 지배하기 위해 남부 지역 볼가강 근처에 킵차크 한국을[8] 세웠다.

8) 1259년에 몽골 제국이 나눠지면서 몽골 제국의 북서쪽에 세워진 국가. 몽골 칸이 전시에 살았던 노란색 텐트의 이름을 따라 골든 호르드(금장 한국)라고도 불린다.

몽골의 루시 지배

몽골이 루시를 침입한 것은 국가 재정을 늘릴 목적으로 세금을 더 거두기 위해서였다. 몽골은 처음에 지역 통치관인 다루가치가 직접 세금을 거두어 갔으나, 점차 간접통치 방식을 택하면서 조공을 거두었다. 몽골은 공물 징발이나 징용을 정기적으로 시행하는 반면, 자치권을 부여해서 루시가 자신의 생활방식이나 종교를 그대로 유지하게 했다. 그러나 몽골의 통치에 복종하지 않는 지역은 피의 보복으로 다스렸다.

시간이 지나면서 킵차크 한국은 내분으로 세력이 약해졌다. 그 틈을 노려 부상한 모스크바 공국의 드미트리 공후는 킵차크 칸의 무리한 조공 요구에 맞서기 위해 1380년에 돈 강 유역의 쿨리코보에서 전투를 벌였고, 이 전투에서 승리하면서 독립의 기틀이 마련되었다. 그리고 100년 후인 1480년에 결국 몽골은 루시 땅에서 완전히 물러났다.

타타르의 멍에가 루시에 남긴 영향은 실로 지대했다. 우선 유럽과의 교류가 위축되었다. 타타르의 멍에로 인해 유럽의 르네상스와 종교개혁의 영향이 루시에는 미치지 못했다. 이것이 유럽과 러시아가 서로 다른 발전 경로를 따르게 된 원인이 되었다고 해도 과언이 아니다. 타타르의 멍에는 러시아 역사 발전의 저해 요소로 여겨졌다.

둘째, 동슬라브족이 분열되었다. 키예프 루시의 멸망 이후 동슬라브족은 민족적으로 러시아, 우크라이나, 벨라루스로 분화되었고, 그에 따른 언어 간의 차이도 가속화되었다.

셋째, 키예프 루시가 느슨한 공국의 연합체였다면, 모스크바 공국은 강력한 중앙집권국가였다. 모스크바 공국의 통치자들은 몽골의 통치자들에게서 아시아적 통치 형태, 즉 권력의 최상층이 하위층에 절대복종을 요구하는 무자비한 통치 형태를 습득했다. 이런 방식은 모스크바의 공후들을 거쳐 차르가 통치하는 러시아 제국으로 이어졌으며, 오늘날에는 강력한 대통령제를 표방하는 러시아 연방에 계승되었다.

03 | 표트르 대제의 서구화

러시아 역사상 가장 위대한 군주라고 할 수 있는 표트르 대제(또는 표트르 1세, 1672~1725년)는 역대 러시아의 모든 군주가 닮고 싶어 했던 통치자였다. 표트르 대제는 2m가 넘는 신장에 온갖 신기술을 배우려는 호기심과 열정이 넘쳐났던 통치자였다. 그는 러시아 최고 통치자로서는 처음으로 러시아를 벗어나 네덜란드와 영국 등 곳곳을 여행했다. 유럽을 직접 가서 체험한 경험은 그의 통치 방향에 결정적인 영향을 주었다.[9]

9) 구체적으로 표트르 대제는 네덜란드에서 배 건조술을 배웠고, 영국에서는 의회와 왕립 조폐국을 방문했으며, 프로이센에서는 포병 기술을 배웠다.

표트르 대제

표트르 대제가 행했던 업적 중에서 가장 중요한 것은 러시아를 유럽에 편입시켰다는 것이다. 표트르 대제가 즉위할 때만 해도 러시아는 유럽으로 여겨지지 않았다. 어려서부터 모스크바에 살던 독일인들과 어울리면서 러시아의 낙후된 현실을 잘 알고 있었던 표트르 대제는 차르가 된 이후에 러시아를 유럽과 같은 수준에 올려놓아야겠다는 야망을 현실로 옮겼다. 우선 그는 당시 북유럽의 강자였던 스웨덴과의 전쟁을 위해 해군을 육성했다. 21년간의 북방전쟁(1700~1721) 끝에 스웨덴에 승리함으로써 러시아는 발트해의 제해권을 장악하게 되었고 유럽으로 나가는 길을 열게 되었다. 이 전쟁의 승리로 러시아는 유럽 끝에 있던 변두리 국가에서 일약 유럽 강대국의 지위에 오르게 되었다. 표트르 대제는 스스로 황제로 칭했고 러시아는 진정한 제국의 면모를 갖추게 되었다.

표트르 대제의 개혁은 러시아를 전면적으로 변화시켰다. 그는 정부 조직과 제도를 개혁했는데 그중 가장 중요한 것은 14 관등제도의 도입이었다. 관등제도는 러시아 사회가 관등이라는 수직적인 서열에 따라 움직이게 되는 결과를 가져왔다. 본래 능력에 따른 신분 상승의 기회를 제공하고자 도입된 관등제도는 관등이 사람을 대체하게 되어 기형적인 사회구조를 만든 부작용을 낳았다. 그로 인한 폐해는 이후 고골, 도스토옙스키, 체홉 등이 창조한 19세기 러시아 문학 작품에 다양한 모습으로 반영되었다.

표트르 대제가 시행한 개혁의 모토는 한마디로 "서구화"였다. 그는 궁정과 귀족들의 예법을 당시 유럽의 중심 국가였던 프랑스식에 맞추었다. 복장 역시 거추장스럽게 길어서 활동이 불편했던 러시아 전통 의복 대신 프랑스와 독일식으로 단순하게 입도록 했다. 표트르 대제는 귀족들의 수염도 자르도록 했는데, 러시아 귀족에게 수염을 자른다는 것은 매우 수치스러운 일이었다. 그가 수염 자르기를 거부한 사람에게 수염세를 부과해서 국가 재정에 사용한 것은 유명한 일화이다. 복식의 변화는 사회생활의 변화로 이어져서 유럽식 무도회가 열리게 되었고, 유럽식 궁정 문화와 사교계가 형성되었다.

이 모든 개혁의 중심지는 제정 러시아의 새로운 수도가 된 상트페테르부르크였다. 이 도시는 스웨덴과의 북방전쟁을 효과적으로 수행하기 위해 전쟁 도중에 건설되었다. 인적이 드문 발트 해 연안의 늪지대에 세워진 상트페테르부르크는 1703년부터 건설되기 시작하여 1712년에 완성되었다. 완성된 바로 그해에 수도를 모스크바에서 상트페테르부르크로 옮겼다. 네바강을 비롯해 운하가 많아 물 위에 건설된 상트페테르부르크는 북방의 암스테르담, 혹은 베니스라고 불렸다. 한편, 도시를 건설하면서 무수한 사람들의 희생이 뒤따랐기 때문에 사람의 뼈 위에 세워진 도시라는 오명을 안기도 했다. 표트르 대제는 이 도시가 '유럽으로 열린 창'이 되기를 원했다. 상트페테르부르크를 통해 유럽으로 나가는 가장 가까운 길이 열릴 수 있었기 때문이었다. 따라서 상트페테르부르크 건설은 곧 서구화와 동일시된다고 해도 과언이 아니다.

표트르의 서구화 정책은 러시아를 발전시키기도 했으나, 러시아의 정체성이라는 매우 심각한 문제를 낳았다. 19세기에 들어 러시아의 발전 방향을 두고 논쟁한 서구주의자와 슬라브주의자의 대립은 표트르의 개혁에 대한 평가에서 비롯되었다. 서구주의자들은 유럽의 문물과 사상을 도입한 표트르 대제의 서구화 개혁을 찬성했으며, 반면 슬라브주의자들은 그의 개혁이 러시아의 전통문화와 정교 신앙을 훼손시켰다고 평가했다. 서구주의자들에게 러시아는 명백히 유럽의 일원이었으며, 유럽과 같은 발전 경로를 따라야만 했다. 그러나 슬라브주의자들은 러시아는 유럽이 아니며 유럽과는 다른 독자적인 길을 가야 한다고 주장했다. 여기서 한 가지 양측의 공통점이 있다면 그들 모두가 러시아를 아시아에 속한 것으로는 규정하지 않았다는 점이다. 이후 러시아 혁명기에 등장하여 최근 다시 부상하고 있는 유라시아주의는 러시아를 유럽과 아시아 모두에 속한 것으로 이해한다.

04 | 농노제

러시아 농노

농노제는 15세기 후반인 이반 3세 때 토지 소유제가 생기면서 시작되었다. 이 토지 소유제에 따르면, 귀족들이 토지를 상속할 때 토지뿐만 아니라 토지를 경작하는 농민들도 상속하게 되어 있었다. 그 결과 사실상 농민들이 땅에 묶이는 결과를 낳았다. 100년 뒤인 16세기 후반 이반 4세는 농민은 죽을 때까지 주인에게 봉사해야 한다는 법령을 제정하여 농민들의 자유를 더욱 제한했다. 이 당시 이반 4세는 모피를 유럽으로 수출하기 위해 우랄산맥을 넘어서 영토 확장을 하고 있었다. 그는 넓어진 영토를 농민들과 함께 귀족들에게 하사했는데, 이런 조치로 인해 농노제의 기틀이 마련되었다고 볼 수 있다. 로마노프 왕조가 시작된 17세기 중반에는 농민들의 농노화를 법적으로 규정하였다. 즉, 귀족들의 땅에 살고 있던 모든 농민이 토지 소유자인 지주의 영구적인 소유로 선언되었으며, 1년에 한 번 가능했던 농민들의 이동 권리도 상실되었다. 게다가 지주들은 도망간 농노들을 추적해서 데려올 수 있었다.

18세기 중반 예카테리나 2세의 통치기는 귀족의 황금기로 불리는데, 그와는 반대로 귀족의 소유로 전락한 농노들에게는 최악의 시기였다. 이 시기 러시아의 영토가 서쪽과 남쪽으로 크게 확장되어 새로운 토지 경작을 위해 더 많은 농노가 필요하게 되었다. 그에 따른 농노제 확대는 많은 농민에게 피해를 안겨 주었다. 결국 1773~1774년에 제정 러시아 시대 최대 농민 반란인 푸가초프의 난이 일어났다. 푸쉬킨이 쓴 소설인 『대위의 딸』의 배경이 되기도 하는 이 반란은 실패로 끝나 농노제는 전혀 개선되지 않고 사정은 계속 악화했다.

농노는 러시아 전체 인구의 대다수를 차지했는데 이들은 지주의 소유물로서 팔고 사는 물건처럼 여겨졌다. 심지어 죽은 농노들을 매매하는 일도 있었는데, 고골의 소설 『죽은 혼』에는 이런 현실이 잘 반영되어 있다. 농노들은 10%밖에 안 되는 귀족들을 위해 평생 고된 일을 하면서 인간 이하의 대우를 받았다. 19세기 중반에는 6천만 인구 중 4,600만 명이 농노였을 정도였다.

농노제는 러시아 국가의 발전을 가로막는 장애물이었다. 그럼에도 불구하고 농노제가 존속된 이유는 무엇일까. 만일 농노제가 폐지된다면 농노제를 기반으로 안락한 삶을 영위하고 있는 귀족들이 몰락하게 될 것이고, 그것은 다시 귀족들의 지지로 유지되는 전제 군주제의 종말을 가져올 것이기 때문이었다. 농노제는 러시아의 후진성을 보여 주는 심각한 문제였으며, 사회의 종양과도 같은 것이었다. 18세기 이후 러시아의 양심적인 지식인, 소위 인텔리겐차는 농노제의 철폐가 러시아의 발전을 위해서도, 농노들의 인간적인 삶을 위해서도 반드시 필요하다고 여겨 끊임없이 문제를 제기하고 투쟁했다.

05 | 1812년 조국 전쟁

불타는 모스크바에서의 나폴레옹

19세기 초 러시아에 국가적으로 매우 큰 사건이 발생한다. 유럽을 제패한 프랑스 황제 나폴레옹 보나파르트가 1812년 러시아를 침공한 것이다.[10] 당시 러시아 황제는 알렉산드르 1세였다. 러시아에서 조국 전쟁이라고 불리는 이 전쟁은 톨스토이의 소설 『전쟁과 평화』의 배경이 되기도 했다. 러시아 본토를 공격한 60만 명의 나폴레옹 군대는 9월 초에 모스크바 외곽에 있는 보로지노에서 러시아군과 일전을 벌였는데, 이 전투에서 양측을 합해 10만 명이 사망했다. 당시 러시아군의 총사령관이었던 쿠투조프 장군은 러시아가 입은 피해가 극심하다고 판단하여 전 군대에 모스크바를 버리고 후퇴할 것을 명령했다.

러시아 군대가 떠나간 모스크바에 무혈 입성한 나폴레옹은 텅 빈 크렘린 궁전에서 알렉산드르 1세가 평화 협상을 하러 올 것이라 기대하며 한 달을 기다렸다. 하지만 그런 일은 일어나지 않았다. 오히려 프랑스 군대가 모스크바에 들어온 지 며칠 뒤에 대화재가 일어나서 모스크바의 75%가 불에 타버리고 말았다. 가뜩이나 긴 보급선에 물자 조달이 어려운 상황에서 발생한 대화재는 나폴레옹의 육군에 큰 타격을 입혔다. 결국 나폴레옹은 10월에 철수를 명령했다. 하지만 나폴레옹의 후퇴는 순조롭지 못했고, 결국 그의 러시아 원정은 다음과 같은 이유로 실패로 끝났다.

첫째, 전쟁이 빨리 끝날 것으로 예측한 프랑스 군대의 복장은 겨울철을 위한 대비가 전혀 되어 있지 않았기에, 예년보다 일찍 찾아온 러시아의 강추위는 나폴레옹 군대에 큰 타격을 주었다. 프랑스로 되돌아가는 길에 얼어 죽은 군인들의 숫자는 엄청났다. 둘째, 보급의 문제였다. 물자

10) 알렉산드르 1세는 유럽 국가들과 영국 사이의 무역을 중단하는 대륙봉쇄령에 참여하겠다고 나폴레옹과 합의했었다. 그러나 영국과의 무역 의존도가 높았던 러시아가 합의를 어기자, 나폴레옹은 러시아를 봉쇄령에 다시 참여시키기 위해 러시아를 침공했다.

를 실어 나르는 말의 사료를 러시아 현지에서 구하기가 점점 힘들어지면서 프랑스군은 물자를 운송하는 데 애를 먹게 되었다. 열악한 러시아의 도로 사정 역시 큰 걸림돌이 되었다. 게다가 프랑스군이 사용하지 못하도록 식량을 불태우고 도망간 러시아군의 작전 때문에 보급 문제는 갈수록 나빠졌다. 셋째, 러시아 국민들의 애국심이었다. 러시아인들은 자신들의 보금자리를 버리면서까지 러시아군에 협력하여 결국 승리를 이끌어냈다. 이런 이유로 60만 명의 프랑스 병사 중 2만 명 정도만 살아서 귀환하는 참혹한 결과를 남기며 나폴레옹의 러시아 침공은 실패로 끝나게 되었다. 이 전쟁에 대한 기억은 러시아인들과 러시아 예술가들의 뇌리에 오래도록 남아 차이콥스키의 〈1812년 서곡〉 등 예술 작품을 탄생시켰다.

06 | 데카브리스트 봉기

데카브리스트 봉기

1812년 전쟁이 러시아에 가져다준 가장 큰 영향은 1789년 프랑스 대혁명의 자유, 평등, 박애 정신이 이 전쟁에 참여했던 젊은 귀족인 상류층 자제들에게 침투했다는 것이다. 전쟁의 승리 후 1814년에 알렉산드르 1세를 따라 프랑스 파리에 갔던 젊은 귀족들은 그곳에서 계몽주의의 세례를 받았다. 그들은 아직도 전제군주체제가 공고한 러시아의 비참한 현실을 깨닫게 되고, 러시아의 후진적 사회구조를 바꿔야겠다고 각성한다.

러시아로 돌아온 젊은 귀족들 중 일부 과격한 이들은 입헌군주제 또는 공화제로의 개혁을 모색했다. 이들은 1825년 12월 14일에 무장봉기를 일으키기로 계획한다. 바로 이런 이유로 그들을 데카브리스트, 즉 12월 당원(러시아어로 '데카브르'는 12월을 뜻함)이라고 부른다. 본래 데카브리스트들은 알렉산드르 1세의 통치 기간 내에 봉기를 일으키고자 했었다. 그러나 알렉산드르 1세가 갑작스럽게 사망하면서 새로 차르가 된 니콜라이 1세의 즉위식 날 거사를 일으키기로 계획을 수정했다. 그들의 목적은 입헌군주제를 추진하고 농노제를 폐지하며 민주적이고도 자유로운 개혁을 시행하는 것이었다.

하지만 데카브리스트들의 계획은 실패로 끝나고 말았다. 자신들이 영향력을 행사하는 부대를 모아서 상트페테르부르크 원로원 광장에 집결시킨 인원은 3천명 정도였다. 그러나 니콜라이 1세의 통제하에 있었던 진압군은 그보다 훨씬 숫자가 많았다. 니콜라이 1세는 자신이 즉위한 날에 유혈사태가 일어나는 것을 원하지 않았기에 항복을 권유했다. 그러나 항복은 없었다. 결국은 대포가 발사되면서 수십 명이 그 자리에서 죽었고 봉기는 진압되었다. 봉기의 주동자 다섯 명은 체포되어 교수형을 당했고, 300명 정도의 가담자들은 시베리아로 유형의 길을 떠났다.

데카브리스트 봉기가 실패한 가장 큰 원인은 위로부터의 개혁 시도가 민중의 지지를 받지 못했기 때문이었다. 데카브리스트들은 마치 구한말 갑신정변을 일으켰다가 실패한 개화파 양반 자제들과 비슷한 실수를 저질렀다. 그들은 너무나 소수였고 대다수 민중은 사회의 변혁에 전혀 준비되어 있지 않았다.

러시아 역사에서 데카브리스트 봉기는 몇 가지 점에서 매우 중요하다. 첫째, 러시아 사회에 진보 계층이 형성되었다. 데카브리스트 봉기가 있기 전까지는 거의 모든 국민이 전제 군주제라는 체제에 순응해서 살아왔다. 하지만 데카브리스트 봉기로 인해 사회 개혁에 대한 각성이 지식인 계층에서 점차 확대되었다. 둘째, 전제 군주제와 농노제에 반대하는 투쟁이 상호 연관성을 가지고 일어났다. 이전의 농민 반란은 전제 군주제를 타도하려는 목적을 갖지 않았다. 그러나 데카브리스트들은 귀족들의 생활 근거가 되는 농노제뿐만 아니라, 귀족들의 지지로 유지되는 전제 군주제 자체를 타도하고자 했다. 이런 변혁의 움직임은 19세기 러시아 사회운동 전반을 특징짓게 된다. 비록 데카브리스트 봉기는 실패로 돌아갔지만, 이후 혁명까지 이어지는 러시아 사회 운동의 진로에 지대한 영향을 미쳤다.

07 | 농노 해방

19세기 내내 지지부진하게 논의되던 농노 해방은 더 이상 미룰 수 없게 되어서야 실현되었다. 개혁적인 성향의 새 황제 알렉산드르 2세는 1861년 전제 군주제를 계속 유지하면서도 국가를 안정시키기 위해 농노 해방을 위로부터 단행했다. 농노 해방의 핵심은 농노들에게 더 이상 노예가 아닌 자유민의 신분을 부여하는 동시에 농노 각자에게 경작할 토지를 분배하는 것이었다. 그런데 여기서 새로운 문제가 발생했다. 지주 귀족들이 가지고 있던 토지를 농노들에게 모두 나누어 주면, 그것은 곧바로 전제 군주제를 떠받치는 귀족들의 경제적 파산을 초래할 수 있었다. 그래서 알렉산드르 2세는 농노들에게 토지를 나누어 주되 그 토지에 대해 49년간에 걸쳐 국가에 상환금을 납부하도록 했다.

농노 해방령 발표

이런 조처는 농노들을 다시금 토지에 묶어두는 결과를 초래했다. 상환금을 갚기 위해 농민들은 부족한 비용을 마련하느라 토지를 빌려 다시금 고액의 소작료를 물거나 부역 노동을 제공했고, 이것은 새로운 사회 문제를 발생시켰다. 결국 오랫동안 고대해 왔던 농노 해방은 해방된 농민들에게 불만을 가져왔고 사회를 불안하게 하는 새로운 요소로 작용했다. 농노 해방 후 농민들은 자의 반 타의 반으로 농촌을 떠나 점차 도시로 이주하면서 공장 노동자로 일하게 되었다. 그 결과 러시아의 자본주의 발달이 촉진되었고, 훗날 사회주의 혁명의 주체가 될 프롤레타리아 계급이 형성되었다.

러시아의 농노 해방은 미국의 링컨 대통령이 노예해방을 선언한 것보다 일 년 빨리 이뤄졌다. 미국에서 노예해방이 연방의 분열을 막기 위해서였다면, 러시아의 농노 해방은 국가 발전을 저해하는 요소를 더 이상 지속시킬 수 없다는 사회적 요구에서 나온 것이었다. 미국의 노예 해방과 러시아의 농노 해방을 단행한 링컨 대통령과 알렉산드르 2세는 모두 암살을 당했다. 그만큼 노예 혹은 농노 해방이 가져온 사회적 파장이 지대했다. 알렉산드르 2세는 왜 암살된 것일까. 농노 해방 이후 개혁에 대한 요구는 점점 거세졌으나 개혁의 진행이 만족스럽지 못하자, 차르를 제거함으로써 온전한 개혁을 이룰 수 있다고 주장하는 '인민의 의지'라는 혁명 세력이 나타나게 되었다. 그들에 의해 농노 해방 20년 후인 1881년에 '해방자 차르'는 암살되었다.[11] 그가 암살당한 장소에는 그를 추모하기 위해 '피의 구원 성당'[12]이 세워졌다. 하지만 차르의 암살은 개혁을 탄압하는 반동 세력을 득세하게 했고, 그것은 다시 러시아를 혁명의 소용돌이로 몰고 갔다.

08 | 러시아 혁명

1890년대부터 러시아에서는 정부 주도로 급속한 산업화가 진행되었다. 그 결과 도시에 공장 노동자가 증가하면서 열악한 환경에서 일하는 프롤레타리아 계급이 생겨났다. 이 도시 노동자들의 비참한 생활상은 새로운 사회 불안 요소로 떠올랐다. 이런 환경 속에서 러시아에도 유럽의 마르크스주의가 소개되었고, 레닌과 같은 혁명가들이 나타나 사회주의 혁명을 꿈꾸었다. 1900년대 초 러시아의 사회주의자들은 크게 볼셰

11) 황제가 탄 마차에 인민의 의지 당원이 폭탄을 던져 근위대가 다쳤고, 부상자를 살피러 마차에서 내린 그에게 두 번째 폭탄이 떨어지자 황제는 치명상을 입고 얼마 지나지 않아 사망했다.
12) 성당의 명칭은 마치 예수가 인간을 구원하기 위해 십자가에서 피를 흘렸던 것처럼, 알렉산드르 2세가 민중을 구하기 위해 피를 흘렸다는 의미를 지니고 있다.

연설하는 레닌

비키와 멘셰비키로 나뉘었다. 다수파를 뜻하는 레닌이 속한 볼셰비키는, 마르크스의 이론과 달리 고도로 발전된 자본주의 단계를 거치지 않고서도 사회주의 혁명이 가능하다고 주장했다. 반면에 소수파를 뜻하는 멘셰비키는 마르크스의 이론[13]을 철저히 따르면서, 혁명이 일어나기 위해서는 먼저 고도로 발전된 자본주의 단계가 필요하다고 보았다. 그런데 마르크스는 러시아와 같은 후진 농업 국가에서는 사회주의 혁명이 일어날 수 없다고 보았기 때문에, 러시아에서 세계 최초의 사회주의 혁명이 일어난 것은 누구도 예상치 못한 일이었다.

1917년은 혁명의 해였다. 혁명은 2월과 10월 두 차례에 걸쳐 일어났

---

13) 카를 마르크스와 프리드리히 엥겔스가 19세기 중엽에 체계화한 사회, 경제, 역사 이론. 그들은 역사적 유물론을 바탕으로 자본주의 사회의 구조와 모순을 분석해 인류가 프롤레타리아 혁명을 통해 계급 없는 사회로 나아가야 한다고 주장했다.

다. 2월 혁명은 1차 세계대전이 낳은 산물이었다. 이 전쟁에 참여한 러시아는 연일 패배를 계속했고, 그로 인해 막대한 인적, 물적 손실을 겪었다. 수도인 페트로그라드[14]에서는 물자 부족 문제가 심각해졌고, 폭동과 시위가 끊이지 않았다. 시위대는 전쟁 종식과 전제 정치 폐지를 요구하기에 이르렀다. 시위를 진압하기 위해 파견된 군대마저 시위에 합세하면서 차르의 통치력은 수도에서 사실상 사라졌다. 니콜라이 2세는 전장에 나가 있다가 수도로 돌아오는 길에 철도 노동자들의 파업으로 발이 묶였고, 결국 기차 안에서 퇴위를 선언함으로써 로마노프 왕조는 역사의 뒤안길로 사라졌다.

2월 혁명 이후 즉시 임시정부가 구성되었다. 시위를 주도했던 노동자와 병사들은 자체적으로 소비에트[15]를 구성하여 임시정부와 소비에트의 공존 현상이 발생했다. 이러한 상황은 권력의 공백 상태를 낳았다. 임시정부는 독일과 승산 없는 전쟁을 계속했고, 소비에트는 민중의 지지를 얻었으나 분열되어 있었기 때문에 권력을 잡을 수가 없었다. 이런 상황에서 독일의 지원을 받은 레닌이 스위스에서 봉쇄 열차를 타고 러시아로 비밀리에 들어오는 데 성공했다. 그것은 사회주의 정권을 러시아에서 수립하고자 하는 레닌의 열망과 러시아와의 전쟁을 멈추고 영국, 프랑스와의 전쟁에 집중하고자 했던 독일의 이해관계가 서로 맞아떨어졌기에 가능했다. 러시아에 돌아온 레닌은 "모든 권력을 소비에트로!"라는 구호를 부르짖으며 4월 테제를 발표했다. 그는 전쟁 종식을 약속하여 민중의 광범위한 지지를 받았다.

볼셰비키에 대한 지지도가 높아져 가던 상황에서 10월 25일에 마침내

14) 당시 상트페테르부르크는 페트로그라드로 개명되었다.
15) 러시아어로 사회주의 이념을 따르는 노동자, 농민, 병사들의 평의회를 뜻하는 단어다.

혁명군이 정부의 주요 기관을 점령하였다. 그 후 레닌은 소비에트 대회를 열어 모든 권력이 노동자, 농민 대표로 구성된 소비에트로 이관되었음을 선언하였다. 세계 최초의 사회주의 혁명이 성공했다. 그러나 혁명을 반대하는 국내외 세력이 상당히 강력했으므로 러시아는 혁명을 수호하려는 적군과 혁명을 무력화하려는 백군으로 나뉘어 내전에 돌입한다. 내전은 러시아가 치렀던 그 어떤 전쟁보다 잔혹하고 비참했다. 결국 적군의 승리로 내전이 끝난 뒤 러시아, 우크라이나, 벨라루스, 아제르바이잔, 아르메니아, 조지아로 이루어진 1922년 소비에트 사회주의 공화국 연방(USSR)이라는 국가가 탄생했다. 이후 1940년에 15개 공화국으로 이뤄진 소련이 완성되었다. 러시아 혁명은 세계사적 사건으로 향후 70년간 세계를 민주주의와 사회주의 두 진영으로 양분한 계기가 되었다.

09 | 스탈린의 공포정치와 대조국전쟁

1924년에 레닌이 사망하자 후계자 자리를 놓고 공산당의 지도자들이 치열한 경쟁을 벌였다. 레닌의 유서에는 당시 당 서기였던 스탈린을 제거하라는 내용이 들어 있었다. 레닌이 보기에 스탈린은 자기 수중에 든 막대한 권력을 신중하게 사용하는 법을 모르는 위험한 인물이었기 때문이다. 그러나 스탈린은 레닌의 유언장을 감추었고 경쟁자들을 제압한 후 권력을 잡았다. 1927년에 시작된 스탈린 집권은 1953년까지 이어졌다. 최고 통치자의 자리에 오른 스탈린은 소련을 산업화하여 경제를 발전시키고자 했다. 이 계획을 실현하기 위해서 그는 농업 집단화 정책을 펴 농민들을 집단농장과 국영농장으로 보냈다. 반대자들은 굴라크(강제노동수용소)로 보냈다. 이것이 공포정치의 시작이었다.

스탈린은 여기서 그치지 않고 혁명을 일으켰던 볼셰비키 공산당원들도 반역자나 간첩 등 갖가지 죄목을 붙여 숙청하기 시작했다. 1934년부터 시작된 대숙청은 1938년까지 계속되었다. 그 결과 공산당원의 4분의 3, 장군의 90퍼센트가 제거되었고, 300~400만 명이 사망한 것으로 추산된다. 편집증적 의심이 많았던 스탈린은 자신에게 반대할 수 있다고 생각되는 사람들을 철저하게 숙청해 권력을 강화했다. 결과적으로 공산당이 아닌 스탈린의 일인 독재 체제가 구축되었다. 대숙청으로 말미암아 무고한 사람들이 수없이 희생되었고 불안과 공포, 불신이 팽배한 사회 분위기가 형성되었다.

대숙청을 스탈린이 저지른 가장 큰 정치적 악행이라고 한다면, 2차 세계대전은 스탈린이 가장 큰 업적을 세운 절호의 기회였다. 히틀러가 독소 불가침 조약을 깨뜨리고 소련을 침공하면서[16] 소련은 세계대전에 합류했다. 일명 대 조국 전쟁의 시작이었다. 갑작스러운 독일의 침공에 대비되어 있지 않았던 소련 군대는 패배와 후퇴를 거듭했다. 1941년 6월 전쟁 발발 한 달 만에 독일군은 모스크바 코앞까지 진격했다. 또한 제2의 도시 레닌그라드는 1941년 9월부터 1943년 1월까지 900일 동안 포위를 당했는데, 기아, 질병, 전투로 인구가 400만에서 250만으로 급감할 정도로 막대한 피해를 겪었다. 봉쇄를 견뎌낸 레닌그라드는 '영웅도시'라는 칭호를 얻었다. 1942년 9월 스탈린그라드 전투의 승리를 계기로 전세가 역전되었다. 이 전투에서 소련군 48만 명, 독일군 30만 명이 사망할 정도로 이 전투는 대 조국 전쟁 중 가장 치열했다. 1944년 4월에 소련은 자신의 영토에서 독일군을 몰아낸 후, 1945년 5월 8일 저녁(러시아 시간으로는 5월 9일 새벽) 베를린에서 독일의 무조건 항복을 받아냈다. 러시아에서는 매년 이날을 승전 기념일로 축하하고 있다.

---

16) 히틀러는 중동부 유럽에서 슬라브인과 유대인들을 영원히 제거할 목적으로 침공을 감행했다.

베를린에 소련 국기를 거는 병사

소련이 대 조국 전쟁에서 승리할 수 있었던 요인으로는 침략자에 맞선 소련 국민의 강한 애국심과 공장들을 전선에서 거리가 먼 지역으로 옮겨 군수 물자를 대량 생산할 수 있었던 점을 들 수 있다. 스탈린은 소련 국민의 애국심을 잘 이용했고 자신이 조국의 방어자라는 이미지를 심어주어 그에 대한 숭배를 강화하였다. 대 조국 전쟁으로 인한 피해는 막대했다. 국토는 황폐해졌고, 2,500만 명에 달하는 국민이 사망했다. 하지만 승전국으로서 소련의 위상은 국제 사회에서 향상되었다. 이후 냉전 시기에 소련은 미국과 함께 세계 양대 강국으로 무기, 우주 개발 분야 등에서 패권 경쟁을 벌였다. 소련은 전 세계 사회주의 진영을 이끌었으나, 소련의 영향력은 70년 만에 국가의 붕괴와 함께 끝나버렸다.

10 | 페레스트로이카와 그 이후

고르바초프

소련의 종말은 마지막 지도자인 고르바초프와 함께 느닷없이 찾아왔다. 1985년 54세로 역대 최연소 서기장에 오른 그는 개혁을 통해서 위기의 소련을 구하고자 했다. 그러나 그의 개혁은 정반대로 소련의 몰락을 가져오게 되었다. 1970년대 중반부터 소련의 경제 성장은 둔화했고, 공산주의 경제 시스템이 가진 문제점이 드러나기 시작했다. 식료품 배급 비중이 점점 늘어났고, 노멘클라투라라고 불린 당 관료들은 국민의 신뢰를 잃은 지 오래였다. 이런 상황에서 서기장이 된 고르바초프는 1986년에 두 가지 정책을 표방했다. 첫째는 페레스트로이카(개혁)였다. 다시 건축한다는 뜻의 페레스트로이카는 스탈린 시대부터 누적된 국가 통제에 의한 경제 문제를 개혁하고자 한 정책이었다. 이를 위해서 시장 경제적인 요소를 도입하여 정부의 개입은 줄이고 개인의 자유로운 경제 활동을 넓히고자 했다. 하지만 경제 상황은 계속 나빠져서 소매 물가가 상승하고 인플레이션이 증가했으며, 소비재 부족 사태가 심해져 상점 진열대는 텅 비기 일쑤였다. 소련 국민의 정부에 대한 비난과 불신은 쌓여만 갔고, 완전한 시장 경제로 전환하라는 요구가 거세졌다.

고르바초프가 내세운 두 번째 정책은 글라스노스트(개방)였다. 출판과 언론에 비판의 자유를 부여하며 시작된 이 정책으로 특권계층인 노멘클라투라의 부패부터 스탈린의 범죄에 이르기까지 공산당이 저지른 잘못들이 속속들이 드러났다. 소련의 실상을 알게 된 사람들은 공산주의의 거짓된 체제를 비판하기 시작했다. 일련의 민주화 정책을 추진하기 위해 고르바초프는 1990년 소련의 초대이자 마지막 대통령에 취임했다. 그는 공산당의 주도적인 지위를 폐기하고 소련을 다당제 국가로 만들었다. 그러나 고르바초프의 이런 정책들로 중앙의 통제는 급속하게 약화했고 소련을 구성하던 개별 공화국들의 민족주의적 감정이 고조되었다. 발트해 국가들을 필두로 공화국들이 잇달아 독립을 선언하면서 1992년 1월 1일 소련은 역사의 뒤안길로 사라졌다. 소련의 붕괴는 그 누구도 예측하지 못한 갑작스러운 사건이었다.

고르바초프의 사임 후, 시장주의 옹호자로 민주화 개혁의 상징적인 인물이었던 보리스 옐친이 러시아 초대 대통령이 되었다. 그는 1996년 재선에 성공하여 두 번에 걸쳐 대통령직을 수행했다. 하지만 옐친 대통령 집권기에 러시아는 심각한 경제 위기와 사회적 무질서를 경험했다. 결국 1999년에 옐친은 사임했고 총리였던 푸틴이 대통령 권한 대행을 했다. 다음 해 푸틴은 러시아의 세 번째 대통령으로 당선되었다. 그 후 2004년 푸틴은 재선에 성공했고, 2008년에는 3선 연임 금지 헌법에 따라 잠시 총리로 물러났으나, 2012년에 다시 대통령에 당선되었으며 2018년에는 4번째로, 2024년에 5번째로 대통령에 당선되었다. 푸틴은 혼란스러웠던 러시아 정국을 안정시키고 경제 발전을 이룬 업적이 있으나, 대다수 국민의 지지를 등에 업고 전형적인 러시아의 권위주의적 통치자 모습을 보여 왔다. 강력한 러시아의 부활과 다극화된 세계질서 구축을 표방하는 그는 2014년 크림반도 합병에 이어 2022년에 우크라이나를 침공해 국제적으로 거센 비난에 직면했다.

4장

러시아 민중문화와 종교

01 | 러시아 일상 민중문화

민중문화란 고대부터 현대에 이르기까지 다양한 시대를 아우르는 전통문화를 일컫는 개념이다. 민중문화의 주체는 민중이다. 민중은 동일한 역사, 문화, 생활관습을 공유하는 개인들의 집단을 의미하기도 하고, 문화적 엘리트인 귀족과 구별되는 의미로 쓰이기도 한다. 러시아 문화 예술을 지배해온 것은 주로 귀족층이었으나, 러시아에도 여느 민족과 마찬가지로 면면히 흘러온 민중문화가 존재했다. 매우 광범위한 러시아 민중문화를 의상, 주택, 놀이, 신앙의 영역에서 간략히 살펴보도록 하자.

러시아 전통 의상

러시아의 전통 남성 의상은 셔츠와 바지를 기본으로 하고, 여성 의상은 블라우스와 원피스를 기본으로 한다. 남성의 셔츠는 '루바쉬카'라고 불리는데, 스탠드칼라에 허리춤을 앞 또는 옆으로 여미며, 흰색이나 붉은색이 많다. 바지는 주로 검은색이고 보통 아래 부분을 긴 부츠 안에 넣어 입는다. 여성의 블라우스는 '루바하'라고 불리며, 주로 면직물을 사용해 칼라가 없는 단순한 디자인으로 만든다. 원피스는 '사라판'이라고 불리는데, 소매가 없고 어깨 부분을 끈으로 연결해 루바하 위에 걸쳐 입는다.

루바쉬카

보통 발목까지 내려올 정도로 길다. 붉은색을 많이 사용하며 기타 밝은색을 사용하기도 한다. 루바쉬카나 루바하, 사라판에는 흔히 전통 문양의 자수를 수놓아 장식 효과를 낸다.

러시아에서는 겨울의 혹독한 추위로부터 몸을 보호하기 위해 '슈바'라는 모피 코트를 입는다. 슈바는 겨울에 없어서는 안 될 의상으로 남녀 구분 없이 입으며, 현대적인 의상이 보편화된 지금도 여전히 많이 애용되고 있다. 전통적으로 부유층에서는 담비로 만든 슈바를 입었는데, 담비는 예로부터 시베리아 지역의 주요 수출 품목이기도 했다. 슈바는 모피의 질에 따라 가격이 천차만별이며, 발목까지 오는 긴 것에서부터 허리까지 오는 짧은 것까지 길이도 다양하다. 검은색이나 갈색이 주를 이루지만, 최근에는 흰색이나 독특한 색으로 염색을 하기도 해 겨울의 패션 아이템으로도 자리 잡았다.

러시아의 겨울을 나기 위해서는 모자가 필수이다. 살을 에는 칼바람이 귓속으로 들어가기라도 하는 날에는 질병에 걸리는 것은 물론, 때로 생명이 위험해질 수도 있기 때문이다. 따라서 모피로 만든 '샤프카'는 남녀 모두에게 겨울 필수 아이템이다. 샤프카 역시 인조털에서부터 질 좋은 모피까지 재료의 질에 따라 다양한 가격대가 형성되어 있으며, 모양도 투박한 것에서부터 매우 세련된 디자인을 한 것까지 그 종류가 다양하다. 귀를 바람으로부터 보호하기 위해 반드시 모자를 귀까지 덮어 써야 한다.

코코쉬닉

슈바와 샤프카가 요즘도 사용되는 반면, 지금은 많이 사용하지 않는 '코코쉬닉'이 있다. 코코쉬닉은 여성의 머리장식으로 결혼식이나 축일에 주로 썼다. 코코쉬닉을 쓸 때 처녀는 머리를 땋아 늘어뜨렸고, 기혼 여성은 안으로 말아 넣어 여성의 결혼 여부를 구분했다. 코코쉬닉의 높이는 낮은 것에서부터 매우 높은 것까지 다양하며 화려한 수를 놓거나 보석으로 장식하여 아름다움을 더했다. 요즘은 러시아 전통춤을 추는 공연에서 여성 무용수들이 코코쉬닉을 쓴 모습을 볼 수 있다.

여성들이 일상적으로 하는 머리 장식은 '플라톡'이라고 하는 머릿수건이나 스카프다. 과거에는 대체로 기혼 여성들이 머릿수건을 했고, 요즘에는 결혼 여부와 관계없이 어깨와 머리에 스카프를 걸치는 것이 유행이다. 과거에 머리를 가린 이유는 여성의 머리카락에 마술적인 힘이 있다고 믿는 미신 때문이었다고 한다. 한편 예배를 드릴 때 여성이 머리를 가리는 것은 성경의 가르침에 따라 남성의 권위를 인정한다는 의미를 담고 있다. 플라톡은 주로 화려한 문양과 밝은 원색을 사용해 여성이 자신을 아름답게 치장하는 효과도 갖는다.

러시아의 전통 신발로는 우리네 짚신과 비슷한 '라프치'가 있다. 주로 농민들이 나무껍질을 엮어서 춥지 않은 계절에 신었다. '사포기'는 가죽 부츠로 현재도 추운 겨울에 남녀 모두 신는다. 주로 검은색이고 무릎까지 오는 긴 것에서부터 발목 위 정도까지 오는 짧은 것까지 길이가 다양하다. 추운 겨울에 안 전체를 따뜻한 털로 댄 사포기는 슈바, 샤프카와 더불어 러시아 겨울나기의 필수품이다.

✳ 러시아 전통 주택

이즈바

러시아의 전통 주택은 '이즈바'라고 불린다. 숲의 나라인 러시아에서 구하기 쉬운 전나무, 소나무, 자작나무를 도끼로 베어와 집주인이 직접 짓는 통나무집이다. 이즈바는 재료인 나무의 특성상 겨울에는 온기를 보존하고 여름에는 서늘하도록 지었다. 특이할 점은 못을 사용하지 않고 나무에 홈을 파서 끼워 쌓아 올리는 방식으로 지었다는 것이다. 못이 부식되면서 눈이나 비가 스며드는 것을 방지하기 위해서였다. 이즈바의 지붕은 매우 급경사를 이루는데, 그 이유는 긴 겨울 동안 내리는 많은 눈이 지붕에 쌓이면 집이 무너질 위험이 있기 때문이다. 최대한 온기를 보존하기 위해 이즈바의 창문은 작게 만든다. 때로는 창문에 덧문을 대어 이중창의 효과를 내기도 한다.

이즈바의 내부에는 공간을 구분하는 내벽이 없다. 그 이유는 온기가 집안에 골고루 퍼지게 하기 위해서이다. 이즈바 내부에서 가장 중요한 것은 중앙 혹은 구석에 설치된 '페치카'로 난방과 음식 조리를 하는 매우 중요한 시설이다. 페치카에서 나는 연기는 내부에 퍼지지 않도록 굴뚝을 통해 밖으로 배출된다. 평평한 페치카 윗부분은 집에서 가장 따뜻한 공간으로 잠자리로도 사용되었다. 이즈바 내부의 동쪽 구석은 '붉은 구석'[17]이라고 불린다. 그곳은 집 안에서 가장 성스러운 장소로 주로 성상화와 촛대를 두었다. 보통 붉은 구석에 식탁이 차려지곤 했다. 현대에도 이 전통이 이어져 이즈바가 아니더라도 아파트 안에 붉은 구석을 마련해 놓은 러시아 가정이 많다.

현재도 러시아 시골에 가면 외양이 이즈바의 형태를 한 집들을 많이 볼 수 있다. 그러나 내부는 전통적인 이즈바와는 다르다. 러시아 고대 도시들에서 관광지로 조성해 놓은 구역에 가면 전통적인 이즈바의 모습과 과거 생활상을 엿볼 수 있다.

✳ 러시아 전통 놀이

러시아인들이 현재까지도 즐기는 전통 놀이 중 '고로드키'라는 것이 있다. 고로드키는 일종의 볼링과 같은 놀이인데, 공을 굴리는 것이 아니라 막대를 던져서 하는 점이 다르다. 1m 길이의 둥글게 깎은 나무를 13m 떨어진 거리에서 던져 사각형 안에 있는 원통 모양으로 된 다섯 개의 나무막대기를 쳐서 밀어내는 놀이이다. 원통 모양의 나무 다섯 개를 다양한 형태로 배치하며, 배치한 모양에 따라 그에 맞는 명칭이 있다. 이를테면, '포크', '별', '화살', '우물' 등이다. 최소 두 명이면 놀이를 할 수 있고 팀을 이루어 대결하기도 한다. 러시아 도시를 다니다 보면 한적한 공원 등에서 고로드키를 즐기는 시민들을 심심찮게 만날 수 있다.

---

17) 러시아어에서 '붉다'는 단어는 '아름답다'는 의미를 함께 가지고 있다. '붉은 구석'은 '아름다운 구석'이라는 의미이다.

02 | 러시아 민중 신앙

자연숭배

러시아인들은 우크라이나인들, 벨라루스인들과 함께 동슬라브족이다. 동슬라브족은 오래전부터 자연을 숭배해 왔다. 그들은 농경 생활에 영향을 미치는 태양, 바람, 물, 땅 등 자연력을 신격화했는데, 이런 자연숭배는 비단 동슬라브족뿐만 아니라 농경 생활을 하는 세계 여러 민족에게 공통적으로 관찰되는 현상이다.

페룬

동슬라브족은 자연력을 신격화한 일곱 명의 주된 신[18]을 숭배했는데, 그중 최고신은 '페룬'이었다. 페룬은 천둥과 번개의 신으로 그리스 신화의 제우스에 해당되는 신이라 할 수 있다. 은빛 머리칼과 금빛 수염을 하고 번쩍거리는 번개가 후광으로 있고 칼과 방패를 든(페룬은 전쟁과 무기를 관장하기도 했다) 페룬의 형상은 사람들에게 두려움과 외경심을 일으키기에 충분했다. 페룬에게 산 사람을 제물로 바치기도 했다고 전해진다. 블라디미르 대공은 정교를 국교로 삼기 전에 키예프 언덕에 페룬을 비롯한 일곱 신의 목조상을 세웠었다고

18) 태양신 다쥐보그, 바람의 신 스트리보그, 대지여신 모코쉬, 가축의 신 벨레스 등이 있다.

한다. 러시아가 정교 국가가 될 때까지 러시아인들은 이러한 신들을 숭배했다.

✳ 정령숭배

동슬라브족은 일곱 신들 외에도 정령을 숭배했다. 정령이란 신들보다는 낮은 위치에 있는 영들로서 사람들 사이에서 잘 보이지 않게 거주하면서 인간의 길흉화복에 좀 더 직접적으로 관여한다고 믿어졌다. 정령들에 관한 이야기는 슬라브 구전문학에 많이 남아 있어 민중의 상상력과 믿음의 형태를 짐작할 수 있게 해 준다.

대표적인 정령 중 '바바 야가'는 깊은 숲속에서 닭 다리 위에 세워진 오두막에 사는 노파이다. 코가 뾰족하고 말랐으며 빗자루나 절굿공이를 타고 날아다니는 등 마녀 이미지를 지니고 있다. 바바 야가는 구전문학에 매우 자주 등장한다. 숲속에서 길을 잘못 들어선 사람들을 잡아먹기도 하지만, 때로는 주어진 임무를 수행하기 위해 길을 찾아가는 주인공에게 결정적인 도움을 주기도 해서 딱히 악한 정령이라고 말하기는 어렵다.

바바 야가

'루살카'는 강이나 호수, 바다에 거주하는 정령으로 상체는 인간, 하체는 물고기 모양을 한 인어의 형상을 하고 있다. 젊은 처녀가 결혼하기 전에 익사해 죽으면 루살카가 된다고 믿었다. 초록색 머리칼과 피부를 지녔으며 긴 머리칼을 하고 혼자, 혹은 여럿이 무리를 지어 달빛 아래에서 노래를 부르고 춤을 추면서 젊은 남자들을 유혹한다. 그리스 신화에 등장하는 바다의 요정인 사이렌과 비슷한 면이 많다. 그래서 사람들은 루살카의 노랫소리에 유혹되어 물 가까이 가면 빠져 죽을 수 있으므로 조심해야 한다고 여겼다. 루살카는 머리에 화관을 쓰기도 하고 물가에 나와 머리를 빗어 내리기도 하는 등 다양한 이미지를 지니고 있다. 루살카는 그 신비로운 이미지 때문에 19세기 이후의 문학작품에도 자주 등장하곤 한다. 19세기 러시아 작가 고골의 단편 "비이"에 루살카가 등장하는 장면은 그 몽환적이고 환상적인 분위기가 압권을 이룬다.

> 그는 갈대숲 뒤에서 헤엄쳐 나온 루살카의 둥글고 탄력 있는 등과 다리 전체가 가끔씩 번쩍거리고 떨리는 것을 보았다. 루살카는 그를 향해 고개를 돌렸다. 밝고 번쩍이는 날카로운 시선으로 가슴속으로 파고드는 노래를 부르며 그녀는 이미 그에게 가까이 다가와 있었다. 그녀는 물 표면에 나타나 번쩍이는 웃음을 지으며 몸을 떨더니 멀어져 갔다. 그리고 그녀가 몸을 뒤집자 유약을 바르지 않은 도자기처럼 광택이 없는 구름 같은 그녀의 가슴이 희고 탄력 있고 부드러운 동그란 가장자리를 따라 태양 빛에 빛났다. 작은 물거품이 유리알처럼 그녀의 가슴 위에 흩어지고 있었다. 그녀는 온몸을 떨면서 물속에서 웃고 있었다.

'도모보이'는 집의 정령이다. 명칭은 집을 뜻하는 '돔'이라는 단어에서 유래했다. 털이 무성하고 키 작은 노인의 모습을 하고 있으며, 사람들의 눈에 잘 띄지 않는 페치카, 문지방, 다락 등에 거주한다. 집을 보호하는 정령이지만 짓궂은 장난을 곧잘 치기도 한다. 이사를 할 때는 이

도모보이의 기분을 상하지 않게 빵을 문간 옆에 놔두거나, 난로의 석탄을 들고 가면서 '함께 가자'고 청하기도 한다.

✳ 민중 축일

동슬라브족은 농경 생활과 관련하여 계절에 따라 다양한 축일을 기념하고 즐겼다. 파종의 시기인 봄, 열매가 익어가는 여름, 추수하는 가을, 땅이 휴식을 취하는 겨울, 모든 계절마다 축일이 있었다. 그중 지금까지도 많이 즐기고 있는 봄의 축일인 '마슬레니차'에 대해 알아보자.

마슬레니차는 겨울이 끝나고 봄이 시작되는 2월 중순에서 3월 초 사이에 즐기는 일종의 봄맞이 축제이다. 이 축일에 먹는 대표적인 음식인 블린은 그 모양이 둥글게 생겼는데, 농경에 절대적으로 필요한 태양을 상징한다. 축제가 벌어지는 마당에 블린을 쌓아 놓고 온 동네 사람들이 함께 먹었다고 한다. 축제는 일주일 동안 지속된다. 눈을 쌓아 언덕 모양으로 만들어 어른과 아이 할 것 없이 눈썰매를 타고 놀며, 남자들이 패를 나누어 상의를 벗고 몸싸움을 벌이기도 했다. 축제의 마지막 날인 일요일은 '용서의 일요일'로 불린다. 모든 사람이 서로 부둥켜안고 '나를 용서해 줘'라고 말하면 '하느님이 용서해 주실 거야'라고 답한다. 축제는 짚으로 만든 커다란 허수아비 인형을 태우는 것으로 끝난다. 그것은 한 해의 액운을 미리 태워 없애고 행운을 비는 의미를 지닌다.

기독교를 수용한 이후에는 부활전 전 금식 기간인 40일 동안의 사순절 이전에 마슬레니차 축제를 즐겼다. 금식과 절제를 해야 하는 사순절을 앞두고 마음껏 음식을 먹고 즐긴 것이다. 또 종달새 모양의 과자를 구워 봄을 기다리는 마음을 표현하기도 했다. 오늘날에도 간소한 방식

마슬레니차의 허수아비 인형 태우기

으로 마슬레니차 축일을 기념하며, 대도시에서도 블린을 만들고 허수아비를 태우는 의식을 하는 모습을 볼 수 있다. 니키타 미할코프 감독이 연출한 〈시베리아의 이발사〉라는 영화에는 19세기 말에 마슬레니차 축제를 모스크바에서 대대적으로 즐기는 모습이 다소 과장되게 연출되어 있는데, 이방인인 미국인 여성의 눈을 통해 축제의 흥겨운 분위기와 볼거리가 풍부하게 소개되어 있다.

✳ 이중신앙

러시아에서 정교를 국교로 수용한 후에도 민중 신앙의 형태는 지속되었다. 비잔틴으로부터 수용한 동방정교와 기존의 동슬라브적인 민중 신앙이 공존한 이런 현상을 '이중신앙'이라고 부른다. 이것은 정교가 민중 신앙의 가치를 포용했다는 의미로 해석할 수 있다. 혹은 동슬라브족이 자연 숭배 사상에 기반하여 기독교의 세계관을 수용했다고도 볼 수 있다. 마슬레니차처럼 동슬라브족의 전통적인 축일이 기독교 축일에 맞추어 시기가 변한다든가, 민중 축일에 기독교적인 요소를 연결한 경우가 그런 예라 할 수 있다.

대표적인 것으로 여름의 '이반 쿠팔라' 축일이 있다. 전통적으로 6월이 되면 강가에 모여서 목욕하고 모닥불을 피우면서 정화 의식을 행하던 민중 축일에 기독교 성자 세례 요한의 축일을 결합한 경우이다. 이런 이중신앙은 기독교 세계관이 민중들의 삶 속에 거부감 없이 자연스럽게 녹아들도록 하는 역할을 했다. 한편으로 이중신앙 때문에 러시아인들 속에 뿌리 깊이 박혀 있는 토착화된 미신적인 신앙이 지금까지도 계속 유지되고 있다고도 볼 수 있다. 실제로 스스로 정교 신자라고 말하는 많은 러시아인들에게서 미신적인 믿음을 찾아보는 것은 그리 드문 일이 아니다.

03 | 러시아 정교

러시아 국민의 대다수는 자신을 정교 신자로 생각한다. 물론 이들 모두를 진실한 의미에서 정교 신자로 간주하기는 어렵겠지만, 정교는 러시아인들의 생활, 정신, 의식 속에 깊숙이 침투해 있다. 정교는 개인의 신앙적 차원보다는 러시아 민족의 정신문화로 보는 것이 더 적합하다. 정교를 빼놓고는 러시아 문화 예술을 거론할 수 없을 정도로 정교가 러시아 문화 예술에 미친 영향은 지대하다. 정교는 그 자체가 문화 현상일 뿐 아니라, 소위 세속 예술에도 역사적으로 지속적인 영향을 미쳐왔다. 우리에게는 매우 생소한 정교. 그것이 무엇인지부터 이해해 보자.

✳ 정교란 무엇인가

현재 기독교 세계는 가톨릭, 개신교 그리고 정교로 나뉘어져 있다. 16세기 이전 유럽에서 종교개혁이 일어나 개신교가 생겨나기 전에는 가톨릭과 정교만 존재했다. 가톨릭은 유럽의 서쪽 국가들에서, 정교는 동쪽 국가들에서 믿었기에 각각 서방교회와 동방교회로 불렸다. 동방교회와 서방교회는 1054년 분열을 겪기 전에는 서쪽부터 로마, 콘스탄티노플, 안디옥, 예루살렘, 알렉산드리아 다섯 도시를 중심으로 하나의 교회를 이루고 있었다. 다섯 도시에는 동일한 권위를 갖는 감독들이 있어서 각기 자신들의 교구를 관할했다. 교회들은 로마 감독을 교회의 첫 번째 감독으로 인정했으나, 그것은 그가 다른 도시의 감독들보다 우월하다는 의미는 아니었다.

그러나 로마 감독은 점차 자신을 '교황'이라는 칭호로 부르기 시작했으며, 자신의 무오류성(교황은 어떤 오류도 행할 수 없다는 주장)을 내세워 모든 교회 내에서의 수장권, 즉 최고 지위를 요구했다. 그러나 로마 감독을 제외한 감독들은 교황이 아닌 감독들의 대표 회의인 공의회가 교회에 관한 문제를 최종적으로 결정해야 한다고 주장했다. 이 교황의 수장권 문제가 동방교회와 서방교회의 분열을 몰고 왔다. 교회는 발칸 반도 서쪽 지점에서 둘로 쪼개졌다. 이 문제 이외에도 심각한 교리상의 차이가 분열의 원인이 되었으나, 그것은 신학적 주제이므로 여기서는 논의하지 않겠다.

분열 이후 동방교회와 서방교회, 즉 정교와 가톨릭은 서로 자신만이 참된 교회라고 주장하였다. 가톨릭과 정교의 반목은 오랜 세월 지속되었고 때로는 십자군 전쟁과 같은 큰 충돌로 번지기도 했다. 이후 가톨릭은 종교개혁으로 다시 한번 분열을 겪게 된다. 정교 세계에서는 가톨릭에서 발생한 대대적인 종교개혁은 일어나지 않았다. 정교 세계는 유럽이 경험했던 르네상스라는 거대한 문화적 흐름에도 참여하지 못했다. 이러한 차이가 이후 가톨릭 세계와 정교 세계의 문화적 차이점을 만들어내는 원인으로 작용하기도 했다. 그런데 최근 가톨릭과 정교의 관계에 변화의 바람이 불고 있다. 2016년 쿠바의 수도 아바나에서 전(前) 프란시스코 교황과 러시아의 키릴 총대주교의 만남이 성사된 것이다. 천년만의 만남이었다. 두 교회의 수장은 지난 세월의 반목과 불신을 씻고 화해로 나아가자는 공동의 뜻을 확인했다. 앞으로의 추이가 주목된다.

정교는 전 세계적으로 2억 8천만 명 정도의 신도를 보유하고 있으며, 그중 러시아 정교가 1억 이상으로 단연 압도적인 위치를 차지한다. 정교는 가톨릭과 달리 국가 단위로 독립적인 교회가 자치권을 행사한다. 그래서 러시아 정교, 그리스 정교, 아르메니아 정교 등 국가 명칭을 붙인다. 여러 국가에 있는 총대주교(혹은 교종)들은 서로 동등한 권위를 가지므로 정교 전체를 대표하는 최고 성직자는 존재하지 않는다. 그러나 러시아 정교는 그 위상으로 볼 때 그리스와 더불어 정교 세계를 대표한다고 말해도 과언이 아닐 것이다. 한국의 정교회는 콘스탄티노플 교구에 속해있으며, 러시아 정교회는 한국에서 6·25 이후 중단되었던 선교 활동을 2018년에 재개했다.

✳ 정교의 수용

키예프 루시의 블라디미르 대공은 988년 공식적으로 정교를 국교로 채택한다. 그가 이교 신앙을 버리고 국교를 채택한 데는 여러 가지 이유가 있었지만, 가장 중요한 이유는 국가 통합의 필요성 때문이었다. 지방 분권적 성격이 강한 키예프 루시 공후들 사이의 반목을 없애고, 지배층과 피지배층의 결속을 강화하기 위해 종교를 통일시키는 것보다 좋은 수단은 없었다. 여러 종교 중에서 정교를 국교로 받아들이게 된 이유에 대해 흥미로운 이야기가 전해진다. 블라디미르 대공은 주변 여러 민족의 종교를 알아보고자 사신들을 받아들여 그들의 종교에 관한 이야기를 들었다. 그는 이슬람교가 술을 금하는 종교라서 루시인들에게는 걸맞지 않다고 판단했다. 유대교는 신에게 버림받아 자신의 땅을 잃고 떠도는 민족의 종교라 여겨 마음에 들지 않았다. 가톨릭의 교리에 대해서는 따분함만 느낄 뿐이었다. 그런데 콘스탄티노플에서 온 정교의 사절단은 블라디미르에게 사후세계에 관한 이야기를 들려 주어 그의 마음을 움직였다.

이스탄불의 성 소피아 성당

블라디미르 대공은 이제 루시의 사절단을 각국에 보내 그들의 종교에 대해 알아보게 했다. 콘스탄티노플의 성 소피아 성당 예배에 참석했던 사절들은 "그곳에서 신(臣)들은 천국에 있는지 지상에 있는지 알 수 없었나이다. 신들은 그 아름다움을 잊을 수가 없나이다."라고 말했다.

대공은 옳다구나 여겨 정교를 국교로 정하고 비잔틴 황제의 누이인 안나를 아내로 맞아들이면서 세례를 받았다. 그는 이전에 섬기던 페룬상을 드네프르 강에 던져버렸다. 이에 많은 키예프인들이 세례를 받았고 정교는 루시 땅 전체로 퍼져나갔다. 개종의 과정 중에 강제적인 조치가 있었다는 설도 있으나 전반적으로는 평화롭게 진행되었던 것으로 여겨진다.

여기서 주목해야 할 것은 정교를 국교로 정한 이유가 예배 의식의 아름다움에 있었다는 점이다. 성당의 웅장한 외부와 내부의 화려한 장식, 장엄한 성가와 향 내음, 사제들의 찬란한 의복 등 종합예술과 같은 예배 의식이 루시인들의 예술적 감수성에 깊은 감명을 주었다. 정교를 택한 이유가 아름다움이라는 미학적인 기준이었다는 것은 매우 의미심장하다. 그것은 러시아인들에게 아름다움은 곧 선이고, 심지어 진리와도 맞닿을 수 있다는 진선미의 합일 사상이 존재했다는 사실을 말해주기 때문이다. 정교를 받아들임으로써 이런 사상은 러시아인들의 의식 속에 더욱 깊이 뿌리내렸다. 이렇게 보면 정교가 왜 러시아 문화 예술의 발전에 결정적인 영향을 끼쳤는지 어렵지 않게 이해할 수 있을 것이다. 고골, 도스토옙스키, 솔제니친 등의 러시아 작가들, 루블료프, 이바노프 등의 화가들, 라흐마니노프, 스트라빈스키 등의 작곡가들, 타르콥스키 감독에 이르기까지 정교가 러시아 문화 예술에 깊숙이 스며든 예들은 셀 수 없을 정도이다.

비잔틴으로부터 정교를 받아들인 것은 향후 러시아 문화 예술 발전에 결정적인 역할을 했다. 앞서 말했듯, 정교 세계에 편입된 러시아는 서유럽의 지성과 문화에 지대한 영향을 미친 르네상스를 경험하지 못하게 된다. 대신 러시아는 비잔틴으로부터 받아들인 다양한 문화유산을 발전시켰다. 토착적인 민중문화와 더불어 비잔틴의 영향은 러시아 문화의 발전 경로를 유럽과 차별화했다. 수 세기 후 표트르 대제가 추진한 서구화는 러시아 문화 예술을 유럽에 '뒤처진' 것으로 인식한 결과였다. 유럽식의 모델을 표준으로 볼 때 뒤처진 것이었을지 모르나, 러시아 문화는 정교 세계관을 바탕으로 자신만의 독특한 길을 묵묵히 걸어왔다.

✳ 부활절

정교에는 많은 축일이 있다. 성모 탄생절, 예수의 탄생일인 성탄절, 예수가 세례를 받은 주현절, 예수 승천절, 성령강림절, 그리스도의 변모 축일, 성모 안식 축일 등 예수 그리스도와 성모 마리아가 관련된 12개의 축일이 가장 중요하다. 그러나 이 모든 축일 중 가장 중요한 축일은 부활절이다. 정교는 가톨릭이나 개신교에 비해 부활절에 훨씬 더 큰 의미를 부여하고 성대하게 기념한다. 그리스도의 부활은 죽음에 대해 승리를 거둔 것으로 인간에게 구원의 희망을 주는 정교 신앙의 핵심이다. 우리에게 양력과 음력이 있듯이, 러시아에는 두 개의 달력이 있다. 하나는 전 세계가 사용하는 그레고리안력이고, 또 하나는 교회에서 사용하는 율리우스력이다. 율리우스력은 그레고리안력보다 두 주 늦다. 따라서 러시아 정교의 성탄절은 1월 7일이 된다. 부활절도 마찬가지로 가톨릭과 개신교보다 두 주 정도 늦게 보통 4월 중순에 기념한다.

부활절 전야 예배는 일 년 중 가장 성대한 정교 예배이다. 정교 신자들은 도시에서 가장 큰 성당에 모여 밤새도록 예배를 드린다. 모스크바 구세주 그리스도 성당에서 드리는 부활절 예배는 총대주교가 집전하고 대통령을 비롯한 정부 고위층이 참석하며 러시아 전역에 생중계된다. 자정이 되면 총대주교가 "그리스도께서 부활하셨다"라고 말하고, 신도들은 "진실로 부활하셨다"라고 답한다. 가정에 있는 사람들도 서로 이

부활절 예배

인사를 나눈다. 부활절 예배는 성당 안에서 진행되다가 성당 밖으로 나와 그리스도가 십자가를 지고 가는 길을 상징하는 '십자 행렬'[19]을 하고, 다시 성당 안으로 들어와 계속 진행된다. 무척 길고도 장엄한 예배라 할 수 있다.

부활절에 사람들은 가정에서 '쿨리치'라는 원통형의 빵을 구워 가족, 이웃들과 나눠 먹는다. 그리고 삶은 달걀을 아름답게 채색하거나 장식해 서로에게 선물한다. 달걀은 그리스도의 부활과 생명력의 상징이다. 우리의 박혁거세, 주몽 신화에서도 볼 수 있듯이 알은 많은 민족에게 생명의 근원을 상징하는 것으로 여겨졌다. 알이 갖는 이런 신화적, 상징적 의미가 부활절 달걀에도 반영되어 있다고 하겠다. 이교의 상징이 기독교적인 것으로 변용된 대표적인 예라 할 수 있다. 부활절 달걀은 나무, 도자기로도 만들어져 러시아의 대표적인 기념품이 되었다. 19세기

19) 성직자가 앞에서 십자가를 들고 신도들은 그 뒤를 따르면서 성당을 한 바퀴 돈다.

말 프랑스인으로 상트페테르부르크에 정착한 보석 세공사 파베르제는 황실의 주문을 받아 에나멜과 보석으로 장식한 화려한 부활절 달걀을 만들었다. 상트페테르부르크의 파베르제 박물관에 가면 부활절 달걀을 비롯한 러시아 황실 스타일의 공예품들을 감상할 수 있다.

✳ 십자가와 성호

정교회 십자가

정교회의 십자가는 카톨릭이나 개신교의 십자가와는 다소 다른 형태를 취하고 있다. 보통 십자가는 가로, 세로가 교차하는 단순한 형태를 취한다. 그런데 정교회의 십자가는 세 개의 가로대를 갖는다. 가장 긴 가로대 위에 있는 가로대는 예수가 십자가에 매달렸을 때, '유대인의 왕'이라고 쓰인 팻말을 붙였던 데서 유래한다. 아래쪽 가로대는 예수의 발이 놓였던 곳인데 오른쪽이 올라가 있다. 예수의 오른편 십자가에 매달렸던 강도는 믿음을 고백하여 천국에 이르고, 왼편에 있던 강도는 예수를 조롱하여 지옥에 갔기 때문이라는 설이 있다. 전통적으로 정교에서 오른편은 항상 올바른 것을 의미한다.

정교에서 성호를 그을 때는 엄지, 검지, 중지를 함께 붙이고 나머지 두 손가락을 함께 접는다. 세 손가락은 삼위일체, 두 손가락은 그리스도의 신성과 인성을 상징한다. 이마, 배, 그리고 오른쪽 어깨와 왼쪽 어깨로 옮겨가며 성호를 긋는다.

성당과 예배

양파 모양의 쿠폴

정교의 교회는 보통 사원 혹은 성당으로 불린다. 성당은 예배를 드리는 종교적 장소이면서 건축으로서 아름다운 예술 작품이기도 하다. 성당은 우주의 축소판이라는 상징적 의미를 지닌다. 성당은 하늘과 땅, 신과 인간, 그리고 자연까지 모두 포함하는 소우주라 할 수 있다. 성당의 지붕인 '쿠폴'은 둥근 모양으로 하늘을 상징한다. 비잔틴의 쿠폴은 주로 반구형 돔 형식을 띠고 있었다. 러시아에 와서 돔 모양은 다양하게 변형되었다. 특히 양파 모양의 쿠폴은 천상을 향한 인간의 염원을 반영한다. 신앙을 수호한다는 의미에서 투구의 모양을 본뜬 것이라는 설도 존재한다. 쿠폴의 숫자는 한 개, 두 개, 세 개, 다섯 개, 일곱 개, 심지어 서른세 개까지 다양하다. 한 개는 신성의 일치, 두 개는 그리스도의 신성과 인성, 세 개는 삼위일체, 다섯 개는 그리스도와 사(四) 복음서 기록자를 각각 상징한다.

일반적으로 성당의 외벽은 평화와 순수를 상징하는 흰색으로 칠하고 돌 형태를 그대로 두기도 한다. 쿠폴의 경우는 은색, 푸른색이 사용되기도 하지만 황금색이 압도적이다. 황금색은 신성을 상징하는 대표적인 색깔이기 때문이다. 금박을 입히기도 하지만 중요한 성당인 경우, 실제 금을 얇게 붙이기도 한다. 가장 큰 쿠폴은 성당 내부에서 정 중앙에 자리한다. 고개를 들어 쿠폴을 바라보면 마치 하늘에서 빛이 쏟아져 내려오는 것 같기도 하고, 그곳에 그려져 있는 신 혹은 그리스도가 인간 세계를 내려다보고 있는 느낌이 들어 저절로 경외감에 사로잡히기도 한다.

교회 내부에서 가장 중요한 장소는 지성소이다. 지극히 거룩한 장소라는 의미를 갖는데, 성당의 동쪽 끝에 자리한다. 동쪽을 거룩하게 여기기 때문이다. 지성소 안에는 제단이 있다. 지성소는 천상을 상징하는 공간이기 때문에 일반 사람들은 출입할 수 없고 오직 예배를 집전하는 성직자들에게만 출입이 허용된다. '이코노스타스'가 지성소와 그 외의 공간을 분리한다. 이코노스타스는 정교 성화인 이콘들을 그려 넣은 일종의 칸막이로 여러 단으로 이루어져 있다. 세 단 정도 되는 것에서부터 거의 천장에 닿을 정도로 높은 것까지 다양한 높이로 되어 있다. 성직자들은 이코노스타스 맨 아래층에 나 있는 '황금의 문'을 통해 예배 중 수시로 지성소를 드나든다.

성당 중앙의 장소는 일반 신도들이 예배에 참석하는 공간으로 지상을 상징한다. 예배가 진행되는 동안 성직자는 천상과 지상을 상징하는 두 공간을 오가며 양쪽을 매개한다. 정교 성당 안에는 보통 의자가 없으므로 예배가 진행되는 동안 신자들은 내내 서서 예배를 드려야 한다. 예배 중에 성직자는 '카질로'라고 하는 향이 든 도구를 자주 흔들며 돌아다닌다. 향에서 피어나는 연기는 신에게 올라가는 기도를 상징한다. 예배 중 성가대가 사람들의 눈에 잘 띄지 않는 곳에서 천상의 목소리로 성가를 합창한다. 합창은 무반주로 이루어진다. 정교의 예배는 일종의 종합 예술적인 성격을 갖는다. 천상과 지상을 담은 성당의 건축술, 이콘의 다양한 색채와 형상, 성당 안을 가득 채우는 성가대의 노래, 은은하게 퍼지는 향, 그리고 성당을 가득 밝히는 촛불, 낮게 울려 퍼지는 성직자의 목소리가 어우러져 왜 러시아가 정교를 국교로 받아들였는지 그 이유를 알 수 있게 한다.

정교 성당에는 종루가 함께 있는 경우가 많다. 성당에서 예배가 시작될 때 자주 종을 쳐서 사람들에게 알린다. 성당의 종지기는 정확한 시간에 종루에 올라가서 줄을 잡아당겨 정해진 방식으로 종을 쳐야 한다. 러시아인들은 성당에서 울리는 종소리를 사랑한다. 종소리를 들으면 성당에 가서, 혹은 자신이 있는 장소에서 잠시 하던 일을 멈추고 신에게 예배하는 자세를 갖는다. 멀리 퍼져나가는 성당 종소리는 세속에 매몰되어 참된 가치를 잊고 살아가다가도 다시금 영혼을 깨우는 힘을 가지고 있다. 그래서인지 20세기의 록커 바슐라체프는 자신을 시대의 잠을 깨우는 종지기에 비유하기도 했다.

러시아 정교 신자들은 꼭 예배 시간이 아니더라도 언제든지 원할 때 성당에 들어가 촛불을 밝히고 기도를 드린다. 성당 안에는 탁탁 디오르는 촛불 소리 외에는 고요만이 감돈다. 여행자들이 러시아 성당 안을 구경하기 위해 들어가서 돌아다니는 것은 자유이지만 반드시 침묵을 지켜야 한다. 성당 바닥에 몸을 엎드리고 기도하는 사람, 서서 조용히 눈을 감고 기도하는 사람, 좋아하는 성상화에 입을 맞추며 눈물을 흘리는 사람들을 지켜보고 있노라면 그저 방관자로 구경하는 것이 죄스럽게 느껴질 정도이다. 성당을 나올 때면 왠지 마음이 깨끗이 정화된 것만 같은 착각을 일으키기도 한다.

✳ 수도원

정교는 수도원 문화가 매우 발달해 있다. 러시아 정교 역시 마찬가지이다. 평생 자신을 하느님께 바쳐 수도사 혹은 수녀로 살아가는 이들이 러시아 전역의 수도원에 흩어져 수도 생활에 정진하고 있다. 수도원은 남자 수도원과 여자 수도원으로 구별되어 있으며, 일반 사제들은 결혼을 할 수 있지만 수도사 혹은 수녀들은 평생 독신으로 지낸다. 수도원은 보통 도시 변두리에 자리하는데, 때로는 세속에서 멀리 떨어져 숲이나 강가 등 자연 속에 위치하기도 한다. 소비에트 시절 문을 닫고 황폐해졌던 수도원들이 소비에트 해체 이후 건물을 수리하고 다시 수도원으로서 기능하기 시작한 지 수십 년이 흘렀다.

수도원은 정교 영성의 산실이라고 할 수 있다. 수도원을 통해 많은 성자가 배출되었고, 러시아 민중은 삶의 고통 속에서 답을 구하기 위해 수도원 순례를 하는 전통이 있었다. 러시아의 많은 작가, 지식인들도 수도원을 찾아가 영혼을 괴롭히는 문제들에 대해 이름난 수도사들과 대화를 나누곤 했다. 러시아 수도원과 수도사의 모습은 도스토옙스키의 마지막 장편 『카라마조프 형제들』에 매우 상세히 묘사되어 있다.

러시아의 많은 수도원 중 가장 중요한 의미를 갖는 곳은 모스크바 북동쪽에 있는 성 삼위일체 수도원이다. 수도원을 건립한 성 세르기 라도네즈스키의 이름을 따서 성 세르기예프 수도원으로 불리기도 한다. 러시아에서 수도원 부흥의 시기였던 14세기에 세워진 이 수도원은 러시아 정교의 본산과 같은 곳이다. 다양한 성당 건축 양식과 쿠폴의 색깔이 주변의 자연과 조화되어 매우 아름다운 이 수도원은 늘 방문자들의 발걸음이 끊이지 않는다. 모스크바에서 한 시간 정도면 갈 수 있는 거

성 삼위일체 수도원

리이므로 하루쯤 시간을 내어 방문할 가치가 충분한 곳이다.

성 삼위일체 수도원은 수도원 중에서도 대수도원이라는 의미로 '라브라'라고 불린다. 러시아에서 라브라라는 명칭을 가지고 있는 또 다른 수도원은 상트페테르부르크의 알렉산드르 넵스키 수도원이다. 알렉산드르 넵스키 수도원은 상트페테르부르크 도시 안에 있다. 두 수도원 모두 수도원과 더불어 신학교를 운영해 사제들을 교육하고 배출하는 교회 최고 교육기관의 기능도 담당하고 있다.

5장

러시아 도시

01 | 모스크바

모스크바는 러시아의 수도이자 과학기술, 학문, 문화의 중심지이다. 모스크바라는 도시 이름은 모스크바강에서 유래했다. 12세기 초반 연대기에 최초로 언급되기 시작한 모스크바는 몽골 타타르족의 지배하에서 점차 세력을 확장해 15세기 후반부터는 정치적 중심지로 성장했다. 모스크바는 1712년 표트르 대제의 서구화 정책에 따라 제정 러시아의 수도가 상트페테르부르크로 옮겨진 뒤 제국의 중심 지위를 상실하였다. 그러나 200여 년이 지나 혁명 이듬해인 1918년에 다시 소련의 수도가 되어 정치, 경제, 행정, 문화, 예술의 중심지로 발전했다.

현재 모스크바는 러시아에서 가장 큰 도시이자 세계에서 네 번째로 큰 도시라는 위상에 걸맞게 발전을 거듭하고 있다. 역사적인 건축물을 보수하거나 재건축하고 고층 건물과 고급 아파트 단지들을 신축하며 현대적 교통망을 구축하는 등 새로운 모습으로 변모하고 있다. 모스크바 중심부에는 모스크바강이 흐른다. 러시아의 다른 고대 도시들과 마찬가지로 요새를 뜻하는 크렘린이 도시의 중앙에 자리해 있고, 크렘린을 중심으로 순환도로가 형성되어 있다.

✳ 크렘린

크렘린

'요새, 성벽'이라는 의미를 지닌 크렘린은 모스크바의 중심에 자리한 러시아를 상징하는 최고의 기념물이다. 오늘날의 크렘린궁 형태는 17세기에 형성되었다. 현재는 대통령의 집무실과 정부 기관들이 들어서 있다. 크렘린은 처음부터 붉은 벽돌로 지어진 것은 아니었고, 모스크바를 창설한 유리 돌고루키 대공이 나무로 건설했다고 한다. 하지만 몽골 타타르족이 모스크바를 불태웠을 때 잿더미로 변했고, 그 후 이반 칼리타 대공이 흰 벽돌을 쌓아 재건하였다. 이 때문에 모스크바는 백색 도시로 불리기도 했다. 붉은 벽돌로 된 거대한 탑과 높은 성벽들로 둘러싸인 현재 크렘린궁의 모습은 이반 3세가 비잔틴 황녀를 아내로 맞이할 때

대대적으로 재건을 하면서 갖춰졌다. 이때부터 크렘린 주변은 온통 붉은색으로 탈바꿈하게 되었다. 크렘린 성채의 윤곽은 오각형 모양이다. 성벽을 따라서 20여 개의 탑이 둘러싸고 있다. 그중 가장 높은 탑은 삼위일체 탑이다. 이 문을 통해 관광객들이 출입한다.

크렘린 내부에는 역사적인 문화 유적들이 많이 남아 있다. 가장 대표적인 것으로는 러시아 제국 시절 황실의 보석과 물건들을 볼 수 있는 무기고 박물관과 차르 대포와 종, 그리고 여러 성당을 들 수 있다. 무기고 박물관은 크렘린 내에서도 입장료를 따로 내야 할 만큼 귀한 보물들이 많은 곳이다. 이곳에 러시아 황실의 금은세공 장식품을 비롯해 러시아의 무기들을 전시해 놓았다. 무기고 안에는 다이아몬드 전시실이 따로 마련되어 있다.

대포의 왕

크렘린 앞마당에는 '대포의 왕(차르 대포)'이라고 불리는 어마어마한 크기의 대포가 있다. 이 대포는 1586년에 러시아의 뛰어난 장인 초호프가 1년 동안 심혈을 기울여 만들었다고 한다. 이 대포는 무게가 40톤, 길이가 5m, 구경이 890mm이고, 주위에는 1톤이나 나가는 탄알들이 수북하게 쌓여 있다. 지금까지 이 대포는 한 번도 발사된 적이 없다. 발사하는 데 실패했다는 설과 전투보다는 황실의 수호를 목적에 두고 만들었기 때문이라는 설이 전해진다.

종의 왕

대포의 왕에서 조금 가다 보면 세계에서 가장 큰 '종의 왕(차르 종)'이 있다. 1733~1735년에 높이 6.14m, 지름 6.6m에 무게만 202톤에 달하는 세계 최대의 종이 제작되었다. 이 종 역시 한 번도 울린 적이 없는데, 1737년에 화재로[20] 인해 종의 하단 부분이 깨어져 나가 종의 역할을 제대로 수행하지 못하게 되었기 때문이라고 전해진다. 종 옆에는 깨진 부분이 놓여있는데 그 무게만도 11.5톤이라고 한다.

크렘린궁 안에는 정교 국가답게 여러 성당이 자리하고 있다. 대표적인 성당으로는 우스펜스키 성당, 아르한겔스키 성당, 이반 대제의 종루 등이 있는데 모두 이반 3세의 지시로 건축된 것들이다. 이반 3세는 비잔틴 황녀 소피아를 아내로 맞이하면서 모스크바를 정교의 중심지, 즉 세계의 중심지로 만들려고 노력했다. 이 시기 건축된 성당과 건물들은 크렘린의 대표적인 문화유산이다.

우스펜스키 성당은 다섯 개의 돔형 쿠폴로 만들어졌다. 당시 성당 내부 전체를 채웠던 뛰어난 이콘의 원형들이 오랜 시간 동안 훼손되고 마모되면서 현재는 17세기에 복원한 것들만 남아 있다. 과거에는 황실 일

---

20) 1737년 5월 말 또는 6월 초, 러시아 정교회의 삼위일체 축일 전후로 발생한 대화재로 트로이츠카야 화재 또는 모스크바 대화재로 알려진 사건이다.

가의 결혼식이 치러지거나 황제의 칙령들이 발표된 곳이기도 하다. 이 성당에는 역대 총대주교들의 무덤이 안치되어 있다. 이 성당은 모스크바에서 완전한 형태로 보존된 가장 오래된 건축물이다.

이반 대제의 종루

우스펜스키 성당 맞은편에는 아르한겔스키 성당과 이반 대제의 종루가 있다. 아르한겔스키 성당은 이탈리아풍의 돔 형식 쿠폴로 지어졌고, 안드레이 루블료프의 '대천사 미하일' 등 다양한 이콘들이 전시되어 있다. 이곳에는 러시아의 역대 군주들과 왕자들의 관 48개가 보관되어 있다.

이반 대제의 종루는 모스크바에서 가장 높은 탑으로 16세기에 건축되었고 높이가 80m에 이른다. 당시에는 그 이상 높은 건물을 짓는 것이 허락되지 않았다고 전해진다. 종루 내부에는 329개의 계단이 있으며, 현재 종루에는 70톤의 우스펜스키 종을 비롯하여 총 21개의 크고 작은 종들이 달려 있다. 종루는 모스크바 외곽 수도원들의 감시탑에서 외적의 침입을 알리는 신호를 보내오거나 도시에 화재가 발생했을 시 비상사태를 알리는 통신 시설 역할을 했다. 국경일이나 축하 행사가 있을 때도 축제 분위기를 북돋기 위해 타종을 했다고 한다.

✳ 붉은 광장

붉은 광장

크렘린 앞에 펼쳐진 붉은 광장은 러시아 역사에서 매우 중요한 의미가 있다. 이곳은 과거 전제정체가 위세를 떨칠 때 죄인들의 목을 베는 처형장이었고, 소비에트 시대에는 대규모 군사 퍼레이드를 벌인 장소였다. 현재에도 러시아의 모든 중요한 국가 행사들이 이곳에서 거행되고 있다. 연대기에 따르면, 붉은 광장은 이반 3세가 화재로 전복된 크렘린을 재건할 당시에 생겨났다. 이 광장의 명칭이 '붉은 광장'으로 불리게 된 유래에 대해서는 '아름다움'을 의미하던 고대 슬라브어가 현대 러시아어에 와서는 '붉은색'으로 의미가 변했다고 전해지고 있다. 이 광장 주위로 레닌 묘, 역사박물관, 성 바실리 성당, 굼 백화점 등 중요한 명소가 모여 있다.

크렘린 중앙 벽면에는 레닌의 묘가 안장되어 있다. 1924년 레닌이 사망하자 1930년에 현재와 같은 웅장한 대리석으로 재건축했다. 붉은 광장에 대규모 군사 퍼레이드가 벌어지면 레닌 묘는 사열대 단상이 되곤 했다. 묘 안을 둘러볼 때는 정숙해야 하며 사진 촬영이 금지된다. 레닌 묘 앞에서는 매일 보초병들의 교대식이 진행된다. 레닌은 구소련 시절에 비해 인기가 높지 않지만, 여전히 사회주의 혁명을 성공시킨 인물로 존경받고 있다. 그래서 이곳에는 여전히 많은 관광객과 참배객들의 발길이 끊이지 않는다. 붉은 광장의 한가운데 서서 레닌 묘를 정면으로 바라보았을 때 오른편에 역사박물관, 왼편에 성 바실리 성당, 뒤편에 굼 백화점이 자리해 있다.

러시아의 다양한 유물을 전시하고 있는 역사박물관은 건물 자체도 아름답고 오래된 문화유산이다. 전체적으로 붉은 벽돌로 지어졌으며, 은빛의 쿠폴과 4개의 탑으로 이루어져 있다. 원래 이 부지에는 1755년 모스크바 대학교가 세워졌으나, 현재의 박물관 건물은 1875년부터 1881년 사이에 새롭게 지어졌다. 1872년 황제의 칙령에 따라 설립이 승인된 이 박물관은 선사 시대 유물부터 로마노프 왕조에 이르기까지, 러시아 전 역사에 걸친 방대한 유물을 소장·전시하고 있다.

굼 백화점

붉은 광장을 사이에 두고 크렘린의 맞은편에 자리한 굼 백화점은 모스크바를 대표하는 최대 규모의 쇼핑 단지 중 하나다. '굼'이라는 이름은 러시아어로 국영 백화점을 뜻하는 단어의 앞 글자를 딴 줄임말이다. 제정 러시아 시대인 1893년에 완성되었다. 과거에는 국영 백화점이었

굼 백화점

지만 구소련 해체 후 현재는 민영화가 되었다. 17세기 러시아 전통 양식의 화려한 장식과 쌍둥이 탑을 특징으로 하며, 고급 석재를 사용해 견고하면서도 고풍스러운 분위기를 자아낸다. 크렘린 성벽과 조화를 이루는 외관, 길게 뻗은 3층 구조로 러시아식 아케이드 형식을 재현한 우아하고 환한 내부 모두 아름답기 그지없다. 현재는 단순한 쇼핑 공간을 넘어 역사적 건축물이자 관광 명소로 자리매김하고 있다.

✳ 성 바실리 성당

16세기 러시아의 위대한 건축물인 성 바실리 성당은 이반 뇌제가 1561년에 카잔 한국과의 전쟁에서 승리한 것을 기념하여 세웠다. 성당은 8개의 양파 모양 쿠폴이 비대칭적인 조화를 이루고 있고, 내부는 작은

성 바실리 성당

예배당들이 중앙 예배당을 둘러싼 독특한 양식을 보여준다. 이 성당은 그 신비로움과 아름다움으로 사람들을 매료시킨다. 이반 뇌제가 성당의 아름다움에 반해 이와 같은 성당을 또 짓지 못하도록 건축가의 눈을 뽑아 버렸다는 전설이 있다. 성당의 이름은 이반 뇌제에게 큰 영향을 미쳤던 성자 '바실리'의 이름을 땄다. 성자 바실리는 예언하는 능력과 충직하고 용감한 진언으로 사람들에게 큰 존경을 받았다. 성 바실리 성당

앞에는 1612년 폴란드와 리투아니아 연합군의 공격으로부터 나라를 구해낸 영웅 미닌과 포자르스키의 기념 동상이 있다.

✳ 볼쇼이 극장

볼쇼이 극장

볼쇼이 극장은 19세기 중반 고전주의 건축 양식[21]의 걸작이다. '볼쇼이'는 러시아어로 '크다'는 의미로, 이 극장은 세계에서 가장 유명한 오페라, 발레 극장 중 하나이다. 예카테리나 2세의 명으로 1776년 건립되었으나 한 차례 화재를 당한 뒤 1825년에 완공되었다. 볼쇼이 극장은 제정 러시아 시대에 상트페테르부르크의 마린스키 극장과 함께 러시아

21) 18세기 중반부터 19세기 초반까지 유럽과 러시아에서 유행한 양식으로, 대칭과 균형, 단순한 형태, 고대 그리스식 기둥과 삼각형 박공 장식 등이 특징이다.

에서 가장 중요한 극장이었다. 혁명 후에는 구소련을 대표하는 최고의 예술 전당으로 자리 잡았다. 볼쇼이 극장은 러시아 오페라와 발레의 요람 같은 곳이다. 지금도 이 극장에서는 세계 최고 수준의 오페라와 발레가 연일 공연되고 있다.

구세주 그리스도 성당

구세주 그리스도 성당

크렘린궁에서 남서쪽으로 몇 블록 떨어진 모스크바강의 북쪽 제방에 서있는 구세주 그리스도 성당은 러시아 정교회를 대표하는 성당이다.

높이 105m로 세계에서 가장 높은 정교회 성당으로 총대주교가 집전하는 부활절 예배를 드리는 곳이다. 1812년 조국 전쟁의 승리를 기념하기 위해 건립되었으며 1883년에 완공되었다. 이 성당은 스탈린의 종교 말살 정책에 따라 1931년에 허물어졌다가 소련 해체 이후 재건된 사연을 가지고 있다. 애초에 스탈린은 이 성당을 허물고 그곳에 소비에트 궁전 건축을 계획했으나, 독소 전쟁이 일어나면서 그 공간은 1950년 중반까지 공터로 방치되어 있었다. 이후 흐루쇼프의 지시로 1959년에 직경 130m에 2,000명을 수용할 수 있는 세계에서 가장 큰 야외 수영장을 만들었다. 소련 해체 후 정교회가 부활하면서 모스크바 탄생 850주년을 기념해 1997년에 재건되었다. 성당의 거대한 규모와 황금빛의 화려한 장식 덕분에 러시아인들에게나 외국인 관광객들에게 인기있는 명소가 되었다. 대성당 뒤쪽으로는 모스크바강을 가로지르는 총대주교 다리가 있다. 다리 위에 서면 북쪽으로 저 멀리 크렘린을 한눈에 볼 수 있다.

✳ 트레티야코프 미술관

이 미술관은 모스크바의 상인이자 대부호였던 트레티야코프 형제들이 수집한 작품들을 모스크바 시에 기증한 것을 기념하여 그들의 이름을 따서 명명되었다. 러시아에서 가장 오래된 화랑이며, 11세기부터 20세기 초반까지의 예술 작품을 소장하고 있다. 고대 러시아 이콘에서부터 현대 회화에 이르기까지 러시아의 미술을 한 번에 감상할 수 있는 대표적인 미술관이다. 루블료프의 〈삼위일체〉, 이바노프의 〈민중에게 나타난 그리스도〉, 레핀의 〈이반 뇌제와 그의 아들 이반〉, 크람스코이의 〈미지의 여인〉 등 13만 점 이상의 작품들이 60여 개의 방에 가득 전시되어 있다.

트레티야코프 미술관

✳ 노보데비치 수도원

노보데비치 수도원

모스크바강 변에 자리한 노보데비치 수도원은 1524년에 건축되었다. 애초에 수녀를 위한 수도원으로 지어졌으나 전쟁 시에는 요새를 겸했고, 평시에는 황실 가족들과 명문 귀족들의 유폐 장소로도 유명했다. 수도원 내부에는 묘지가 있는데 고골, 체홉, 쇼스타코비치 등 예술가들과 소련 공산당 서기장이었던 흐루쇼프, 러시아 초대 대통령 보리스 옐친 등이 묻혀있다.

✳ 모스크바강 투어

모스크바에서 여름철에만 즐길 수 있는 관광으로 유람선을 타고 모스크바강을 가로지르는 코스가 있다. 모스크바강에서 유람선을 타고 내릴 수 있는 선착장은 여러 곳인데 어디에서 타느냐에 따라 코스는 조금씩 차이가 있을 수 있다. 유람선을 운영하는 회사는 여러 곳이지만 유람선의 배 명칭은 모두 '모스크바'이며 번호만 붙여서 구분한다. 유람선을 타고 가다보면 모스크바의 유명 명소들을 두루 볼 수 있다.

✳ 모스크바 국립대학교

모스크바 국립대학교는 1755년 러시아의 학자이자 시인 로모노소프의 주도로 창립된 러시아 최초의 종합 대학교로 오랜 역사를 자랑하는 러시아 최고의 대학이다. 창립 당시 붉은 광장에 있었던 건물에서 임시 캠퍼스로 출발했고, 이후 모호바야 거리로 이전했다가 1953년 현재의 캠퍼스로 옮겨왔다. 중앙 건물은 높이 240m, 길이 450m의 거대하고 높은 고딕식 건물이다. 1947년에 모스크바 건립 800주년을 기념하여 스탈

모스크바 국립대학교

린은 하늘을 찌를 듯한 모양의 건축물을 모스크바에 모두 일곱 개를 지었는데, 이 중 모스크바 국립대학교가 가장 크다. 이런 건물 형태를 스탈린 양식이라고 부른다. 모스크바 국립대학교는 학교 안팎으로 매우 넓고 아름다운 공원이 있어 학생뿐만 아니라 많은 모스크바 시민이 여가를 즐기는 곳이기도 하다. 대학교 근처에는 '참새 언덕'이라고 불리는 곳이 있는데, 이곳에서 모스크바의 경치를 한눈에 내려다볼 수 있다.

✳ 아르바트 거리

아르바트 거리

모스크바의 대표적 보행자 거리인 아르바트는 거리 예술인들의 공연이 펼쳐지는 젊은이들의 거리이자 러시아 신구 문화의 조화와 자유분방함이 물씬 풍기는 문화와 예술의 거리이다. 이곳에서는 차량의 통행이 완전히 금지되어 있어 다양한 볼거리를 여유롭게 구경할 수 있다. 거리 양측으로 다양한 상점들이 즐비해 있는데, 특히 러시아의 전통 목각 인형, 보드카, 호박, 숄, 기념배지, 털모자, 모피코트 등을 파는 전통 공예품 가게들과 고서적 책방들, 보석 가게들을 볼 수 있다. 거리에서도 다양한 기념품을 팔고 있으며, 악기를 연주하는 이들, 초상화나 캐리커처를 그려주는 거리의 화가들이 활동하고 있다. 이 거리에는 푸쉬킨 박물관과 러시아인들의 우상이었던 록커 빅토르 최를 기념하는 추모 벽이 있다.

✳ 모스크바 지하철

모스크바의 대중교통 중 가장 대표적인 지하철은 1935년 5월 15일에 개통되었다. 제2차 세계대전 동안 모스크바 지하철은 독일군의 공습을 피하기 위한 대피소로 사용되었다. 모스크바 지하철은 규모도 엄청나게 클 뿐 아니라 역마다 내부를 개성 있고 아름답게 꾸며놓아 참신한 볼거리를 제공한다. 특히 아름다운 역으로 콤소몰스카야 역, 마야콥스카야 역, 키예프스카야 역, 혁명 광장 역 등이 꼽힌다.

✳ 모스크바 시티

모스크바 시티

소련 붕괴 이후 러시아는 대대적인 모스크바 도시 재건 사업을 시작했다. 모스크바 중심부의 도시 재개발 지역을 모스크바 국제 비즈니스 센터 또는 모스크바 시티라고 부른다. 초고층 건물들이 즐비한 이곳은 기존의 모스크바 모습과는 완전히 다른 도시 형태를 보여주고 있다. 이곳은 러시아 시장 경제와 소비 자본주의 체제의 대표 공간으로 자리 잡았다.

02 | 상트페테르부르크

러시아의 북서부에 자리한 항구 도시 상트페테르부르크는 러시아에서 모스크바 다음으로 큰 도시이다. 모스크바에서 거리는 650㎞로 야간열차를 타면 보통 8시간이 소요되고, 초고속 열차를 이용하게 되면 3시간 45분 정도 걸린다. 상트페테르부르크는 네바 강이 도시의 중심에 흐르고 있고, 운하들과 300여 개의 크고 작은 다리로 연결되어 있어 '북방의 베니스'라고도 불린다. 상트페테르부르크는 현재 러시아 제2의 도시이지만, 제정 러시아 시기에는 줄곧 러시아의 수도였다. 이 도시는 표트르 대제의 이름을 따서 불리었으나, 1924년 레닌이 사망하자 그를 기념하여 레닌그라드로 불렀다. 소련 몰락 후 1991년에 현재의 이름을 되찾게 되었다.

✳ 에르미타쥐 박물관과 궁전 광장

에르미타쥐는 영국의 대영 제국 박물관, 프랑스의 루브르 박물관과 더불어 세계 3대 박물관으로 꼽힌다. 대표적인 세계 예술 문화유산의 창고로 전 세계 예술품을 골고루 소장하고 있다. 제정 러시아 황제의 거처

에르미타쥐와 궁전 광장

였던 바로크 스타일의[22] 기품있는 겨울 궁전과 네 개의 건물이 통로로 연결되어 있다. 유럽의 계몽주의에 심취했던 예카테리나 2세는 특히 프랑스를 매우 동경하였으며, 재위 기간 내내 프랑스로부터 값비싼 그림과 물건들을 사들였다. 이때 사들인 예술 작품들을 보관하기 위해 궁전 옆에 하나둘씩 짓기 시작한 건물들이 오늘날의 에르미타쥐가 되었다.

1922년부터 국립 에르미타쥐 박물관으로 명명된 이곳에는 현재 천 개가 넘는 방에 레오나르도 다빈치, 미켈란젤로, 라파엘로, 피카소, 고갱, 렘브란트, 루벤스 등의 회화와 이탈리아에서 들여온 조각품들, 이집트의 미라를 비롯한 고고학적 유물, 장신구, 의상 등 300만 점의 소장품들이 전시

22) 17세기 유럽에서 유행한 예술·건축 양식으로, 화려한 장식, 곡선미, 대조와 역동성을 특징으로 한다.

되어 있다. 특히 박물관에서 가장 유명한 네덜란드 화가 렘브란트의 〈돌아온 탕자〉 그림은 해마다 무수한 관광객들의 발길을 이곳으로 향하게 한다.

에르미타쥐 건물 앞에는 이 박물관과 참모 본부 건물을 둘러싸고 있는 넓은 궁전 광장이 펼쳐져 있다. 광장 중앙에는 1812년 알렉산드르 1세 때 나폴레옹과의 전투에서 승리한 것을 기념하여 세운 알렉산드르 원주가 우뚝 서 있다. 이 기념탑의 꼭대기에는 평화의 상징인 천사상이 있는데 알렉산드로 1세의 얼굴을 본떠서 만들었다고 전해진다. 높이가 47.5m, 하단 둘레가 3.66m, 무게가 600톤에 달하는 거대하고 웅장한 석주이다.

✳ 청동 기마상

청동 기마상

궁전 광장에서 넵스키 대로를 건너 조금 가다 보면 과거 군함을 만들던 해군성 건물(1806~1823)이 보인다. 이 건물에서 멀지 않은 곳에 있는 원로원 광장에는 청동 기마상이 우뚝 서 있다. 기마상은 돌의 무게만도 1,600톤이나 나가는 거대한 화강암 위에 세워져 있다. 이 기마상은 표트르 대제가 앞발을 들고 포효하는 말 위에 늠름하게 앉아 있는 모습을 표현하고 있다. 표트르 대제는 네바강을 향해 손을 뻗고 있고, 말은 뱀을 뒷다리로 밟고 있다. 마치 네바강을 침공하는 이민족으로부터 도시를 지켜내고야 말겠다는 결연한 의지가 보이는 듯하다. 이 기마상은 예카테리나 2세가 러시아 황제로서 자신의 입지를 굳히기 위해 건설을 명했으며, 1782년에 완성되었다. 청동 기마상의 명칭은 러시아의 천재적인 작가 푸쉬킨의 서사시 「청동 기마상」에서 비롯되었다.

성 이삭 대 성당

성 이삭 대 성당

청동 기마상에서 멀지 않은 곳에 상트페테르부르크에서 가장 큰 정교 성당인 성 이삭 대 성당이 서 있다. 40년(1818~1858) 동안 건축된 성당으로 신고전주의 양식 건물이다. 높이가 101.52m로 64~114톤에 이르는 72개의 거대한 원형 돌기둥이 빙 둘러싸고 있는 웅장하고 화려한 성당이다. 성당의 내부 이콘은 성서의 장면이나 150명이 넘는 성인들을 묘사하고 있다. 천장 맨 위쪽에는 천국을 표현하는 다채로운 이콘이 그려져 있다. 우랄산맥에서 생산된다는 초록색의 공작석으로 만든 기둥은 내부의 화려함을 더해준다. 특히 성당의 큰 반구 모양 쿠폴은 세계에서 네 번째로 큰 것으로 유명하다. 이 성당의 꼭대기에 있는 도시 전망대에 올라가면 도시의 파노라마를 한눈에 바라볼 수 있어 많은 관광객이 찾는다.

✳ 표트르 파블롭스크 요새

표트르 파블롭스크 요새

표트르 대제는 이 도시에 제일 먼저 요새를 건설했다. 요새는 흙과 나무로 건축되었다가 19세기 중엽에 돌로 재건축되었다. 요새는 스웨덴의 침입을 막기 위한 군사적인 목적에서 건설되었지만, 이후 정치범들을 수용하는 무서운 감옥으로 탈바꿈하게 된다. 요새 중앙에는 상트페테르부르크에서 가장 높은 건축물인 표트르 파블롭스크 성당이 금빛 첨탑을 자랑하며 서 있다. 이 성당에는 로마노프 왕조의 역대 황제들이 묻혀있다.

✳ 넵스키 대로

넵스키 대로

상트페테르부르크의 심장부를 관통하는 넵스키 대로는 해군성에서 시작된다. 이 대로를 중심으로 좌우로 많은 도로가 뻗어 있다. 현재의 대로 형태는 제정 러시아 시대에 완성된 것이다. 이 대로 근처에 있는 운하들, 에르미타쥐 박물관, 러시아 박물관, 카잔 성당, 피의 구원 성당 등 도시의 주요 명소를 도보로 둘러볼 수 있다.

✳ 카잔 성당

카잔 성당

넵스키 대로를 내려가다 보면 오른쪽으로 웅장한 성당이 나타난다. 10년(1801~1811)의 기간을 거쳐 세워진 카잔 성당은 로마의 성 베드로 대성당을 본뜬 신고전주의 양식의 건물로 94개의 원기둥이 건물 전체를 둘러싸고 있다. 성당이 완성된 후 러시아는 나폴레옹 전쟁에서 승리를 거두었다. 성당 안에는 프랑스군에게서 빼앗은 군기와 승리의 트로피가 걸려있고, 밖에는 당시 러시아군의 총사령관으로 전쟁에서 공적을 세운 영웅 쿠투조프 장군의 동상이 세워져 있다.

✳ 국립 러시아 박물관

국립 러시아 박물관은 트레티야코프 미술관과 더불어 러시아 회화를 가장 많이 소장하고 있는 곳이다. 1898년 니콜라이 2세에 의해 박물관으로 개관되었다. 사회주의 혁명 이후 러시아 미술사에서 가장 걸출한 작품 약 40만 점을 선별하여 이곳에 전시 보관 중이다. 대표적인 그림으로 브률로프의 〈폼페이 최후의 날〉, 레핀의 〈볼가 강의 배 끄는 인부들〉과 칸딘스키, 말레비치의 작품들이 있다.

✳ 그리스도 부활 성당 (피의 구원 성당)

그리스도 부활 성당 (피의 구원 성당)

넵스키 대로 근처에서 운하를 따라가다 보면 모스크바의 바실리 성당과 비슷해 보이는 '피의 구원 성당'을 볼 수 있다. 이 사원의 정식 명칭은 그리스도 부활 성당인데, 피의 구원 성당이라 불리게 된 이유에는 다음과 같은 역사적 사건이 있다. 러시아의 농노제를 폐지하면서까지 과감한 개혁안을 내놓았지만, 당시 개혁 내용에 불만을 품은 급진적 혁명 단체의 폭탄테러에 의해 알렉산드르 2세가 암살당한 사건이다. 1883~1907년에 건축된 이 성당은 황제가 암살당한 바로 그 자리에 세워졌기에 피의 구원 성당이라 불리게 되었다. 각기 다른 높이, 크기, 색상으로 된 9개의 양파 모양 쿠폴을 가지고 있고, 19~20세기 러시아의 모자이크 양식으로 장식된 매우 아름다운 성당이다.

✳ 여름 정원

상트페테르부르크 도심에서 가장 고즈넉하고 평화로운 장소인 여름 정원은 표트르 대제에 의해 만들어졌으며, 유명한 이탈리아 조각가들의 조각상들로 아름답게 장식되어 있다. 이 정원에는 표트르 대제의 지시에 따라 건축된 소규모의 여름 궁전이 있다. 울창한 나무들이 숲을 이루고 있어 사시사철 시민들의 멋진 휴식 공간으로 이용되고 있다.

✳ 알렉산드르 넵스키 수도원

알렉산드르 넵스키 수도원은 표트르 대제의 명령으로 세워진 남성 수도원으로 도시를 수호한 알렉산드르 넵스키 대공을 기념하여 세워졌다. 1797년에 러시아 정교회의 수도원 중에서 가장 높은 지위인 대수도원의 지위를 획득했다. 이곳에는 네 개의 묘지 구역이 있는데, 그곳에는

알렉산드르 넵스키 수도원

러시아 문화예술을 번성케 했던 음악가 차이콥스키, 림스키 코르사코프, 무소르그스키, 작가 도스토옙스키 등이 잠들어 있다.

✳ 마린스키 극장

상트페테르부르크에는 모스크바의 볼쇼이 극장보다 더 역사가 오래된 마린스키 극장이 있다. 이 극장은 1783년 예카테리나 2세의 명령에 의해 설립되었다. 극장 명칭은 알렉산드르 2세의 왕비 마리야의 이름에서 왔다. 혁명 후에는 1935년 암살된 혁명지도자 키로프의 이름을 따서 한동안 키로프 극장으로 불렸으나 1992년부터 다시 원래대로 마린스키라는 명칭을 되찾았다. 이 극장은 모스크바의 볼쇼이 극장과 더불어 세계 최정상급의 오페라 및 발레단을 보유하고 있다. 마린스키 극장은 2006년에 콘서트홀, 2013년에 마린스키 극장 2관과 블라디보스톡 분관을 추가로 개관하였다.

마린스키 극장 내부

✳ 백야

북위 60도의 상트페테르부르크는 북극지방에서만 나타나는 백야 현상으로도 유명하다. 백야(白夜)는 6월 말에서 7월 말까지 한 달 동안 계속되는데, 이 기간에는 밤에 거리에 불을 밝히지 않았는데도 책을 읽을 수 있을 정도로 환하다. 상트페테르부르크의 네바 강에는 많은 다리가 놓여있는데, 6~7월 백야 시즌에는 한밤중에 들어 올려지는 아름다운 다리들과 그 아래로 지나는 배들이 멋진 장관을 이루는 것을 볼 수 있다. 관광객들은 조그만 모터 보트를 타고 네바강과 미로처럼 연결된 운하를 따라 도시 곳곳을 둘러보고 감상할 수 있다.

상트페테르부르크의 운하

✳ 페테르고프 (여름 궁전)

상트페테르부르크에서 한 시간 거리에 수많은 분수로 유명한 페테르고프가 있다. 차를 이용하지 않고 에르미타쥐 박물관 앞의 배 선착장에서 수중익선을 타고 갈 수도 있다. 페테르고프라는 명칭은 독일어로 '표트르의 궁전'이라는 뜻으로 발트해로 나가는 출구를 마련한 북방전쟁의 승리를 기념하여 표트르 대제가 여름 궁전으로 건축했다. 프랑스의 베르사이유 궁전에 있는 아름다운 정원을 본떠서 만들었다고 알려진 페테르고프의 정원에는 갖가지 모양의 분수가 곳곳에서 아름다움을 뽐낸다. 대궁전의 테라스 앞에는 환상적인 대분수가 웅장함을 자랑한다. 이곳을 장식하고 있는 64개의 분수와 255점의 조각상들은 페테르고프의

페테르고프의 대궁전과 분수

백미이자 바로크 예술의 찬란한 기념비라 할 수 있다. 특히 대분수 앞에 위치한 20m 높이의 '사자를 제압하는 삼손 조각상'이 유명하다. 궁전과 공원의 조성에는 러시아와 유럽 여러 나라에서 초빙된 유명 건축가와 분수 전문가 및 기술자들이 참여했으며, 특히 궁전과 분수의 건축과 설계는 표트르 대제가 직접 담당했다고 한다.

✳ 예카테리나 궁전

차르스코에 셀로 (황제의 마을) 혹은 푸쉬킨이라 불리는 도시에 표트르 대제가 아내 예카테리나 1세의 여름 거주지를 위해 1717~ 1724년 동안 건설한 예카테리나 궁전이 위치한다. 표트르 대제의 딸인 엘리자

예카테리나 궁전 호박방

베타 여제 때 대규모의 재건축을 통해 오늘날의 러시아 바로크 양식으로 재탄생하였다. 폭이 325m에 달하는 전면부의 흰색과 푸른색 벽은 금박과 여러 조각상으로 장식되어 있다. 100kg이 넘는 금으로 궁전 전면부와 지붕 위의 동상들을 꾸몄다고 한다. 궁전 앞에는 넓은 정원이 조성되어 있다. 궁전의 내부는 매우 화려한데, 가장 유명한 것은 '호박 방'이다. 이 방은 1755년 엘리자베타 여제 때 프로이센 왕이 표트르 대제에게 선물한 호박들을 모아 장식했으며 그 화려함으로 인해 세계적인 명성을 얻었다. 1941년 독소 전쟁 때 호박을 독일군이 약탈해갔으나, 현재는 옛 모습을 그대로 복원하였다.

6장

러시아 문학

러시아 문화의 모든 분야에서 문학은 특별한 위치를 차지한다. 러시아 문화는 문학 없이는 생각할 수조차 없다. 러시아 문학 텍스트는 타 예술 분야에서 무수한 작품들을 파생시켰다. 영화, 연극 작품으로 재탄생한 문학 작품은 이루 헤아릴 수도 없을 정도이다. 음악에서는 많은 문학 작품을 오페라로 제작했다. 문학과 연관된 발레 작품도 적지 않으며, 심지어 미술 분야에까지 문학의 영향력이 미쳤다. 러시아 문학은 타 예술과 교류하고 영향을 주고받으며 발전해 왔지만, 다른 예술 분야의 작품이 문학 작품을 탄생시킨 사례는 드물다.

러시아 문학을 논할 때, 다른 예술 분야와 마찬가지로 서구와의 관계를 고찰하는 것은 필수적이다. 러시아의 근대 문학은 서구에 비해 매우 늦게 출발했다. 르네상스를 경험하지 못한 러시아는 17세기까지 고대 문학이 지속되었다. 18세기 표트르 대제의 서구화 이후 러시아는 학생의 자세로 서구의 문화예술을 배우고 따라잡으려 노력했다. 러시아 문화의 전반적인 이 경향은 문학에서도 나타난다. 18세기부터 서유럽의 고전주의, 감상주의, 낭만주의의 영향을 받아 모방과 발전을 이룩해 온 러시아 문학은 19세기에 이르러 비약적인 도약을 하게 된다. 우리는 그 이후의 러시아 문학을 살펴보고자 한다.

01 | 19세기 러시아 문학

19세기 러시아 문학의 특성

19세기 러시아 문학은 초기 낭만주의 경향의 시가 풍미했던 시기를 제외하고는 거의 사실주의가 지배했다고 해도 과언이 아니다. 사실주의란 인간과 삶, 사회의 현실을 있는 그대로 반영 혹은 재현하고자 하는 예술 사조를 일컫는다. 러시아 문학에서 사실주의가 자리 잡은 시기는 대략 1830~1840년대인데, 사실주의 작가들은 러시아의 동시대 사회 현실을 적극적으로 문학에 반영하고자 했다. 특히 19세기 러시아 문학의 사실주의는 러시아 현실의 부정적인 면을 폭로하고 비판하는 경향이 강해 '비판적'이라는 수식어가 붙는다. 이는 사회 현실에 대한 작가들의 인식을 보여주는 것이었다. 즉, 문학을 통해 전제군주제, 농노제, 경직된 관료 세계 등 부정적인 사회 현실을 비판할 뿐 아니라 현실을 변혁시켜야 한다는 의지를 강하게 표명한 것이다.

19세기 러시아 사실주의 작가들은 문학이 사회의 양심 역할을 해야 한다는 생각을 지니고 있었다. 따라서 문학은 현실 비판적이고 개혁적인 사회사상의 표현 수단이 되곤 했다. 이는 개혁, 혹은 혁명적인 성향의 사상가들이 정부 당국의 검열과 감시를 받거나 망명을 하는 등 사상 표현이 자유롭지 못했기 때문이기도 했다. 문학 속에 녹여낸 사상을 일일이 걸러내기란 그리 쉽지 않았을 터였다. 그런데도 러시아만큼 작가들이 정부의 감시 대상이 된 경우는 흔치 않을 것이다. 이런 현상은 19세기를 넘어 20세기에는 더욱 강화된 형태를 띠게 된다. 러시아 문학의 숙명적인 한 단면이라고 할 수 있다.

✳ 푸쉬킨

푸쉬킨

알렉산드르 푸쉬킨은 18세기의 마지막 해인 1799년 모스크바에서 태어났다. 1811년에 귀족 자제들이 다니는 상트페테르부르크 근교의 리체이[23]에 입학했다. 그는 이미 리체이에서 뛰어난 시적 재능으로 주목받았다. 1817년에 리체이를 졸업하고 외무성 관리로 근무하면서 그의 시 창작이 본격화되었다. 그러나 불행하게도 이 당시 쓴 진보적 정치 성향의 시들이 당국의 검열망에 걸려들게 되면서 1820년에 러시아 남부 지방으로 추방되었다. 이때 그가 경험한 카프카즈와 키쉬뇨프[24]에서의 생활은 그의 작품에 이국적이고 낭만적인 색채를 더하는 계기가 된다. 이 해에 그의 문명(文名)을 떨치게 한 서사시 「루슬란과 류드밀라」가 발표되었다. 이후 「카프카즈의 포로」 등 남부 서사시들이 탄생한다.

그는 1823년 오데사에서 필생의 걸작 『예브게니 오네긴』 집필을 시작하고 8년 후인 1830년에 완성한다. 1824년 어머니의 영지인 미하일롭스코예에 유폐된 푸쉬킨은 1825년에 일어난 데카브리스트 봉기에 대한

23) 국가의 관료, 지식인 계층을 양성하기 위한 고등 교육기관으로 1811년 알렉산드르 1세의 명에 의해 설립되었다. 상트페테르부르크 외곽 도시인 차르스코예 셀로에 있었다.
24) 현재 몰도바의 수도로 당시 러시아 제국의 영토였다.

소식을 그곳에서 듣는다. 1826년 차르 니콜라이 1세는 푸쉬킨을 모스크바로 불러올린 후 직접 그를 감시하기 시작한다.

1830년은 푸쉬킨의 생애에서 가장 결실 있는 해였다. 『예브게니 오네긴』을 완성하고 소설 『벨킨 이야기』 등을 집필했기 때문이다. 1831년 푸쉬킨은 당대 절세 미녀였던 나탈리야 곤차로바와 결혼한다. 그리고 부부는 상트페테르부르크로 이주한다. 이 해에 희곡 「보리스 고두노프」가 출판되었다. 1833년에는 뛰어난 단편 「스페이드의 여왕」과 서사시 「청동 기마상」을 집필했으며, 이듬해에는 장편 『대위의 딸』을 발표했다. 푸쉬킨은 아내 복이 없었다. 그의 아내 나탈리야는 낭비와 사치로 푸쉬킨에게 재정적인 압박을 가했고, 끊임없는 염문을 뿌리고 다녔다. 그러던 중 프랑스인 단테스가 나탈리야의 꽁무니를 쫓아다니는 바람에 주변의 무수한 소문에 시달리던 푸쉬킨은 그에게 결투를 청하여 1837년 아직 창창한 나이에 세상을 떠난다. 그렇게 러시아 최초의 위대한 작가는 허망하게 사라지고 말았다.

그러나 푸쉬킨은 불멸을 획득했다. 그에게 수여된 '러시아 근대 국민문학의 아버지'라는 칭호는 그에게 영구적인 영예를 선사했다. 그는 18세기부터 시작된 서구 문학의 모방 단계를 극복하고 남의 것을 진정으로 자기화하는 데 성공했다. 푸쉬킨부터 러시아 문학은 유럽의 것을 받아들여 자신의 길을 찾아가는 대장정에 오르게 된다. 푸쉬킨의 가장 큰 공로는 평범한 민중의 일상어를 명실상부한 러시아의 문학어로 재탄생시켰다는 데 있다. 그 이전의 문학어는 일상적인 언어가 아니라 상류 귀족들이 사용하던 고급스러운 언어였다. 러시아인들은 푸쉬킨 덕분에 평범한 러시아어가 얼마나 아름답고 풍요로운 문학어가 될 수 있는지를 깨닫게 되었다.

푸쉬킨의 언어는 평이하고 단순하며 간결하고 명확하다. 그의 작품에서 불필요한 어휘는 존재하지 않고, 모든 단어는 제 자리에 정확히 자리 잡고 있다. 더 이상의 적확하고 명료한 단어는 찾을 수 없을 정도이다. 푸쉬킨은 일상생활의 평범한 것들과 보통 사람들의 솔직한 감정을 묘사하는 데 탁월한 재능을 지녔다. 이러한 이유로 모든 러시아인은 푸쉬킨의 서정시들을 즐겨 암송한다. 그의 작품은 러시아적인 표현으로 가득 차 있는데 다른 언어로 번역하기는 어렵지 않지만, 번역되었을 때 그 고유의 맛을 상실한다. 아마도 그런 이유로 푸쉬킨이 외국에서는 그 진가를 제대로 인정받지 못하는 것이 아닐까 한다.

푸쉬킨은 서정시, 드라마, 서사시, 소설 등 거의 모든 장르를 섭렵했다. 그만큼 그의 문학은 다양하다. 그의 작품들에서 러시아 문학은 낭만주의를 거치고 사실주의로 넘어간다. 러시아 19세기 초반을 문학의 '황금시대'라 부르는데, 그 이유는 푸쉬킨이 이 시기에 활동했기 때문이다. 푸쉬킨은 이후 러시아 문학의 전범(典範)으로 모든 작가, 시인의 우상이자 스승으로 자리매김한다. 러시아인들에게 가장 사랑받는 러시아 작가로서 푸쉬킨의 위상은 아마 오랫동안 변하지 않을 것이다.

『예브게니 오네긴』

명실상부한 푸쉬킨의 대표작 『예브게니 오네긴』은 안타깝게도 외국에는 그리 알려지지 않았다. 그러나 19세기 초 동시대의 현실을 다채롭게 묘사하여 '러시아 삶의 백과사전'이라 불리는 이 작품은 참으로 놀라운 걸작이다. 작품은 8장으로 된 운문소설로, 시의 형식을 갖춘 소설이라는 특이한 장르적 특성을 갖는다. 14행을 갖춘 약 400개의 연으로 이루어진 작품으로 거의 완벽에 가까운 작시법을 선보이고 있다. 차이콥스키의 오페라, 발레, 영화로도 제작되었으며, 이후 무수한 작가들에게 영감의 원천이 되어 왔다.

작품 제목은 주인공의 이름을 따르고 있다. 예브게니 오네긴은 상트페테르부르크의 귀족 청년으로 사교계의 무료하고 권태로운 생활을 다람쥐 쳇바퀴 돌 듯 반복한다. 그의 행동반경은 집과 극장, 무도회로 제한되어 있다. 그는 그런 삶에 환멸을 느끼며, 아무런 목적도, 의미 있는 활동도 하지 않고 살아간다. 그러던 중 시골에 사는 삼촌이 막대한 유산을 남겨주자 삼촌의 영지로 내려가게 된다. 그곳에서 그는 순수한 시골 처녀 타티야나를 만나는데, 타티야나는 첫눈에 오네긴에게 반하고 마음을 끓이다가 그에게 솔직한 감정을 토로한 편지를 보낸다. 그러나 오네긴은 자신은 결혼에 맞지 않는 사람이라며 타티야나의 사랑을 거절한다. 그것도 긴 설교를 하면서. 오네긴은 어찌어찌하여 결투로 친구를 죽음에 이르게 한 후 러시아를 떠난다. 그리고 몇 년 후 모스크바로 돌아와 공작의 부인이 되어 있는 타티야나와 재회한다. 상황은 역전되어 이번에는 오네긴이 타티야나에게 열병과 같은 사랑을 느낀다. 그는 타티야나에게 뜨거운 사랑을 고백하는 편지를 보내지만, 타티야나는 여전히 그를 사랑하나 자신은 이미 다른 사람의 아내가 되었기에 남편에게 충실하겠다며 오네긴을 물리친다.

오네긴은 19세기 문학이 창조한 '잉여 인간'의 초기 인물이다. 잉여 인간이란 귀족 출신으로 재능, 돈, 사회적 지위, 교육 등 모든 것을 소유했지만 사회에서 자신의 진정한 자리를 찾지 못하고, 자신의 삶을 어디에 바쳐야 할지 몰라 무의미한 삶을 영위하는 인간을 말한다. 잉여 인간은 러시아 문학이 창조한 부정적 인물형이며, 일종의 사회적 병폐였다. 이후 투르게네프, 도스토옙스키, 체홉에 이어 잉여 인간의 계보는 20세기까지 계속 이어진다.

오네긴은 도대체 어쩌다 잉여 인간이 되었을까? 오네긴의 형상을 창조하면서 푸쉬킨은 이 고민에 대한 답을 찾으려 했을 것이다. 실제 현실에 오네긴과 같은 이들이 적지 않았을 테니 말이다. 여러 다양한 해석들이 가능하겠지만, 가장 유력한 이유는 그의 교육이다. 그는 유럽에서 온 가정교사들에게서 유럽식 교육을 받고 유럽의 책을 읽으며 성장했다. 한마디로, 그는 러시아에 대해서는 무지하고, 민족적 뿌리가 없으며 온통 유럽을 모방하는 인물이다. 그는 푸쉬킨과 달리 유럽 문화의 진정한 자기화에 실패한다. 그 결과 러시아에서 할 일이 없는 잉여 인간이 되고 만 것이다.

타티야나는 오네긴과는 반대로 긍정적인 인물형이다. 그녀는 온통 러시아적인 영혼으로 묘사되고 있다. 그녀는 러시아의 자연, 전통, 관습 속에서 러시아의 옛이야기를 들으면서 자라나 뼛속까지 러시아적인 여성이다. 그런 타티야나는 도덕적으로 오네긴보다 우월하다. 마지막 장면에서 타티야나가 눈물을 흘리며 오네긴에게 하는 말은 그녀의 고결함과 정직함, 책임감을 보여주며 오네긴을 보기 좋게 패배시킨다. 타티야나의 가치를 일찌감치 알아보지 못한 것은 오네긴 인생 최대의 실패이다. 그는 그녀를 통해 어쩌면 러시아를 알게 되고 러시아인으로서 자신의 정체성을 발견할 수 있었을지도 모른다. 그러나 푸쉬킨은 그런 결말을 피했다. 이후 러시아 문학에서 로맨스의 실패는 대체로 여자주인공의 우월성과 남자주인공의 도덕적, 성격적 결함을 드러내는 주된 수단으로 활용되었다.

고골

니콜라이 바실리예비치 고골은 1809년 우크라이나의 폴타바에서 태어

고골

나 1852년 모스크바에서 사망했다. 열한 살에 네진에 있는 김나지움에 입학, 1828년 졸업하자마자 출세의 꿈을 안고 상트페테르부르크로 상경했다. 배우로서 첫 도전에 실패한 그는 1831년과 1832년에 우크라이나의 민속 이야기를 소재로 한 『지칸카 근교의 야화』 1, 2부를 발표하면서 작가로서 큰 성공을 거둔다. 이어 1835년에는 『아라베스키』와 『미르고로드』를 발표해 성공의 가도를 이어갔다. 1836년에는 희곡 「검찰관」을 초연하여 큰 성공을 거두었으나, 비평가들과 대중들이 그의 작품을 사회 풍자극으로 잘못 이해하자 크게 실망하여 러시아를 떠난다.

1848년 러시아로 돌아오기까지 그는 12년간 로마에 머물렀다. 이 시기 중 1842년에는 단편 「외투」를 썼고, 특히 장편소설 『죽은 혼』 1권을 발표했다. 『죽은 혼』 2권은 1845년에 집필이 완료되었으나, 고골은 출판하지 않고 원고를 불태워 버렸다. 그 후 고골은 성지 순례를 다녀오고 기도와 금욕적인 수행에 몰두하는 등 종교적인 세계에 빠져들었다. 그는 1852년에 『죽은 혼』 2권을 새롭게 쓴 후, 원고를 자신의 영적 지도자인 정교 사제 마트베이에게 보여 주었다. 그러나 마트베이로부터 종교적인 부분에 대해 비판을 듣고 낙심하여 다시 원고를 불태워 버렸다. 극도의 우울증과 신경 불안 상태에서 그는 열흘 후 사망했다.

고골은 푸쉬킨과 동시대를 살면서 그의 문학적 후배를 자처했다. 그러나 그의 문학적 경향은 푸쉬킨과는 사뭇 대조된다. 푸쉬킨의 작품에도 환상적인 경향이 나타나기는 하지만, 환상성이 푸쉬킨 작품의 지배적인 특징이라고 보기는 어렵다. 반면, 고골의 세계는 온통 환상과 그로테스크가 지배한다. 코가 사람이 되어 돌아다니는가 하면, 상트페테르부르크 밤거리에 유령이 출몰하기도 한다. 한편, 푸쉬킨의 언어가 간결하고 단순하며 아름다운 러시아의 일상어를 선보인다면, 고골의 언어는 복잡하고 구문이 까다롭다. 그러나 그의 언어는 그 누구도 흉내 낼 수 없는 러시아적인 색채와 유머로 가득 차 있다.

당대 최고의 비평가 벨린스키는 고골을 비판적 사실주의의 대가로 칭했다. 푸쉬킨이 잉여 인간을 통해 당대 현실을 비판했다면, 고골은 동시대인들의 부정적 속성을 범속성으로 규정했다. 범속성이란 물욕, 성욕, 명예욕 등 세속적 욕망의 집합체로서 보이는 것만을 따르며 사회가 만든 가치 기준을 맹목적으로 추종하는 것을 말한다. 특히 고골은 외모와 관등을 인간 내면의 가치보다 훨씬 중시하는 사회의 왜곡된 가치를 가차 없이 풍자했다. 고골이 본 러시아 현실은 실제 모습보다 더 뒤틀리고 과장된 것이었을지도 모른다. 그러나 그는 정확히 러시아 사회의 문제점과 인간의 본질을 꿰뚫어 보고 있었다. 사회와 인간을 바라보는 그의 시각은 특유의 유머로 드러나는데, 그 유머는 너무나 통렬해서 '눈물을 머금은 웃음'이라는 독특한 표현을 얻게 되었다. 이후 러시아 문학에서 고골은 푸쉬킨과 더불어 모든 작가의 대선배로 추앙받게 된다. 20세기는 거의 고골이 지배했다고 해도 과언이 아닐 정도로 벨르이, 불가코프, 조셴코 등 많은 작가에게서 고골의 흔적이 뚜렷하게 나타나고 있을 뿐 아니라, 포스트 소비에트 시대인 현재까지도 그의 문학적 영향력은 여전히 쇠하지 않고 있다.

「외투」

「외투」는 1842년에 쓰였고 이후 상트페테르부르크를 배경으로 하는 다섯 편의 단편을 모은 『페테르부르크 이야기』에 수록되었다. 고골 문학의 특징을 가장 잘 보여주면서 독자의 심금을 울리는 내용으로 고골의 대표작으로 소개하기에 부족함이 없다. 오네긴이 잉여 인간의 전형이라면, 이 소설의 주인공인 아카키 아카키예비치는 '작은 인간'의 전형이다. 작은 인간이란 잉여 인간과 마찬가지로 19세기 러시아 문학이 창조한 부정적인 주인공 형상이다. 잉여 인간이 러시아의 상류 귀족층에서 출현했다면, 작은 인간은 관직 사회의 하층에서 탄생했다. 작은 인간은 단지 사회적으로 낮은 지위를 차지하는 데 그치지 않고 심리적으로도 매우 위축된 인물이다. 그는 타인에게 무시와 조롱을 당하는데 자신도 스스로 하찮게 여긴다. 그 결과 소설의 주인공 아카키는 다른 사람들과 정상적인 인간관계를 맺지 못하고, 자신만의 자폐적인 세계, 즉 글을 정서하는 일 속에서 위안을 찾는다. 동료들에게 당하는 모욕을 견디다 못해 아카키가 한번 내뱉은 "나도 당신들의 형제요."라는 말은 이 소설을 상징하는 구절이 되었다. 이 구절 덕분에 이 소설은 모욕당하고 상처 입은 인간에 대한 연민과 동정을 담은 박애주의 문학을 대표하게 되었다. 이후 도스토옙스키의 초기 소설을 비롯해 박애주의 성향은 러시아 문학의 중요한 특징으로 자리 잡는다.

오네긴보다 더 단조롭고 판에 박힌 생활을 반복하던 아카키에게 커다란 사건이 발생한다. 매서운 상트페테르부르크 겨울이 닥쳐왔는데 오래된 외투가 낡아 더 이상 입을 수가 없게 된 것이다. 그는 고심 끝에 새 외투를 장만하기로 결심하고 지독한 내핍생활을 견뎌낸다. 그런데 새 외투를 처음 입고 출근한 그날 밤 정체 모를 괴한들에게 외투를 강

탈당한다. 그는 외투를 되찾기 위해 고위급 인사를 찾아가나 호통만 당하고 충격을 받은 채 집에 돌아와 며칠 후 허망하게 숨을 거둔다. 그 후 상트페테르부르크에는 유령이 나타나 사람들에게서 닥치는 대로 외투를 빼앗는다. 아카키에게 호통을 쳤던 고위급 인사가 외투를 빼앗기고 나자 유령은 마침내 사라진다.

외투를 얻고 상실하는 것은 아카키 인생 최대의 사건이다. 그에게 외투는 도대체 어떤 의미를 지녔던 것일까. "이때부터 그의 존재는 더 완전해진 것 같았고 마치 결혼한 것 같기도 했고 다른 사람과 함께 있는 것 같았으며, 혼자가 아니라 일생을 함께하기로 한 마음에 맞는 삶의 동반자를 만난 것 같았다. 그 동반자란 다름 아니라 두꺼운 솜과 해지지 않는 튼튼한 안감을 댄 외투였다." 아카키에게 외투는 겨울의 한파에서 몸을 보호해주는 옷보다 훨씬 더 큰 의미를 지니고 있다. 외투는 육체의 추위보다 오히려 그의 마음의 한기를 감싸주는 존재로 인격화된다. 평생을 외롭게 타인과 단절되어 지냈던 그에게 드디어 삶을 함께 할 수 있는 동반자, 즉 오십이 넘은 독신자에게 결혼 상대라도 나타난 것 같았다. 아무리 소중하다 해도 사물에 불과한 외투에 어떻게 이 정도까지 거대한 의미를 부여할 수 있단 말인가. 게다가 그 외투를 잃었다고 해서 사람이 죽음에 이른다는 게 과연 있을 수 있는 일인가. 분명 아카키의 심리는 정상의 궤도를 벗어나 있으며, 독자의 동정과 안타까움을 자아낼 수는 있을지언정 공감을 얻어내기는 어렵다.

그렇다면 아카키와 같은 작은 인간은 어떻게 해서 출현하게 되었을까. 작은 인간은 표트르 대제의 서구화 정책으로 생겨난 관등 체계가 만들어낸 인물형이다. 인간보다 관등이 더 중요한 사회, 인간이 아닌 제복이 거리를 활보하고 관등에 의해 모든 가치가 규정되는 병든 사회가 만들어낸 인물인 셈이다. 고골은 작은 인간을 통해 관등이 인간을 대체해 버린 사회의 병리 현상을 고발하고 있다. 그런 사회에서는 병리적인 이상 심리가 다양하게 등장할 수밖에 없다. 반세기 후 체홉의 작품에서는 작은 인간의 병리적 심리가 또 다른 형태로 변형되어 나타난다.

✳ 도스토옙스키

도스토옙스키

표도르 미하일로비치 도스토옙스키는 1821년 모스크바에서 태어나 1881년 상트페테르부르크에서 사망했다. 16세에 상트페테르부르크의 공병학교에 입학, 졸업 후 공병국에 취직했으나 일 년 후 퇴직하고 작가의 길로 들어선다. 그는 1845년에 발표한 첫 소설 『가난한 사람들』로 일약 문단의 주목을 받게 된다. 이후 『분신』, 「백야」 등 뛰어난 중·단편을 발표한다.

1848년 공상적 사회주의자인 페트라솁스키 써클[25]의 모임에 참석하기 시작한 도스토옙스키는 모임에서 고골에게 보내는 비평가 벨린스키

25) 1840년대 후반 페트라솁스키가 주동이 되어 상트페테르부르크에서 결성된 모임. 프랑스의 푸리에, 생시몽, 루소 등 공상적 사회주의를 추종하는 이들이 모여 책을 함께 읽고 토론했다. 농노제 폐지, 전제정치 철폐 등 혁명적 사상을 가진 이들의 모임이었다.

의 편지[26]를 낭독했다는 이유로 1849년 체포되어 표트르 파블롭스크 요새에 수감되었다가 사형 선고를 받는다. 그러나 사형 집행 직전 내려진 황제의 특사로 시베리아 유형을 선고받고 4년 동안 옴스크에서 감옥생활을 한 후, 이후 사병으로 복무하며 10년의 세월을 보내게 된다. 그 후 수용소 생활의 경험을 토대로 집필한 소설『죽음의 집의 기록』으로 화려하게 복귀에 성공해 상트페테르부르크로 돌아온다. 1864년 발표한『지하로부터의 수기』는 도스토옙스키 창작의 후반 황금기를 여는 작품이다. 이후 소위 5대 장편소설로 알려진『죄와 벌』,『백치』,『악령』,『미성년』,『카라마조프 형제들』을 연이어 발표하며 그는 대작가의 반열에 오르게 된다.

도스토옙스키는 톨스토이와 더불어 작품의 양, 사상적 넓이와 깊이, 후대에 미친 영향력 등으로 러시아 문학을 대표하는 양대 산맥으로 불린다. 두 작가의 창작 세계는 19세기 러시아뿐 아니라 유럽 문학이 도달한 최고봉으로 인정받고 있다. 우리나라에 러시아 문학이 알려지고 인기가 있는 것은 이 두 작가에 힘입은 바 크다. 특히 도스토옙스키는 이후 20세기 러시아 문학만이 아니라 유럽 등 서구 문학에 지대한 영향을 미친 작가이다. 카프카, 앙드레 지드, 카뮈, 토마스 만, 윌리엄 포크너 등 20세기의 쟁쟁한 서구 작가들이 도스토옙스키의 영향을 인정했다.

도스토옙스키는 인간 심층 심리의 대가로 불린다. 러시아 문학의 강점 중 하나인 심리적 리얼리즘은 도스토옙스키에 와서 정점에 이른다. 특히 도스토옙스키는 인간이 행하는 범죄에 많은 관심을 기울였다. 그 이유는 범죄라는 것이 인간 심리 속에 감추어진 심원한 지층을 드러내기 때문이

26) 이 편지에서 벨린스키는 정교회와 전제정치를 날카롭게 비판하며 고골에게 민중의 압제에 맞서 싸울 것을 촉구했다.

다. 따라서 『미성년』을 제외한 그의 장편 대작 소설들에는 살인이라는 범죄 사건이 중요 플롯으로 자리 잡고 있다. 살인 외에도 모든 소설에는 자살이 또 다른 중심축을 이룬다. 살인과 자살은 독특하고도 심원한 인간 심리를 드러내기도 하지만, 다른 한편으로는 그 동기에 사상적, 형이상학적 원인이 개입하여 소설을 더욱 복잡하고 다소 난해하게 만드는 요인이 된다. 도스토옙스키의 살인자들과 자살자들은 평범한 인물이 아니며 싸이코패스도 아니다. 그들은 자신의 사상으로 발생한 형이상학적 문제들로 고뇌하는 인물들이다. 살인과 자살을 중심으로 펼쳐지는 그의 소설들은 그래서 무겁고 어둡다는 인상을 독자들에게 준다.

도스토옙스키 소설의 또 다른 큰 특징은 종교성이 강하다는 것이다. 도스토옙스키는 정교 신자였는데, 후기로 갈수록 작품 곳곳에 정교 세계관을 스며들게 했다. 신은 존재하는가, 인간 영혼은 불멸인가, 인간의 본질은 선과 악 어디에 속해 있는가, 자유란 무엇인가, 양심이란 무엇인가, 믿음이란 무엇인가, 고통과 구원은 어떤 관계가 있는가, 인간이 궁극적으로 추구해야 하는 세상은 어떤 것인가 등 도스토옙스키가 제기하는 문제들은 종교적으로 깊이 침윤되어 있으며 시대를 뛰어넘는 보편성을 담보한다. 도스토옙스키는 정교의 가치관을 작품에 반영하면서 악과 불의, 죽음에 승리를 거둘 수 있는 영원한 진리와 아름다움이 어두움을 밝힐 수 있다는 희망을 제시한다. 도스토옙스키에게 진리와 아름다움은 동의어이다. 그에게 아름다움은 물리적이고 미학적인 아름다움이 아니라 정신적이고 종교적인 최상의 가치이다. 지상에 살았던 가장 아름다운 인간은 그리스도였고, 그래서 그의 작품에는 그리스도를 닮은 주인공들이 등장한다. 그의 소설 『백치』에는 '아름다움이 세상을 구원한다.'는 유명한 구절이 나오는데, 그것은 그리스도를 닮은 영혼의 아름다움이 세상을 구원한다는 의미이다. 러시아인은 예배 의식의 아름다움 때문에 정교를 선택했다. 정교 신자로서 아름다움이 세상을 구원할 수 있다고 믿었던 도스토옙스키는 천생 러시아인이었다.

『죄와 벌』

『죄와 벌』은 도스토옙스키의 작품 중에서 가장 유명하고 많이 읽히는 작품이다. 우리나라에서도 그렇다는 것이 한 조사에서 밝혀진 바 있다. 전당포 노파의 살해 사건을 중심으로 벌어지는 이 소설은 긴박하고 박진감 넘치는 전개와 치밀하고도 예리한 심리 묘사로 독자를 단숨에 사로잡는다. 독자는 이미 소설의 도입부에서 주인공 라스콜리니코프가 살인범이라는 사실을 알게 된다. 이 소설에서는 일반 범죄 소설과 달리 누가 범인인가가 아니라, 왜 범죄를 저질렀는지 그 동기를 추적하는 것이 핵심이다. 그 동기에는 사상적, 심리적 요인이 개입되어 있다.

가난한 대학생 라스콜리니코프는 그가 세상에서 살 이유가 없다고 판단한 '이'와 같은 존재인 전당포 노파를 살해한다. 그는 노파가 부정하게 번 돈으로 성공의 발판을 마련한 다음 나중에 선한 일로써 인류에게 보상하겠다고 생각한다. 그러나 범죄를 저지른 후, 자신이 왜 노파를 죽였는지 치열하게 고민한 결과 라스콜리니코프는 그것이 진정한 동기가 아니었음을 깨닫는다. 그는 인간을 두 부류로 구분하는 사상을 갖고 있다. 한 부류는 범인(凡人)으로서 대다수 사람이 이에 해당한다. 그들은 법과 양심을 따라 살아가며 역사의 발전에 어떠한 기여도 하지 못한다. 다른 부류는 비범인으로서 극소수의 사람들만이 이에 해당한다. 그들은 목적을 위해서라면 법을 무시함은 물론이려니와 양심에 피를 흘릴 자유를 자신에게 부여하는 이들이다. 바로 이들이 역사의 주인공들이며 그 대표적인 인물이 나폴레옹이다. 이런 사상을 품고 있는 라스콜리니코프는 과연 자신은 어느 부류에 속하는 인간인지 고민에 빠진다. 그의 고민은 방 안에서 생각만 한다고 해결될 수 있는 것이 아니라, 실제로 행동에 옮겨봐야만 증명할 수 있는 성질의 문제였다. 결국 그는 자신이 과연 범인이냐, 비범인이냐를 알기 위해서, 더 나아가 비범인이 되고 싶어서 살해를 감행한다. 그러나 결과는 참혹했다. 비범인이라면 양심이 편안해야 하는데, 그는 지독히도 무서운 양심의 가책에 시달리게 된다. 그런데도 그는 자신이 범인이라는 사실을 인정할 수 없어서 고뇌하다가 소냐라는 매춘부에게 범죄 사실을 털어놓은 후 그녀의 충고에 따라 자수한다. 소냐는 8년의 시베리아 유형을 선고받은 라스콜리니코프를 따라간다. 마침내 그곳에서 자기의 잘못이 무엇이었는지 깨닫게 된 라스콜리니코프가 새로운 인간으로 갱생할 가능성을 보이면서 소설은 막을 내린다.

라스콜리니코프의 잘못은 무엇이었을까. 이 소설의 제목에서 '죄'는 무엇을 말하는 것일까. 러시아어로 죄는 '넘어서다'라는 의미를 갖는 동사에서 파생되었다. 즉, 넘어서는 안 되는 선을 넘어서는 것이 곧 죄인 것이다. 라스콜리니코프가 한 사람의 생명을 빼앗은 것도 선을 넘은 일이지만, 더 깊게는 인간을 두 부류로 나누고 스스로 양심에 피를 흘릴 자유를 부여하는 비범인을 설정한 것 자체가 선을 넘은 것이다. 어떤 인간이 감히 자신에게 다른 사람의 피를 흘릴 자유를 부여할 수 있단 말인가. 라스콜리니코프는 시베리아에서 꾼 꿈을 통해 자기 생각이 그릇되었음을 비로소 깨닫는다. 마침내 자신의 죄를 인정하게 된 것이다.

그렇다면 이 소설에서 '벌'은 무엇인가. 라스콜리니코프에게 진정한 벌은 시베리아 유형 같은 형법상의 형벌이 아니다. 법의 심판이라는 형벌을 받기 전에 그는 이미 무시무시한 양심의 가책과 사람들로부터의 소외라는 벌을 받는다. 그릇된 사상으로 자신을 사람들과 단절시켰던 그는 완전히 다른 사람들과의 연결이 끊어지는 심리 상태를 경험하게 되는 것이다. 그가 소냐를 찾아가 범죄 사실을 고백한 것은 다시 사람들과 연결되고자 하는 시도이다. 소냐는 그에게 그가 더럽힌 대지에 입을 맞추고 죄를 고백하라고 충고한다. 대지란 모든 사람이 함께 발을 딛고 있는, 인간 유대의 가장 견고한 기초이기 때문이다. 라스콜리니코프라는 주인공의 이름은 분리를 의미하는 '라스콜'이라는 단어에서 파생되었다. 다시 말해, 그는 비범인이 되기 위해 자신을 인간 사회와 대지로부터 분리한 인물이다. 소냐를 통해 죄를 깨닫고 다시 인간 사회와 대지로 돌아옴으로써 그는 새로운 인물로 부활할 준비를 하게 된다. 인간 사회로부터의 소외와 단절, 그리고 다시 돌아옴(혹은 돌아오지 못함)의 문제는 도스토옙스키 문학의 매우 중요한 주제로 많은 작품에서 변주되고 있다.

톨스토이

레프 니콜라예비치 톨스토이는 1828년 모스크바 남쪽 툴라 현의 야스나야 폴랴나에서 태어났다. 그는 2세에 어머니를, 9세에 아버지를 여의는 불행을 겪었다. 그리하여 그는 먼 친척인 아주머니의 손에 양육되었는데, 다행히 애정과 관심을 듬뿍 받고 자라났다고 한다. 만 15세에 카잔 대학에 입학한 그는 동양어 학부와 법학부에서 공부했지만, 대학

톨스토이

교육에 실망을 느껴 19세에 중퇴하고 영지인 야스나야 폴랴나로 돌아갔다. 그는 영지에서 농민들의 생활을 개선해 보려고 시도했으나 실패하고 방탕한 생활을 영위하던 중, 1851년에 카프카즈 지역으로 떠나 포병 장교가 되었다. 이곳에서 최초의 작품 『유년 시절』을 쓰고 곧 문단의 총아로 떠올랐다. 그는 크림 전쟁[27)] 당시 1854~1855년에 참전한 세바스토폴 전투를 사실감 있게 묘사한 중단편으로 더욱 큰 명성을 떨쳤다. 그 후 1859년부터 야스나야 폴랴나에 학교를 세우고 이후 농민 자녀들의 교육에 전념하게 된다. 1862년에는 16세 어린 소피야 베르스와 결혼해 가정을 이루었다. 행복한 가정생활이 주는 안정을 누리며 1812년에 일어난 조국전쟁을 배경으로 『전쟁과 평화』 집필을 시작해 1869년에 완결했다. 1878년에는 『안나 카레니나』를 발표했다.

이 소설을 완성한 뒤 톨스토이는 엄청난 정신적 위기를 겪게 된다. 삶의 무의미로 자살의 충동을 겪을 만큼 고통스러운 3년의 세월을 보낸 후, 그는 종교적인 추구에 몰두했다. 그 결과 『참회록』과 『교리신학연구』 등의 비문학적인 저술들이 탄생했다. 그는 자신이 깨달은 사상에

---

27) 1853-1856년 러시아와 오스만투르크 제국, 영국, 프랑스 사이에 혹해 북쪽의 크림반도에서 벌어진 전쟁.

대해 글을 쓰기 시작했으며, 많은 이들이 그의 가르침을 따랐다. 특히 기독교를 이성적으로 재해석하여 새로운 종교적인 신념을 설파하면서, 그는 '톨스토이즘'이라는 유사 종교적인 운동의 정신적 지도자가 되기에 이르렀다. 그러던 중 정교의 가르침에 반대하는 글을 썼다는 이유로 1901년 정교회로부터 파문당하기도 했다. 무소유에 대한 자신의 신념을 실천하기 위해 아내와 잦은 갈등을 빚었던 그는 1910년 82세의 노구를 이끌고 가출하여 작은 시골 역에서 사망했다. 말년에 쓴 주요 문학 작품으로는 중편 『크로이체르 소나타』, 『이반 일리치의 죽음』, 장편 『부활』 등이 있다.

톨스토이는 도스토옙스키와 더불어 러시아 문학이 도달한 최고봉에 선 대작가이다. 그는 무려 90권에 달하는 전집을 보유할 정도로 많은 글을 썼다. 그는 예술적인 작품 외에도 사상적인 글을 끊임없이 쓴 작가였다. 그는 최고의 예술적 경지에 이른 작가일 뿐 아니라 사상가이자 도덕 설교가, 심지어 종교 지도자이기까지 했다. 작가로서 그는 당대 사회 현실과 인간의 내면세계를 진실하고 세밀하게 파헤친 진정한 리얼리스트였다. 그의 작품은 전쟁에 대해 묘사하고 있을 때조차 아름답다. 정신적 전환을 겪기 전까지 그의 모든 작품에는 인간과 삶, 자연의 아름다움이 눈부시게 빛을 발한다. 특히 『전쟁과 평화』는 그 방대한 양에도 불구하고 읽는 내내 삶이 주는 기쁨을 전염시키며 강력한 즐거움을 선사한다.

톨스토이는 작가로만 머물기에는 너무도 큰 인물이었다. 그는 평생 선과 진리에 자신을 바쳤다. 인류의 삶에 대해 걱정했으며 인류의 선생이 되기를 원했고 실제로 그렇게 되었다. 정치, 사회, 종교, 윤리 등 그의 가르침의 폭은 한없이 넓다. 그 가르침을 짤막하게 요약하자면, '민중처럼 살라, 노동하라, 소유하지 말라'는 문구로 정리될 것이다. 톨스토이는 농부의 옷을 입고 농부처럼 쟁기를 잡고 몸소 자신의 가르침을 실천했다. 때로 무정부주의적이고 급진적인 그의 사상을 실천하는 일은 현실적으로 매우 어려웠지만, 그의 삶과 가르침의 영향력은 대단했다. 그 파급력은 러시아를 넘어 많은 나라로 확대되었으며, 일제 강점기 한국에까지 도달했다. 지금까지도 톨스토이는 세계적으로 큰 존경과 사랑을 받는 작가로 우뚝 서 있다.

『안나 카레니나』

톨스토이의 『안나 카레니나』는 역대 세계 소설에서 최고 중 하나로 손꼽히는 걸작이다. 도스토옙스키는 '유럽에서 이보다 완벽한 소설은 쓰이지 않았다'고 말할 만큼 이 소설을 극찬했다. 예술적 완성도로 보나 삶을 총체적으로 독자 앞에 제시한다는 점으로 보나 이 소설을 뛰어넘을 만한 작품은 드물 것이다. 소설에는 19세기 후반 러시아가 당면한 문제들, 즉 농노제 폐지 이후의 농촌의 상황, 새로운 지방제도, 당대 사회 속에서 여성의 위치, 당시 러시아 귀족들의 일상 등이 상세히 그려진다. 러시아 사회의 실제 문제들을 다루는 장면들은 시대적 배경을 모르면 이해하기가 어렵다. 그러나 소설의 기본 플롯은 주인공 안나를 중심으로 전개되는 로맨스이므로 매우 흥미진진하게 읽힌다.

소설 제목은 주인공의 이름을 따랐다. 안나는 카레닌이라는 정부 고위 관료와 결혼한 아름답고 매력적인 여인이다. 세료자라는 아들까지 두고 별 탈 없이 살아가던 안나에게 갑자기 폭풍 같은 사랑이 찾아온다. 바람둥이 오빠의 부부싸움을 중재하러 상트페테르부르크에서 모스크바로 간 날, 역에서 브론스키라는 잘생긴 청년 장교를 만나게 된 것이다. 첫눈에 안나에게 빠져버린 브론스키는 줄곧 안나의 꽁무니를 쫓아다니다 상트페테르부르크까지 따라와서 결국은 그녀의 사랑을 얻는 데 성공한다. 카레닌은 안나와 브론스키의 부적절한 관계를 눈치채지만 어떤 식으로든 해결책을 찾지 못한다. 그 사이 안나는 브론스키의 아기를 임신하고 죽을 고비를 넘기며 출산한 후 가정을 떠나 브론스키와 이탈리아로 떠나버린다. 이탈리아에서의 행복한 시간도 잠시, 아들 세료자에 대한 그리움으로 다시 상트페테르부르크로 돌아온 안나는 사교계의 냉대에 고립감과 모멸감을 느낀다. 카레닌도 종교적인 이유로 정식 이혼을 해 주지 않아 안나와 브론스키의 관계는 점점 불안정해진다. 게다가 천성이 가정생활에 맞지 않는 브론스키는 점차 집 밖으로 나돌게 되고 안나는 그의 사랑을 잃어가고 있다는 불안감에 거의 미칠 지경이 되어간다. 안나는 모르핀을 복용하기에 이르고 다툼 끝에 브론스키가 집을 나간 사이 그에게 복수하겠다는 생각으로 달려오는 기차에 몸을 던져 자살한다.

이 소설에는 안나 외에 레빈이라는 또 다른 주인공이 등장한다. 톨스토이의 분신이나 다름없는 인물로 많은 면에서 톨스토이의 삶과 생각을 반영하는 주인공이다. 안나가 도시의 허위적인 사교계에서 참된 사랑을 추구하다가 실패하여 파멸하는 반면, 레빈은 시골에서 농민들과 소박하게 살아가며 행복한 가정을 이루는 데 성공한다. 이 소설은 사회소설이면서 동시에 가정소설이기도 하다. 그런데 안나의 가정과 레빈의 가정이 그토록 상반된 이유는 무엇일까. 안나의 가정에는 진실한 사랑의 감정도, 부부의 친밀함도 결여해 있고 모든 것이 형식이고 허위이다. 그렇다고 해서 브론스키와의 불륜이 정당화되지는 않는다. 왜냐하면 그들의 사랑은 강렬하고 열정적이긴 하나 결국은 서로의 육체적 매력에 이끌린 결과이기 때문이다. 정신적인 결합이 아니었기에 안나의 사랑은 집착과 소유욕으로 변하고 결국은 그녀를 파멸로 이끌고 만다. 반면, 레빈은 키티라는 여인과 굳이 말로 표현하지 않아도 서로 통할 만큼 깊이 이해하는 사이다. 육체를 몹시도 혐오했던 톨스토이는 정신과 육체의 온전한 결합을 보여준 그들의 사랑을 진정한 사랑으로 그려낸다.

톨스토이는 안나의 사랑을 너무나 설득력 있게 묘사해 놓고는 결국 그녀를 단죄한다. 그러나 그녀의 파멸이 필연적이었다 해도 톨스토이가 과연 그것을 원했는지는 의문이다. 톨스토이는 안나가 처했던 당시 러시아 상류사회를 향해서도 비판의 칼날을 겨눈다. 공공연히 불륜을 자행하면서도 감정의 허식과 위선에 빠져있는 상류사회는 당당히 자신의 사랑을 지키려는 안나를 심판할 자격이 없다. 그들이 안나를 비난하는 것은 그녀가 '진짜' 사랑을 하기 때문이다. 안나의 주위에는 그녀를 진정으로 이해하는 사람이 단 한 명도 없다. 브론스키를 떠나볼까 생각도 해 보았지만 당시 사회적으로 용인되지 않는 불륜을 저지른 여성이 갈 수 있는 곳, 할 수 있는 것은 아무 것도 없었다. 안나는 카레닌의 아내였을 때도, 브론스키의 애인이었을 때도 자신의 주체적인 삶을 살지 못한다. 고립무원의 상태에서 그녀가 택할 수 있는 길이 자살 말고 또 무엇이 있었겠는가. 톨스토이는 달리는 기차에 몸을 내던지는 안나를 냉정하게 바라보면서, 동시에 당대 러시아의 갑갑한 현실, 여성을 종속적인 위치에 가두는 사회를 향해 더 서슬 퍼런 눈길을 던졌으리라.

✳ 체홉

안톤 파블로비치 체홉은 1860년 러시아 남부 타간로그라는 도시에서 태어났다. 16세 때 식료 잡화상을 하던 아버지의 파산으로 온가족이 모스크바로 이주했을 때, 체홉은 타간로그에 남아 가정교사를 하며 학업을 계속했다. 19세가 되었을 때 그는 모스크바 대학 의학부에 입학했다. 대학시절 초기부터 그는 각종 잡지에 유머러스한 글을 투고하기 시작했다. 1884년 대학을 졸업한 그는 의사로서 일을 시작했고

체홉

죽을 때까지 의사의 길을 저버리지 않았다. 동시에 그는 계속 많은 단편을 집필하며 단편 작가로서 입지를 확고히 다져나갔다. 1889년에 처음 희곡을 쓰기 시작했으며, 1896년에 최초의 긴 희곡인 「갈매기」를 썼으나 좋은 평가를 받지 못했다. 그러나 2년 후 모스크바 예술극장에서 다시 무대에 올린 「갈매기」는 대성공을 거두었다. 이후 「바냐 아저씨」와 「세자매」를 무대에 올리며 희곡 작가로서 명성을 굳혔다. 1904년 마지막 희곡 「벚꽃 동산」을 공연한 후, 오랫동안 앓았던 폐결핵 증세가 악화해 독일로 요양을 떠났다가 그곳에서 사망했다.

체홉은 도스토옙스키가 사망하고 톨스토이가 문학에 등을 돌린 시기에 전혀 다른 유형의 작가로 러시아 문단에 등장했다. 그는 단편소설과 드라마 장르에서 최고의 경지에 오른 러시아 작가이다. 체홉이 활동했던 19세기 후반은 거대한 주제와 대의가 사라진 시대였다. 사회적 이상과 개혁이 실패로 돌아갔다. 도스토옙스키와 톨스토이 문학이 다루던 주제들은 너무나 무거웠고 해답을 찾기도 어려웠다. 체홉은 전혀 다른 방향을 선택했다. 그는 문학에서 일체의 교훈적인 요소를 없애고 인물

들을 작가의 마음대로 판단하는 것을 피했다. 그는 엄정하고 객관적인 태도를 가지고 일상의 삶을 묘사했다. 수백 편이 넘는 그의 단편에는 대단한 사건이 존재하지 않는다. 일상적 삶의 무력감, 권태, 우울 같은 정서가 그의 작품을 지배한다. 그는 인간 사이의 상호 소외와 이해 결핍에 주목했으며, 많은 작품에서 이 주제를 다루었다. 그의 작품에는 결말이 대체로 열려있다. 인물들에 대한 평가는 독자의 몫이며 결말도 독자의 상상력에 맡긴 것이다.

체홉 작품은 현대를 살아가는 우리의 일상과도 소름 끼칠 정도로 닮아있다. 삶의 의미에 대해 아무도 분명히 알지 못하며, 따를만한 사상도 없다. 미래가 불투명한 삶에서 각자 희망을 찾기 위해 고뇌하나 현실의 견고한 벽에 부딪혀 좌절하거나 아무것도 시도하지 못한다. 체홉은 반세기 전 고골처럼 인간의 비속함을 다양한 각도에서 표현했다. 두 작가 모두 유머를 무기로 한다. 그러나 체홉은 고골처럼 사람들을 변화시키고 싶어 하거나 시대를 향해 목소리를 높이지 않는다. 그러나 작품들의 절망적인 분위기에도 불구하고 체홉 자신은 미래에 대해 희망을 잃지 않았다고 한다. 그는 시대의 분위기를 관찰하고 전달하는 것에 자신의 사명을 제한했다. 대표적인 단편으로 「관리의 죽음」, 「상자 속의 사나이」, 「지루한 이야기」, 「6병동」, 「약혼녀」, 「개를 데리고 다니는 부인」 등이 있다.

체홉은 세계적인 단편소설 작가로 러시아를 넘어 서구 문학 전체에 영향을 미쳤다. 20세기에 그의 영향을 받지 않고 단편소설을 쓴 작가는 없었을 것이다. 섬세한 인간 심리의 묘사와 하찮은 것에 주목하는 관찰의 정확성, 간결하고 압축적인 문체, 하나의 에피소드만으로 그 인물의 전모를 파악하게 하는 수법 등 단편소설 작가로서 그의 유산은 매우 값

지다. 그는 또한 세계 드라마 역사에 한 획을 그은, 현대적 드라마의 창시자로 불린다. 드라마 장르는 체홉 이전과 이후로 나뉜다. 그의 희곡에는 특별히 사건이랄 만한 것이 없다. 인물들은 날씨 이야기를 하고 카드놀이를 하며 기타를 치고 노래를 부른다. 말 그대로 소소한 일상이 무대 위에서 펼쳐진다. 그래서 그의 극은 동적이지 않고 정적(靜的)이다. 그러나 그의 희곡에는 인물들의 움직임과 표정, 말로 전달되는 독특한 분위기가 지배한다. 그래서 그의 희곡은 '분위기 극'이라는 명칭을 얻었다. 그 분위기 속에서 인물들 사이의 해묵은 갈등과 출구 없는 답답함이 전달된다. 한편, 단편소설과 마찬가지로 체홉의 희곡은 이전의 희곡들과 달리 인물들의 섬세한 심리를 드러내기 때문에 '심리극'의 효시라는 평가를 받는다.

「벚꽃 동산」

체홉의 4대 희곡 중 「벚꽃 동산」은 그의 마지막 작품이다. 체홉은 세기말과 세기 초의 변화하는 시대적 상황 속에서 러시아 지주 계급의 몰락을 섬세하게 포착해냈다. 이 작품에서 일어나는 주된 사건은 벚꽃 동산의 매각이다. 영지로 돌아온 라넵스카야 부인은 많은 빚으로 영지에 딸린 벚꽃 동산이 경매로 넘어갈 위기에 처했다는 사실을 알게 된다. 어린 시절 농노의 아들이었으나 농노 해방 후 어엿한 상인이 된 로파힌은 해결책을 제안한다. 벚나무들을 베어버리고 그 자리에 별장을 지어 임대 사업을 하면 동산을 팔지 않아도 되고 수입도 올리게 된다는 것이다. 그러나 라넵스카야와 그의 오빠 가예프는 어린 시절의 추억이 담긴 아름다운 벚꽃 동산을 파괴해야만 한다는 생각에 그 제안을 받아들이지 않는다. 결국 벚꽃 동산은 경매로 넘어가게 되고 로파힌이 새로운 주인이 된다. 라넵스카야의 가족들은 다시 영지를 떠나고 늙은 하인 피르스만이 홀로 남겨진다.

이 작품의 제목인 벚꽃 동산은 사라져가는 구시대 귀족의 삶의 상징이다. 그 삶은 화려했고 아름다웠으나 이미 돌이킬 수 없는 과거로 흘러가 버렸다. 새로운 시대가 도래했으나 현실에 무능한 구시대의 귀족들은 새 삶에 적응하지 못한다. 반면, 로파힌으로 대표되는 신세계가 새롭게 부상하며 기회를 잡고 발 빠르게 변화에 대처한다. 구세대는 실패하고 신세대가 승리를 거둔다. 극의 마지막에는 멀리서 나무에 도끼질하는 소리가 들리는데, 그 소리는 붕괴해가는 구시대를 상징하는 극적 장치이다.

로파힌은 노동의 가치를 알고 미래를 적극적으로 맞이하는 인물이다. 새로운 시대를 대표하는 또 한 명의 인물은 트로피모프라는 대학생인데, 그는 과거 살아있는 영혼을 소유했던 지주들의 죄를 청산해야 하며 부단한 노력으로 미래를 개척해야 한다고 말한다. 그에게는 러시아 전체가 새롭게 일구어야 할 동산이다. 그의 영향을 받은 라넵스카야의 딸 아냐 역시 더 이상 벚꽃 동산에 연연하지 않고 새로운 삶을 향해 나아갈 마음의 준비를 한다. 그렇다면 체홉은 이런 인물들을 통해 미래의 희망을 제시하고 싶었던 것일까. 트로피모프는 로파힌을 향해 '걸려든 건 모두 먹어 치우는 맹수'라고 말한다. 그는 실리는 알지만 아름다움의 가치를 전혀 모르는 인간이다. 그런 인물들이 주인공이 되어 건설하게 될 미래는 과연 어떤 것일까. 체홉은 언제나처럼 판단을 독자에게 유보한다. 구시대로 돌이키는 것은 불가능하며 바람직하지도 않다. 그렇다면 앞으로 일구어 나가야 할 새로운 시대는 과연 어떤 모습이 되어야 할 것인가에 대한 진지한 물음을 당대 독자들에게 던지고 있다. 이 희곡, 그리고 체홉의 죽음과 더불어 러시아 문학은 20세기를 맞이한다.

02 | 20세기 러시아 문학

은세기와 사회주의 리얼리즘

20세기 초반 러시아의 문학은 급격한 변화를 맞이한다. 가장 큰 변화는 19세기를 지배했던 사실주의의 퇴조이다. 더 이상 문학은 현실을 재현하는 것으로 인정되지 않았다. 현실 자체에 대한 이해가 달라졌을 뿐 아니라 과연 현실을 있는 그대로든, 비판적으로든 재현할 수 있는가에 대한 강한 회의가 예술계 전반을 휩쓸었다. 사실주의를 대체하는 다양한 사조들이 출현했는데 대표적인 것은 상징주의와 아크메이즘, 그리고 미래주의였다. 블록과 아흐마토바, 마야콥스키 등 뛰어난 러시아 시인들이 이 시기에 활동했다. 문학은 이제 사회적이고 도덕적인 요구에 자신을 가두지 않았다. 문학뿐 아니라 예술 전반에 걸쳐 다양한 실험들이 행해져 소위 아방가르드적인 경향이 팽배했다. 약 20년 정도 지속된 이 시기를 러시아 문화의 르네상스 혹은 은세기라 부른다.

그러나 은세기는 오래 가지 않았다. 1917년 러시아 혁명이 성공한 후 내전의 혼란기를 거쳐 사회가 안정되기 시작하자 문학에서의 모든 실험은 종료되었다. 레닌의 죽음 이후 권력을 장악한 스탈린은 소비에트 작가동맹을 만들어 국가가 통제하는 문학 정책을 수립하도록 명령한다. 그 결과 탄생한 것이 사회주의 리얼리즘이다. 사회주의 리얼리즘은 1934년 제1차 전(全)소련 작가 동맹회의에서 소비에트 문학의 공식 강령으로 선언된다. 국가가 문학이 어떠해야만 한다고 요구하고 강제하는 역사상 초유의 사태가 발생한 것이다. 사회주의 리얼리즘은 사회주의적 세계관을 반영하고 현실의 혁명적 발전에 이바지할 것을 문학에 요구한다. 현실이 발전하고 있다고 보는 견해와 선진적 경향을 반영한다는 측면에서 19세기의 비판적 리얼리즘과는 정반대 입장을 취한다. 주인공 역시 달라진다. 잉여인간, 작은 인간 등 부정적 주인공을 창조했던 19세기 문학과 달리, 사회주의 리얼리즘은 긍정적 주인공을 창조해야 했다. 긍정적 주인공은 미래의 완전한 사회주의 국가 건설에 이바지하며 모든 면에서 민중의 본보기가 되어야 한다. 따라서 다분히 이상적인 인물이 주인공으로 등장한다.

사회주의 리얼리즘에 충실한 작품에는 비관적이거나 어두운 내용이 있어서는 안 된다. 미래의 세계는 밝고 희망에 가득 찬 것이어야 하기 때문이다. 고리키나 숄로호프 등 뛰어난 작가들을 배출하기는 했으나 사회주의 리얼리즘은 소비에트 문학을 고사(枯死)시키는 결과를 낳았다. 국가 건설을 위해 복무하는 것은 문학을 질식시키기에 충분했다. 19세기의 위대한 러시아 문학 전통은 사회주의 리얼리즘에 의해 그 명맥을 유지할 수 없었다. 20세기의 뛰어난 문학작품은 대부분 사회주의 리얼리즘의 틀 밖에서 창조되었다.

고리키

막심 고리키는 1868년 니즈니 노브고로드에서 출생했다. 그의 본명은 알렉세이 막시모비치 페쉬코프였는데, 후에 막심 고리키라는 필명을 사용했다. 고리키는 '쓰라린'이라는 뜻으로 그의 고달팠던 인생 역정을 드러내는 필명으로 안성맞춤이었다. 그는 3세에 아버지를 잃고 10세에 학교를 중퇴, 돈을 벌기 위해 사회 밑바닥에서 제화공, 선박의 접시닦이 등 닥치는 대로 일했다. 이른 나이에 온갖 궂은일을 한 체험은 후에 그의 문학에 자양분이 되었다. 그는 16세에 카잔으로 가 진보적인 지식인들과 교류하면서 마르크스주의에 경도되었다. 23세에 러시아 도보여행을 하면서 첫 단편 「마카르 추드라」를 썼으며, 27세에 단편 「첼카쉬」로 문단의 주목을 받았다. 30세에 지하 혁명당 사건에 연루되어 체포되었으나 여론의 반발로 곧 석방되었다.

1899년에 첫 장편소설 『포마 고로제예프』로 문단에서 확고한 위치를 차지했으며, 1902년 희곡 「밑바닥에서」를 모스크바 예술극장에서 공연해 큰 성공을 거두었다. 1905년 피의 일요일 사건[28]으로 체포되어 표트르 파블롭스크 요새에 감금되었다. 석방 후 1906년 러시아 혁명 기금 모금을 위해 미국과 유럽으로 여행을 떠났으나, 폐병 때문에 이탈리아 카프리섬에 정착하여 요양생활을 하게 되었다. 1907년 『어머니』를 해외에서 발표했다. 그리고 1913년 망명 생활을 청산하고 러시아로 귀국했다. 이후 자전적 3부작 중 첫 번째 작품인 『유년시대』를 쓰기 시작했다. 1921년 건강이 악화하여 소렌토에서 7년간 머물면서 창작 활동을 지속했다. 이곳에서 마지막 장편 『클림 삼긴의 생애』가 쓰였다. 1928년 러시아로 돌아와 러시아 각지를 여행했다. 1934년 제1차 소비에트 작가동맹 의장으로 선출되었고 2년 후 세상을 떠났다.

고리키

고리키는 20세기 초 톨스토이, 체홉과 어깨를 나란히 할 정도로 중요한 작가였다. 그러나 그는 두 작가와는 크게 달랐다. 그는 러시아 최초로 문학적 명성을 얻은 프롤레타리아 작가였다. 고리키 덕분에 프롤레

---

28) 1905년 1월 9일 가폰 신부가 이끄는 평화적인 시위대 수만 명이 니콜라이 2세에게 탄원서를 제출하려고 겨울궁전으로 향하다 군대가 비무장한 시위대를 향해 발포하여 수백 명이 사망한 사건을 말한다. 이 사건이 도화선이 되어 1905년 혁명이 일어나 러시아는 입헌군주제의 외양을 갖추게 된다.

타리아 계급은 그들을 대표하는 작가를 갖게 되었으며, 그들의 삶은 문학에 중요하게 반영되었다. 그는 19세기 작가들이 민중에 대해 가졌던 부채 의식을 가질 필요가 없었다. 그 자신이 민중이었기 때문이다. 고리키의 작품에는 러시아 사회의 다양한 하층 계급, 방랑자, 부랑아들이 등장한다. 그는 그들의 심리를 섬세하게 그려내는 한편 탁월한 자연 묘사로 아름다운 서정성을 보여 주었다. 그들은 비록 겉으로는 비참한 삶을 영위하지만 절망하거나 불평하지 않는다. 고리키의 작품들은 운명을 개척하려는 자들의 생명력과 활력으로 가득 차 있다. 그들은 주저앉아 탄식하지 않고 분연히 일어나 저항한다.

고리키는 소비에트 문학의 창시자라 할 만하다. 그는 사회주의 리얼리즘을 대표하는 최고의 작가이다. 사회주의 리얼리즘에 공로가 있다면, 고리키를 탄생시킨 일인지도 모른다. 그의 작품은 사회주의 리얼리즘의 교조적인 틀 안에서도 예술적 완성도가 높은 작품이 탄생할 수 있다는 것을 증명했다.

『어머니』

고리키의 대표작 『어머니』는 1905년 혁명을 배경으로 하여 1907년에 쓰였다. 이 작품은 러시아 노동 계급에 대한 최초의 소설이다. 고리키는 러시아 문학에서 이전에 없던 새로운 주인공을 선보였다. 이 소설 이전에도 노동자가 문학작품에 등장하기는 했지만 주로 희생자 형상으로 묘사되기 일쑤였다. 고리키는 역사의 주체로서 사회의 정의를 위해 당당히 투쟁하는 노동자를 최초로 문학의 전면에 등장시켰다. 레닌은 이 작품에 대해 '매우 시의적절한 작품'이라고 평했다.

소설의 줄거리는 1902년에 있었던 노동자들의 시위와 그 가담자들을 재판했던 실제 사건에 기초했다고 한다. 주인공 파벨 블라소프와 그의 어머니 펠라게야 닐로브나 역시 실제 모델이 있었다. 공장 노동자 파벨 블라소프는 매주 토요일 집에서 친구들과 모여 책을 읽으며 토론을 벌인다. 무식한 어머니 닐로브나는 그들이 무슨 말을 하는지 도무지 알아듣지 못한다. 그러다 경찰이 들이닥쳐 집을 수색하고 파벨이 노동자들에게 연설했다는 이유로 잡혀가자 어머니는 서서히 변하기 시작한다. 어머니는 전단을 공장 안으로 운반하는 등 노동자들을 돕기 시작한다. 파벨은 출옥해 메이데이의 시위를 계획한다. 노동자들이 시위를 벌이는 모습을 본 어머니는 아들이 경찰에게 끌려가자 그가 들고 있던 깃발을 대신 주워 든다. 파벨이 구속된 후 그녀는 농촌을 찾아다니며 책과 신문을 배포하고 사람들과 대화를 나눈다. '아들이 대오에서 제거되자 그 어머니가 자식의 자리에 우뚝 선 것'이다. 파벨의 재판이 열리고 그는 법정에서 자신의 사상에 대해 열변을 토한다. 파벨은 시베리아 유형을 선고받고 어머니는 아들의 연설문을 유포하러 역으로 가 전단을 뿌리며 군중에게 연설한다. 그때 일단의 경찰이 나타나 그녀를 무자비하게 폭행하고 끌고 가는 장면으로 소설은 끝이 난다.

소설의 제목 '어머니'는 매우 상징적이다. 소설 속 어머니 닐로브나는 자식밖에 모르던 한 아들의 어머니에서 노동자들의 어머니, 민중의 어머니로 거듭난다. 파벨의 동지들은 모두 그녀를 자신들의 어머니라고 부른다. 그녀가 아들과 그 주변 혁명가들의 영향으로 의식화되어가는 과정이 이 소설의 핵심이다. 그녀는 억압당하고 무지한 러시아 민중을 상징하는 인물이자, '모든 아들들'을 위해 깨어나 현실의 변혁에 동참하는 미래 지향적인 어머니상을 대변한다. 어머니를 이런 식으로 묘사한 소설은 전무후무하다.

『어머니』는 러시아의 더 나은 미래를 위해 투쟁의 전면에 나서는 노동 계급의 위상을 확인시켰다. 이 소설은 프롤레타리아의 혁명 교과서이자 사회주의 리얼리즘의 전범이 되었다. 우리나라에서도 이 책은 1980~1990년대 민주화 운동을 하던 대학생들 사이에서 필독서로 읽혔다. 시대가 변해 소설의 인기와 영향력은 이전 같지 못하지만 인류의 정의를 위한 뜨거운 외침과 '진리는 죽지 않을 것'이라는 어머니의 마지막 말은 어느 시대에나 이 책을 읽는 사람들에게 변함없이 큰 울림을 줄 것이다.

✳ 러시아의 노벨 문학상 수상자들

부닌

러시아는 모두 다섯 명의 노벨 문학상 수상 작가를 배출했다. 최초로 수상한 작가는 이반 알렉세예비치 부닌이었다. 1870년에 태어나 1954년에 사망한 부닌은 러시아의 마지막 귀족 계급 작가로 불린다. 러시아의 유서 깊은 귀족 가문에서 출생한 그는 혁명을 '인류사회를 폭력으로 재편하려는 피로 얼룩진 광기'로 규정하고 1920년 프랑스로 망명했다. 시와 단편소설로 창작 활동을 시작한 그는 자전적 소설인 『아르세니예프의 생애』와 사랑에 관한 단편 모음집 『어두운 가로수길』로 1933년 노벨 문학상을 받았다. 부닌은 러시아 최후의 리얼리스트로 평가된다. 그는 선배 작가들의 리얼리즘 전통을 이어받아 19세기 말 20세기 초의 러시아 현실을 사실적으로 그려냈다. 부닌의 작품에는 어디에나 고향인 중부 러시아의 풍경과 삶이 아름답게 시적으로 묘사되어 있다. 그러나 그는 사라지고 파괴되어 가는 농촌의 실상을 슬프고 안타까운 시선으로 담아냈기 때문에 그의 작품에는 암울한 분위기가 감돈다. 한편 그는 운명적인 사랑, 삶과 죽음의 문제를 철학 및 종교적으로 접근하여 깊이 있고 독창적인 문학 세계를 창조했다.

두 번째로 소개할 작가는 미하일 알렉산드로비치 숄로호프이다. 그는 1905년에 출생하여 1984년에 사망했다. 숄로호프는 고리키와 더불어 소비에트 사회주의 리얼리즘을 대표하는 작가이다. 그는 1928년부터 1940년까지 12년 동안 집필한 서사적 장편소설 『고요한 돈 강』으로 1965년에 노벨 문학상 수상자가 되었다. 총 4권으로 출판된 이 책은 발간 당시 엄청난 인기를 누렸다. 이 소설은 20세기 초에 일어난 제1차 세계대전, 혁명과 내전 등 사회적인 대격변이 어떻게 인간의 운명을 변화시키는지, 정치적 투쟁이 어떻게 개인의 행복과 파멸을 결정하는지 보여 주었다. 이야기의 중심은 주인공 그리고리 멜레호프와 유부녀 악시니야의 사랑 이야기이지만 이 작품에서 숄로호프는 자신이 나고 자란 돈강 유역에 사는 카자크인들의 생활과 전통, 관습을 묘사하는 데에도 주력한다. 소설의 방대한 규모, 많은 등장인물, 다양한 사건들과 장면들은 『전쟁과 평화』를 연상하게도 한다. 묘사는 매우 박진감 있고 활력에 넘친다. 공산

숄로호프

주의 비평의 압력 아래서 여러 차례 작품을 개작해야 했지만, 숄로호프는 특정한 메시지를 강제로 전달하려 하지 않았다. 1948년부터 열한 차례나 노벨 문학상 후보에 오른 숄로호프는 마침내 1965년에 소비에트 당국의 호의 속에서 노벨상을 받게 되었다.

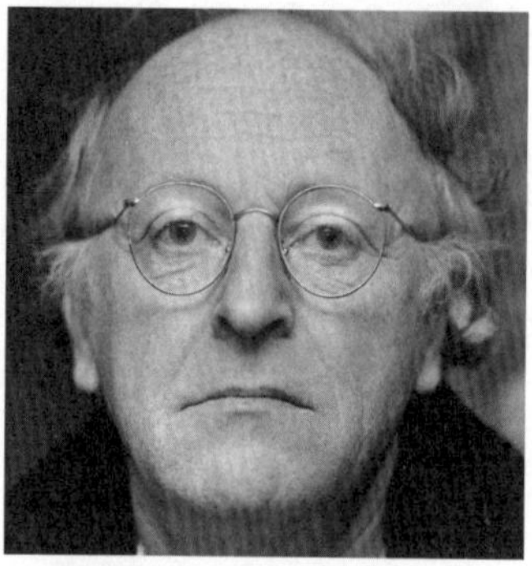

브로드스키

세 번째로 소개할 노벨 문학상 수상자는 시인 요셉 알렉산드로비치 브로드스키이다. 그는 1940년에 레닌그라드에서 출생하여 1996년 뉴욕에서 사망했다. 그는 1964년 봄에 사회적으로 어떤 유용한 노동도 하지 않는다는 죄목으로 고발되어 러시아 북부 지방에서 5년 동안 강제노동을 하도록 선고받았다. 그러나 그에 대한 소문이 소련과 서방에서 거센 반발을 일으키자 당국은 그에 대한 판결을 중지했고, 그는 9월에 석방되었다. 그동안 그의 시는 국외로 밀수출되어 미국과 유럽에서 원본과 번역본으로 출판되었다. 그의 시는 문체와 주제가 매우 독창적이라는 평가를 받았다. 그는 외부 세계보다는 내적인 환상에 몰두했으므로 그의 시는 몽상적이고 환상적이며 초현실주의적인 특성을 보인다. 1972년 브로드스키는 당국에 의해 망명하라는 압력을 받고 유럽을 거쳐 미국으로 망명했다. 시와 에세이로 탁월한 문학적 역량을 보여준 브로드스키는 1987년에 러시아인으로서는 마지막으로 노벨 문학상 수상자가 된다.

이 세 명 외에도 노벨 문학상을 받은 작가로 파스테르나크와 솔제니친이 있다.

✳ 파스테르나크

파스테르나크

보리스 레오니도비치 파스테르나크는 1890년에 모스크바의 유태인 부모에게서 출생했다. 아버지는 화가이자 대학교수, 어머니는 피아니스트로 예술적이고 학구적인 분위기로 가득 찬 환경에서 성장했다. 어릴 때부터 음악에 매료되었던 그는 작곡가가 되기를 꿈꾸었으나, 재능의 부족을 깨닫고 그 길을 포기했다. 1908년에 모스크바 대학 법학부에 입학했다가 1년 후 철학과로 옮겼다. 1912년에 독일 마르부르크 대학에서 신칸트주의 철학자인 헤르만 코헨의 지도하에 철학을 공부했다. 그러나 그는 철학도 포기하고 문학의 길로 접어들었다.

그는 1914년에 첫 시집 『먹구름 속의 쌍둥이』를, 1917년에는 두 번째 시집인 『방책을 넘어서』를 발표했다. 1922년에는 『나의 누이 나의 삶』을 출간했다. 이후 꾸준히 시와 산문을 발표하면서 그는 당대 최고 시인으로 자리매김했다. 그러나 '시대와 조화되지 않고 인민으로부터 유리된 퇴폐적 형식주의자'[29]라는 비난에 직면한 그는 1933년부터 1943년까지 어떤 작품도 출판하지 못했으며 번역으로 생계를 유지해야만 했다. 1945년부터 그는 오랫동안 구상하고 있던 장편소설 『닥터 지바고』를 집

29) 20세기 초 러시아 형식주의의 영향을 받은 예술가를 지칭한다. 작품의 구조, 언어, 스타일 등 형식적인 요소에만 치중하고 사회적 맥락, 주제 의식 등이 약한 예술가에 대한 부정적 평가를 담은 표현이다.

필하기 시작했다. 이 소설은 1957년 이탈리아에서 출간되어 불과 일 년 후 노벨 문학상 수상작으로 선정되었다. 그러나 이 때문에 그는 곧 작가동맹에서 제명당했고 당국의 강한 압력을 받게 되었다. 결국 그는 노벨상 수상을 거부할 수밖에 없었다. 2년 뒤인 1960년 그는 모스크바 근교 페레델키노 작가 촌 별장에서 폐암으로 사망했다.

시인으로 문학 경력을 시작한 파스테르나크는 언어의 혁신으로 당대와 이후 시인들에게 강력한 영향을 미쳤다. 다양한 유파들이 활동하던 시기에 그는 어느 한 유파에도 가담하지 않고 자신만의 독자적인 창작 행보를 걸었다. 그의 시어는 너무나 참신하고 독창적이었으며, 어휘의 범위가 놀라울 정도로 폭넓어서 일반 독자는 쉽게 접근할 수 없다. 그의 천재적이고 화려한 언어 구사를 셰익스피어에 필적할 만하다 해도 과장은 아니다. 그의 시는 매우 철학적이어서 내용 또한 난해하다. 인간과 우주의 관계, 만물의 한 유형으로서 인간의 운명은 그가 시에서 주로 다루는 중요 주제이다. 그러나 말년 무렵에 발표한 그의 시는 보다 구체적이고 단순해져서 한결 이해하기가 쉽다.

파스테르나크의 세계관은 혁명의 소용돌이 속에서 성숙했다. 그는 '강력한 폭풍'과 같은 조국의 정치적 변화를 환영했고 레닌을 높이 평가했다. 그러나 그는 예술가로서의 자유를 가장 중요하게 생각했으므로 시대의 변화에 휩쓸리지는 않았다. 30년대의 여러 사건으로 마음에 상처를 입은 그는 시대와의 불화를 뼈저리게 절감했다. 그는 자신의 운명을 역사의 강에서 앞서가는 큰 함대에 뒤처진 나룻배에 탄 사람의 운명에 비교했다. 소비에트 문학에서 파스테르나크는 부르주아적이고 병적이며 염세적인 개인주의자라는 비난을 면치 못했다. 그러나 실제로 그의 시는 생명력과 삶에 대한 강한 확신과 낙천주의를 담고 있다. 이런 특징은 그의 유일한 장편소설인 『닥터 지바고』에도 고스란히 나타난다.

『닥터 지바고』

『닥터 지바고』는 명실상부한 20세기 러시아 소설의 최고봉이다. 이 소설의 출현은 사회주의 리얼리즘이 문학의 지평을 사막과 같이 황량하게 만들고 있을 때, 뜻밖에 만난 오아시스 같은, 아니 어쩌면 신기루 같이 믿어지지 않는 현상이었다. 20세기 러시아 문학은 이 한 편의 위대한 소설로 구제된다. 이 기념비적인 소설은 10년에 걸친 작가의 침묵과 그 이후 10년에 걸친 창작을 통해 기적처럼 세상에 모습을 드러냈다. 그것도 당국의 출판 금지 조처로 외국에서 번역본으로만 출간되었다. 서방은 환호했으며 러시아는 냉담했다. 노벨상을 실제로 받지 못했다고 해도 작품의 가치가 떨어지는 것은 아니다. 수상 결정은 옳은 것이었고 그 자체로 작품의 진가는 충분히 입증되었다.

파스테르나크는 이 소설에서 40년 전에 일어난 혁명의 의미를 탐구한다. 러시아 혁명과 내전에 대한 무수한 소설 중 이 작품은 가히 독보적이라 할 만하다. 예술적 완성도와 언어의 아름다움, 철학적 심오함, 형식의 독창성에 있어 견줄만한 작품이 없다. 소설의 제목은 주인공의 이름을 따르고 있다. 의사이자 시인인 지바고의 눈을 통해 그가 경험한 혁명과 내전의 모습이 장대하게 그려진다. 이것은 개인의 운명을 통해 본 역사에 대한 소설이다. 그런 의미에서 20세기의 『전쟁과 평화』라고도 할 수 있다. 소설의 시대 배경은 1903년에서 1929년까지의 시기이다.

지바고는 처음에는 역사적 필연으로서 혁명을 수용하고, 홍수와 불처럼 역사의 잔해를 쓸어버리고 태워버리는 정화의 힘으로 긍정한다. 그러나 직접 혁명과 내전의 상황을 목격한 그의 견해는 바뀌기 시작한다. 그 이유는 두 사건에 수반된 폭력성 때문이었다. 지바고 자신도 폭력의 희생자가 되어 집을 빼앗기고 가족이 뿔뿔이 흩어지고 난 후 고독하게 남겨진다. 그는 '폭력으로는 아무것도 얻을 수 없다'는 결론에 도달한다. 적군과 백군으로 나뉘어 나라가 내전의 참화로 타들어 갈 때 그는 어느 쪽에도 휩쓸리지 않고 '개인'으로 남기를 결정한다. 지바고에게 있어 개인이 된다는 것은 역사의 소용돌이 속에서 그 영향을 받지 않을 수 없지만 어떻게든 자신의 정신적 독립을 보존하고자 하는 몸부림이다.

지바고가 자유로운 개인으로 남기 원하는 이유는 그가 시인, 즉 예술가이기 때문이기도 하다. 그는 모스크바에서 우랄 지방으로 피신해 가족과 헤어진 후, 연인 라라와 함께 바리키노에서 겨울을 지내며 밤마다 시를 쓴다. 그가 쓴 시들은 당면한 시대의 문제를 비껴가 있다. 동족상잔의 비극 한복판에서 그는 자연에 대해, 그리스도에 대해 시를 쓴다. 그의 정신은 자유로웠다. 시를 쓸 수 있었기에 그는 자신에게 찾아온 비극을 견뎌낼 수 있었고 시대를 뛰어넘을 수 있었다. 그가 쓴 아름다운 25편의 시는 소설의 마지막에 붙여져 완벽한 예술적 통일성을 형성하고 있다.

지바고라는 주인공의 성은 '살다'라는 러시아 단어에서 파생되었다. 파스테르나크는 자신의 주인공에게 지바고라는 성을 선사하면서 그를 통해 삶 자체를 보여주는 방식을 택한다. 지바고에게 무엇보다 소중한 것은 삶 그 자체이다. 그는 '인간은 살기 위해 태어난 것이지, 삶을 준비하기 위해 태어난 것이 아니다'라고 말하며 지속적인 준비를 강조하는 공산주의의 공허함을 비판한다.

소설은 매우 다양한 사건들과 우연들로 복잡하게 구성되어 있지만 줄거리의 기본 뼈대는 지바고와 여주인공 라라의 사랑이다. 그들의 사랑은 비록 불륜이지만 숙명적인 성격을 갖는다. 소설을 읽다 보면 감히 누구도 이 두 연인을 비난할 수 없게 된다. 라라는 러시아 소설이 창조한 무수한 여주인공 중에서 가장 상징적인 아우라를 입고 있는 인물이다. 그녀는 지바고 시의 뮤즈이며, 모성이고, 삶 그 자체이다. 지바고는 라라와 함께 있을 때만이 아니라 그녀를 떠올리기만 해도 '이 세상에서 삶을 사랑하고 그 삶을 누린다는 것은 얼마나 아름다운 일인가!'라고 생각한다. 러시아 역사상 가장 비극적인 시기를 살아내면서도 삶을 사랑하고 그 삶을 누리는 것이 아름답다고 말하는 지바고는 삶에 대한 작가 파스테르나크의 태도를 그대로 반영하고 있는 인물이다. 파스테르나크 역시 암울한 소비에트 시대를 살아내면서 삶에 대한 믿음과 사랑을 끝까지 잃지 않았기에 이토록 아름답고 신비롭기까지 한 소설을 써낼 수 있었다.

✳ 솔제니친

솔제니친

알렉산드르 이사예비치 솔제니친은 1918년에 카프카즈의 키슬로보드스크라는 도시에서 태어났다. 교사였던 아버지는 그가 출생하기 6개월 전에 사망했다. 그는 18세에 돈 강 유역의 로스토프 대학 물리 수학과에 입학했다. 1941년에 대학을 졸업하고 시골 학교 교사로 부임했으나 그해 6월에 입대했다. 다음 해 포병 장교학교에 입학한 후 세계 1차대전에 참전해 포병 중대장으로 전공을 세웠다. 1945년 포병 대위로 복무하다가 친구에게 스탈린을 비난하는 내용의 편지를 썼다는 이유로 체포되어 8년의 노동형을 선고받았다. 카자흐스탄의 강제수용소에서 복역한 후 1953년에 석방되었으나 암을 얻어 타쉬켄트의 병원에서 치료받았다. 1956년에 복권된 그는 랴잔시의 중학교에서 수학과 물리를 가르치며 본격적인 창작 활동에 들어갔다.

그는 1962년에 『이반 데니소비치의 하루』를 발표해 일약 대작가의 반열에 올라섰다. 1968년 장편소설 『암병동』과 『제1원 안에서』를 외국에서 출간했다. 1969년 반소 작가로 지명되어 소련작가동맹으로부터 제명당했다. 1970년 러시아에서 네 번째로 노벨 문학상 수상자가 되었으나, 당국이 귀국을 막을까 봐 직접 스톡홀름으로 가지는 못했다. 대표적인 소련의 반체제 인사가 된 그는 1973년에 강제수용소의 현실을 폭로한 『수용소군도』로 전 세계를 떠들썩하게 했다. 이듬해 강제 추방을 당하여 유럽을 거쳐 미국에서 생활했다. 1994년 러시아로 돌아와 강연 및 정치활동을 하다가 2008년에 90세를 일기로 모스크바에서 사망했다.

솔제니친은 러시아 혁명 이듬해에 태어나 소련과 함께 성장했고, 소련의 전 시기를 살아냈으며 소련 붕괴 후까지 살아남은 작가이다. 그는 2차 대전에 참전해 조국을 위해서 싸웠으나, 조국으로부터 버림받고 잔혹한 강제수용소를 몸소 체험했다. 소련 당국이 솔제니친을 강제수용소로 보낸 것은 크나큰 실수로 판명되었다. 그 덕분에 철의 장막 뒤로 가려져 있던 소련의 민낯이 낱낱이 드러났기 때문이다. 솔제니친은 자신이 겪었던 체험을 기억 속에 간직하는 것으로 그치지 않고, 많은 장편소설을 통해 온 세상에 알린 시대의 참된 증언자였다.

솔제니친이 주로 고발한 것은 스탈린의 공포정치와 대숙청 기간에 일어난 일련의 사건들이었다. 그는 정치권력에 대한 저항과 억압받는 민중에 대한 애정이라는 19세기 문학 전통을 충실히 계승한 작가였다. 이런 창작의 특성이 가장 잘 드러난 작품은 3권으로 된 『수용소군도』이다. 시대의 연대기라고 할 만한 이 장대한 작품은 허구가 아닌 사실에 기초하여 쓰였다. 수백 명의 증언과 회상, 개인적인 회고와 고백, 그리고 작가의 견해가 독특하게 결합한 이 작품은 소련을 강제수용소 제국으로 고발한다. 작품은 분노와 열정, 논쟁, 풍자가 가득한 어조로 『이반 데니소비치의 하루』에서 보이는 담담함과 대조를 이룬다. 서방 세계에 엄청난 충격을 안긴 이 작품은 수백만 부가 팔릴 정도로 대단한 인기를 얻기도 했다.

솔제니친의 위대함을 정치적 차원에서만 판단해서는 곤란하다. 그는 뛰어난 예술가였고 언어를 자유자재로 다룰 줄 알았다. 그의 소설은 박진감과 생명력으로 충만하다. 그의 예술적 상상력과 창조적 통찰력은 비범한 기억력에 의해 정확히 보존된 다양한 인생 경험과 결합해 독자들에게 강렬한 감정적 반응을 일으킨다. 감옥, 강제수용소, 전쟁, 병원을 주 무대로 하는 음울한 주제와 비극적 내용에도 불구하고 그의 소설은 결코 우울한 인상을 남기지 않는다. 그것은 솔제니친이 진정한 영웅적 정신과 상상을 초월한 인내를 소유한 대가였기에 가능한 일이었다.

『이반 데니소비치의 하루』

『이반 데니소비치의 하루』는 1962년 가을에 월간지 『노브이 미르(신세계)』에 발표되고 나서 이듬해 모스크바에서 단행본으로 출간돼 순식간에 십만 부 이상이 팔려나갔다. 이 작품의 출간은 소비에트 문학에서 일대 사건이었다. 알려지지 않은 작가에 의해 소련의 강제수용소 철조망 뒤에서 일어나는 사건이 최초로 폭로되었다. 솔제니친의 이름은 이 작품 덕분에 알려지게 되었고 강제수용소 역시 그 음흉한 실체를 드러냈다. 솔제니친은 과장이나 분노를 배제하고 유머를 통해 소름 끼치는 현실을 보여 주었다. 그 담담한 이야기 방식이 오히려 소설이 주는 충격을 배가시켰다.

소설의 주인공은 2차 대전 때 독일군에게 포로로 잡혔다가 탈출했으나 자신을 스파이로 의심한 소련 당국에 체포되어 10년의 중노동 선고를 받은 이반 데니소비치 슈호프이다. 순진하고 소박한 농부 슈호프는 8년의 수용소 생활을 마쳤으며 2년의 기간을 더 채워야만 세상으로 나갈 수 있다. 솔제니친은 이 슈호프의 눈을 통해 단 하루 동안의 수용소 생활을 자세히 그린다. 수용소 안에는 다양한 성격과 부류의 사람들이 살아가면서 나름의 사회를 이루고 있다. 그들은 대부분 무슨 이유 때문인지도 모르는 채 생매장을 당한 듯 수용소 안에서 희망 없는 하루하루를 버텨나간다. 그들에게 가장 중요한 것은 오로지 먹는 일이다. 그들은 하루 세끼 총 20분의 식사 시간을 위해 산다고 해도 과언이 아닐 정도로 하루 종일 죽과 빵을 생각한다. 식사 시간만큼은 그들도 나름의 소소한 행복감을 느낀다. 인간에게 먹는다는 행위가 얼마나 절박한 것인지를 반추하게 하는 장면들이 이어진다.

수용소의 가혹한 현실을 견딜 수 있게 하는 또 하나의 일과는 노동이다. 혹한의 시베리아 벌판에서 행해지는 강제 노동이지만 죄수들은 일하는 동안 시간의 흐름을 느끼지 못할 정도로 깊이 몰입한다. 무엇을 만들거나 완성한다는 의미가 있는 것은 아니지만, 노동 자체가 그들에게 잠시나마 즐거움과 위안을 주고 수용소의 현실을 잊게 만든다. 매일 반복되는 그 노동이 없었더라면 죄수들은 아마도 그 긴 형기를 견뎌내지 못했으리라.

수용소에서 죄수들은 삶에 아무런 목적이 없다. 오로지 생존 그 자체가 목적이다. 살아남아야만 수용소를 벗어날 수 있기 때문이다. “오늘 하루는 그에게 아주 운이 좋은 날이었다… 눈앞이 컴컴한 그런 날이 아니었고 거의 행복하다고 할 수 있는 그런 날이었다.”라는 문장으로 소설은 끝난다. 그런 하루하루가 쌓여 결국은 형기를 마치게 될 것이다.

주인공 슈호프는 늘 부족한 먹을 것을 동료들과 나누기도 하고 약한 죄수들을 도와주기도 하는 등 수용소라는 잔혹한 환경에서도 인간성을 잃지 않는다. 수용소 생활을 기꺼이 받아들이는 기독교 신자도 있다. 수용소는 약육강식이 지배하는 곳이지만 따뜻한 인간애도 존재하는 인간사회이기도 하다. 그러나 그렇다고 해서 수용소의 참혹한 비극이 상쇄되는 것은 아니다. 훌륭한 것은 수용소 안의 몇몇 죄수들이지, 무수한 사람들을 희생자로 전락시키고 그들에게 폭력을 가하는 국가가 비난의 화살을 면할 수는 없다. 수용소에서의 하루는 폭력적이고 비인간적인 공산주의 체제의 전 역사를 축소해서 보여 준다. 솔제니친은 사회의 양심을 수행하는 러시아 문학의 전통을 마지막으로 계승한 작가였다. 그는 이 작품을 통해 공산주의뿐만 아니라, 인간을 억압하고 개인의 자유와 존엄성을 짓밟는 비인간적이고 잔인한 모든 권력 기구에 냉정하면서도 준엄한 경고의 메시지를 보내고 있다. 그런 권력은 결국 역사의 뒤안길로 사라져 버릴 것이기 때문이다.

7장

러시아 미술

01 | 러시아 이콘

✳ 이콘이란 무엇인가

러시아 고대 미술의 주된 장르는 정교의 수용과 함께 비잔틴으로부터 받아들인 이콘이었다. 이콘이란 성상화로도 번역되는데, 그리스어로 '에이콘', 즉 꼭 닮은 모습을 의미하는 말에서 유래되었다. 이콘은 신, 그리스도, 성모, 성인들 등 거룩하고 신성한 대상을 그린 그림이다. 가톨릭교회와 정교회의 교회 회화이며 개신교에는 이콘이 없다. 이콘은 '형상으로 표현된 신학'으로 불린다. 다시 말해, 언어가 아닌 형상으로써 신앙의 대상을 표현한 것이다. 그런데 보이지 않는 신적 대상을 어떻게 형상화할 수 있을까. 이콘은 영적 실재, 원형 그 자체가 아니라 그것에 가까이 다가갈 수 있도록 도와주는 도구적 성격을 띤다. 가시적이지 않고 비물질적인 존재가 표현의 대상이기 때문에 이콘은 대상을 있는 모습 그대로 그린 그림이 아니다. 즉, 이콘은 사실적인 그림이 아니다. 이콘은 대상의 영적인 특성에 초점을 맞추기 때문에 얼굴이나 신체를 의도적으로 비사실적이게 그린다. 따라서 이콘을 볼 때는 보이는 형상 너머에 존재하는 원형을 포착해야만 한다.

이콘은 그림에 재능이 있는 수도사들이 수도원에서 수도 생활을 하면서 그렸다. 수도사들은 이콘을 그리기 위해 몸과 영혼을 정결하게 유지해야만 했다. 탁월한 예술적 기교만으로는 그릴 수 없는 그림이 이콘이기 때문이다. 이콘은 주로 나무 위에 그렸으며, 템페라 화법을 사용했다. 템페라 화법이란 나무판 위에 안료와 계란 노른자를 접착제와 섞어 만든 물감으로 그림을 그리는 방식이다. 또한 이콘은 일반적인 회화와는 다른 방식인 역원근법을 사용하여 그린다. 원근법은 인간의 시점을 반영하여 가까운 곳의 사물은 크게, 먼 곳의 사물은 작게 그린다. 그리하여 삼차원적인 세계의 입체감이 부여된다. 역원근법은 인간의 시점이 아닌 신의 시점을 구현한다. 따라서 거리와 관계없이 중요한 인물이나 사물을 크게 그린다. 인간은 한 시공간에서 하나의 시점 밖에 가질 수 없지만, 신은 동시에 모든 곳에 있을 수 있으므로 하나의 시점에 제한되지 않는다. 따라서 역원근법으로 그려진 그림은 신이 보는 방식, 즉 다중초점으로 그려진 그림이라고도 말할 수 있다. 이렇게 그려진 그림에서 인물이나 사물이 가까이 혹은 멀리 있는 것은 전혀 중요하지 않다. 멀리 있는 대상이 더 크게 그려질 수도 있다. 이러한 역원근법은 비사실적인 이콘의 특성을 더욱 두드러지게 한다.

이콘에서 색채는 매우 중요하다. 이콘에 사용되는 색채는 초월적 세계를 표현하는 언어로서 상징적인 의미를 지닌다. 황금색은 신성을, 자주색은 왕권을, 붉은색은 예수의 희생을 상징한다. 흰색은 순수함과 정결함, 혹은 죽음을 상징하기도 한다. 푸른색은 초월성의 상징이다. 검은색, 갈색, 회색은 죽음, 더러움 등 부정적인 것을 상징한다. 이런 색채의 상징을 통해 이콘을 관조하는 이들은 이 땅의 물질적인 세계에서 잠시나마 떠나 초월적이고 신성한 영역으로 안내받는 것이다.

✳ 〈블라디미르의 성모〉와 루블료프의 〈삼위일체〉

〈블라디미르의 성모〉

러시아인들이 가장 사랑하는 이콘은 성모 이콘이었다. 성모 이콘은 매우 다양한데, 그중에서 가장 유명하고 민중의 사랑을 많이 받은 이콘은 〈블라디미르의 성모〉 이콘이었다. 이 이콘은 원래 1130년경 비잔틴의 콘스탄티노플에서 그려진 것을 12세기에 키예프로 가져온 것인데, 후에 블라디미르로 옮겨져 그 도시의 이름을 얻게 되었다. 이콘은 성모와 아기 예수가 서로 뺨을 맞대고 있는 모습을 형상화했다. 성모의 눈은 자애로우면서도 슬퍼 보인다. 어머니의 아들에 대한 사랑, 그들 사이의 친밀함, 그리고 아들의 수난을 예견이라도 한 듯 슬퍼 보이는 성모의 눈길은 민중의 마음을 움직이기에 충분했을 것이다. 이 이콘은 전 러시아를 수호하는 이콘으로 숭배되었고 기적의 힘을 가졌다고 믿어지게 되었다. 이콘은 1395년 티무르[30]가 러시아를 침공했을 때 모스크바로 옮겨졌는데, 티무르의 군대는 제대로 전투도 치러보지 못하고 퇴각했다고 한다. 현재 〈블라디미르의 성모〉 이콘은 모스크바의 트레티야코프 미술관에 소장되어 있다.

러시아에는 많은 이콘 학파와 화가들이 있었다. 그 중 꼭 알아야 하는 이콘 화가 한 명을 든다면 단연 안드레이 루블료프(1360~1430)이다. 그는 러시아가 아직 몽골 지배 아래 있을 때 모스크바 공국이 부상하며 새로운 시대에 대한 기대와 희망이 움트던 때에 활동했다. 그 시대는 비잔틴의 영향에서 점차 벗어나 러시아만의 독특한 이콘 양식을 탐색하던 시기였다. 그는 모스크바 크렘린의 성당들, 성 삼위일체 수도원, 블라디미르의 우스펜스키 성당 등에서 많은 이콘과 이코노스타스를 제작했다. 모스크바 학파의 대표자인 그의 이콘은 인간적이고 시적인 분위기와 섬세하고 부드러운 색감을 특징으로 한다.

루블료프의 이콘 중 가장 탁월한 걸작은 〈삼위일체〉이다. 루블료프의 〈삼위일체〉는 러시아 이콘의 최고봉으로 꼽힌다. 구약성경 창세기에서 세 명의 천사가 아브라함을 방문한 이야기를 그린 이콘으로 세 천사는 성부, 성자, 성령을 형상화하고 있다. 왼쪽부터 성부, 성자, 성령이 가운데 식탁을 두고 앉아있는 모습을 보여준다. 이콘은 둥근 구도를 통해 삼위일체의 화합과 일치를 표현한다. 전반적으로 부드러운 색채가 지배적이며, 바로 이 때문에 루블료프 특유의 따뜻함과 서정성 그리고 명상적인 분위기가 만들어진다. 이콘의 배경이 되는 황금색은 신성, 의복의 푸른색은 천상을 상징한다. 중간에 앉은 성자 예수의 자줏빛 의상은 그의

30) 14세기 중앙아시아의 정복자로서 1395년에 킵차크 한국의 수도 사라이를 공격했다.

〈삼위일체〉

수난을 상징하고 있다. 식탁 중앙에 놓인 둥근 그릇 안에 있는 것은 송아지 고기로 역시 예수의 희생을 상징한다. 세 명의 천사는 살짝 고개를 숙이고 서로의 말을 경청하고 있는 듯하다. 그들은 무슨 이야기를 하는 것일까. 어쩌면 인류의 구원을 위한 예수의 희생과 사랑에 관해 대화하는 것은 아닐까. 그들의 표정에는 어떤 엄숙함이나 슬픔이 배어 있지 않다. 잔잔한 평화와 고요함이 이콘 전체에 감돌고 있다. 이콘을 한동안 바라보고 있노라면 영혼이 지상을 떠나 신성의 영역으로 초대받는 느낌이 든다. 러시아의 저명한 영화감독 안드레이 타르콥스키는 세 시간짜리 영화 〈안드레이 루블료프〉에서 마지막 십여 분 동안 롱테이크 기법으로 이 그림을 구석구석 보여 준다. 루블료프의 생애에 바치는 영화에서 감독은 이 이콘이 루블료프의 삶을 종합한 결정체라는 점을 분명히 보여 주고 싶어 한 듯하다. 14세기의 이콘 화가와 20세기의 영화감독이 회화와 영화라는 매체를 통해 만나 이토록 아름다운 세계를 연출해 낼 수 있다니 이 두 거장의 천재성에 경의를 표하지 않을 수 없다. 이 경탄할 만한 이콘 역시 모스크바의 트레티야코프 미술관에서 만날 수 있다.

02 | 19세기 러시아 미술

러시아의 근대 미술은 표트르 대제의 개혁과 더불어 시작되었다. 표트르 대제는 러시아 화가들을 유럽 각국으로 유학을 보내고 유럽의 저명 화가들을 러시아로 초빙했다. 그리하여 러시아 미술에는 서유럽의 다양한 장르들이 유입되어 초상화, 풍속화, 풍경화 등이 나타나기 시작했다. 특히 18세기에는 초상화가 지배적인 장르로 자리 잡았다. 18세기는 러시아가 유럽으로부터 다양한 예술을 수입하고 모방하며 배우는 시기였는데 미술에서도 마찬가지였다. 1757년에는 상트페테르부르크에 미술 아카데미가 설립되어 회화, 조각, 건축 등 체계적인 미술 교육을 하는 발판이 마련되었다. 미술 아카데미의 설립은 서유럽 미술 경향을 따르는 아카데미즘이 한 세대를 풍미하는 계기가 된다. 이 화풍을 대표하는 화가로 브률로프와 이바노프를 들 수 있다.

✳ 브률로프

〈폼페이 최후의 날〉

카를 브률로프(1799~1852)는 19세기 초 역사화, 초상화 등에서 뛰어난 작품을 많이 남긴 화가이다. 그는 미술 아카데미를 졸업하고 이탈리아에 유학해 그곳에서 대작 〈폼페이 최후의 날〉을 완성했다. 역사적으로 잘 알려진 베수비오 화산의 폭발과 폼페이의 최후를 그린 명작이다. 브률로프는 이 작품으로 1834년 파리의 살롱전에서 일등상을 받고 유럽 전역에 알려지게 되었다. 그는 최초로 국제적 명성을 얻은 러시아 화가이다. 작품의 소재에서 형식까지 고전주의 양식을 따르고 있는 이 그림은 아카데미의 화풍을 고스란히 보여준다.

화폭 위에는 시커먼 화산재가 검붉게 하늘을 뒤덮고 있다. 보는 이는 당시의 끔찍한 상황을 절로 상상하고 몸서리치게 된다. 무너져 내리는 조각상, 공포에 질려 허둥지둥 재난을 피하려는 사람들, 서로를 부둥켜안고 어찌할 바를 모르는 사람들, 이미 세상을 떠난 엄마 옆에서 누구의 관심도 받지 못한 채 놀라고 무서워하는 아이의 눈빛 등 이 그림은 대재난의 순간을 놀랍도록 생생하게 그려낸다. 이 그림 왼편 상단에 화구를 챙겨 도망가는 인물은 브률로프 자신이라고 한다. 또 화면 정중앙에 죽어 누워있는 여인과 왼편 하단에 두 딸을 안고 있는 여인은 브률로프를 후원하고 그가 사모했던 율리아 사모일로바 공작부인을 모델로 했다고 한다. 브률로프는 이 그림을 그리기 위해 직접 폼페이 현장을 찾아 세세하게 스케치하고 다양한 사료를 참조했다. 그 결과 탄생하게 된 이 위대한 그림은 현재 상트페테르부르크 러시아 미술관 한 방의 벽면 전체를 차지하고 있다. 이 그림이 전시된 방에 들어서자마자 관객은 그림의 규모와 현실적인 생동감에 압도당하는 경험을 하게 된다.

✳ 이바노프

알렉산드르 이바노프(1806~1858)는 브률로프와 동시대인이었지만 사뭇 다른 삶을 살았던 화가이다. 그는 아카데미 화가이자 교수의 아들로 미술 아카데미를 수석으로 졸업하고 정부 후원으로 이탈리아 유학길에 올랐으나 정치적인 문제로 27년이 흘러서야 러시아로 돌아올 수 있었다. 그가 진보적인 정치관을 가졌던 탓에 정부로부터 경계의 대상이 되었기 때문이었다. 러시아에 돌아온 후 고국의 환영조차 받지 못한 그는 귀국한 지 두 달 만에 세상을 떠나고 말았다.

이바노프는 인류의 구원이라는 심오한 문제로 고뇌하며 종교화를 많이 그렸던 화가이다. 이바노프와 개인적으로 친분이 있었던 작가 고골은 중편 『초상화』에서 이상적인 화가의 모델로 이바노프를 제시했다. 이바노프의 대표 작품인 〈민중 앞에 나타난 예수 그리스도〉는 그가 20년 동안 완성한 대작으로 그의 예술혼을 다 쏟은 걸작이다. 데카브리스트 봉기 실패 후 암담한 현실 속에서도 그는 희망을 잃지 않고 진리가 지상에서 구현될 수 있으리라는 믿음을 이 작품에 표현했다. 구세주의 출현에

〈민중 앞에 나타난 예수 그리스도〉

대한 민중의 염원을 새로운 정치 체제의 등장에 대한 갈망으로 잘못 해석한 정부는 이바노프 아버지를 교수직에서 해임하고 장학금마저 끊어버렸다. 그러나 그는 작업을 중단하지 않았다.

그림은 복음서에 나오는 예수의 세례 장면에서 영감을 얻은 것이다. “보라, 세상 죄를 지고 가는 하나님의 어린 양이로다”라는 세례 요한의 말에 반응하는 다양한 인간 군상들이 묘사된다. 붉은 옷 위에 푸른 겉옷을 걸치고 있는 예수의 모습은 저 멀리 희미하게 보인다. 요한의 등 뒤로는 곧 예수의 제자가 될 베드로와 안드레, 요한이 있다. 그 뒤에 눈을 감고 있는 인물은 이바노프의 친한 동료였던 러시아 작가 고골이라고 한다. 모든 희망을 잃은 듯 그는 예수의 등장에 아무런 반응을 보이지 않는다. 그러나 이바노프는 고골과는 달랐다. 그림에는 요한의 말에 기대와 호기심을 보이며 예수를 바라보는 민중과 경계의 눈초리로 바라보는 바리새인들이 대조되어 묘사된다. ‘예수는 과연 누구인가. 그는 인간에게 무엇을 가져다줄 수 있을 것인가’라는 의문과 기대가 그림 속에서 메아리치는 듯하다. 성경 속 상황이 당대 러시아의 현실과 만나 미래에 대한 희망을 불러일으킨다.

이 그림은 소위 군중화의 효시로 불리는데, 다양한 인물들을 그려내기 위해 이바노프는 무려 600점이 넘는 스케치와 드로잉 작업을 했다고 한다. 그는 인물들의 특성을 정확히 포착하기 위해 자세와 표정을 섬세하게 연구했다. 세로 5m, 가로 7m에 달하는 이 대작을 당시에는 구매할 사람이 나서지 않았다. 오랫동안 창고에 보관되어 있던 이 그림을 산 사람은 후에 러시아 미술 컬렉션을 전시할 미술관을 설립한 트레티야코프였다. 지금도 그 미술관의 한 벽면 전체를 차지하고 있는 이 그림은 이후 러시아 미술이 나아갈 방향을 제시한 불멸의 작품이 되었다.

✳ 페로프

19세기 중반이 되자 화가들은 러시아 사회 현실에 더욱 관심을 기울이게 되었다. 특히 민중의 생활을 반영하려는 경향이 강해졌는데, 그 경향을 대표하는 화가로 바실리 페로프(1833~1882)가 있다. 그는 사실주의적인 회화의 발달에 지대한 공헌을 했다. 특히 그는 당대 유행한 풍속화 장르에서 독보적이었다. 그는 화폭에 농노 해방 무렵의 러시아 생활을 여러 측면에서 다양하게 담아냈으며, 가난한 민중의 고달픈 일상 묘사를 통해 민중에 대한 동정과 연민을 드러냈다. 페로프는 러시아 회화에서 비판적 사실주의의 경향을 드러내며 당대 문학이 갖는 문제의식을 공유했던 시대에 민감했던 화가였다. 페로프의 그림을 보는 것은 도스토옙스키의 소설을 읽는 것과 비슷한 효과를 일으킨다. 학대받고 모욕당한 민중의 삶이 너무나 적나라하게 그려져 눈물 없이 그의 그림을 감상하기란 쉽지 않다. 실제로 페로프는 도스토옙스키의 초상화를 그리기도 했다.

많은 작품 중에서 대표적으로 소개하고 싶은 그림은 〈마지막 여행〉이다. 어느 가난한 가족의 아버지가 사망한다. 말이 끄는 시골길 마차 위에서 고개를 숙이고 있는 어머니 뒤로 어린 딸과 아들이 아버지의 관을 운반하고 있다. 제목은 묘지로 향하는 지상의 마지막 여행을 의미한다. 가족 외에 아무도 동행하지 않는 쓸쓸한 이 여행에 개 한 마리만이 따라나선다. 고달프기 그지없는 농민의 삶에서 더구나 가장까지 죽었으니 이 가족은 앞으로 어떻게 살아가야 할까. 얼굴이 보이지 않는 어머니는 절망과 실의에 빠져 삶의 의욕을 잃은 듯하다. 아이들은 미래의 희망을 찾을 수 있을까. 먹구름이 잔뜩 낀 하늘, 음울한 주위 풍경만큼

이나 암울한 현실을 고스란히 표현해 가슴을 먹먹하게 만드는 그림이다. 이 작품은 모스크바 트레티야코프 미술관에 소장되어 있다.

〈마지막 여행〉

✳ 이동파

1863년에 러시아 미술계에는 충격적인 사건이 발생했다. 유능한 신진 화가들이 14명이나 아카데미를 탈퇴한 일이 벌어진 것이다. 그들은 아카데미가 주최한 대회에 테마 선택의 자유를 요구했다. 그러나 아카데미는 그들의 요구를 받아들이지 않았고, 그 결과 화가들이 대회 불참과 더불어 아카데미를 탈퇴하는 사태로까지 일이 커진 것이다.

이 사건과 연관하여 1870년대는 미술사에서 새로운 운동이 일어난 시기였다. 이 시기 유사한 사상, 예술적 경향을 띠고 활동했던 화가들을 '이동파 화가들'이라 부른다. 그들은 보수적인 아카데미 교육에 반기를 들고 창작의 자유를 요구했다. 사실주의 화풍을 특징으로 하는 그들의 최대 관심은 미술을 민중과 직접 연관시키는 것이었다. 그들은 러시아에 사는 모든 사람에게 동시대 예술작품을 감상할 기회를 주기 위해 러시아 전 지역을 순회하며 전시회를 열었다. '이동파'라는 명칭은 여기서 유래한 것이다. 그들의 활동은 1871년에서 1923년까지 약 50년간 48회에 걸쳐 지속되었다. 이동파 화가들은 민중의 삶에 밀착한 풍속화를 주로 그렸으나 러시아 자연의 아름다움에 눈뜨게 하는 풍경화 역시 많이 그렸다. 유럽에서 인상주의가 개화하고 있을 때, 러시아에서는 미술에서 민중성을 확립하기 위해 치열한 노력을 하고 있었다.

이동파 화가들의 활동은 기업가인 마몬토프와 트레티야코프의 후원이 있었기 때문에 가능했다. 마몬토프의 영지인 아브람체보에서는 화가들이 함께 거주하며 그림을 그렸고, 트레티야코프는 러시아 화가들의 작품을 수집하기 시작했으며, 화가들에게 당대 지식인이나 예술가들의 초상화를 그려 달라고 주문했다. 대표적인 작품이 크람스코이가 그린 톨스토이 초상화였다. 1892년 미술관을 시에 기증했을 때 트레티야코프가 수집한 회화는 1,276점에 달했다.

✳ 크람스코이

이반 크람스코이(1837~1887)는 미술 아카데미 탈퇴를 주동하고 이동파를 결성한 주역이었다. 하층민 출신으로 사상가이자 평론가이기도 했던 그는 진보적인 여론을 형성하면서 민족 예술을 확립해야 한다고 주장했다. 그는 사회의 부정에 대해 끊임없이 고민했으며 악에 대한 자신의 무력함 때문에 고통받았다. 이런 그의 심리가 잘 반영된 작품이 그의 대표작인 〈황야의 그리스도〉이다. 이 그림은 복음서에서 소재를 취한 것으로 40일 동안 금식하면서 사막에 홀로 앉아 깊은 고뇌에 잠겨 있는 예수를 묘사했다. 맨발에 두 손을 굳게 깍지 끼고 입술을 다문 예수의 형상은 러시아의 진보적 지식인의 정신적 고뇌를 대신 전달하고 있다는 평가를 받았다. 그의 얼굴에는 어떤 불의에도 굴하지 않겠다는

〈황야의 그리스도〉

결의가 배어 나오는 듯하다. 동터오는 새벽은 암울한 현실에 대한 한 가닥 희망을 비춰주는 것 같다.

또 다른 작품인 〈미지의 여인〉은 사실주의의 극치를 이루는 그림이다. 여인의 얼굴과 의상이 마치 사진처럼 세밀하고 정확히 그려져 있어 검은 벨벳의 촉감이 그대로 느껴지는 것 같다. 안개에 싸인 도시 배경을 흐릿하게 처리하고 인물을 또렷하게 부각시키는 기법은 〈황야의 그리스도〉와 유사하다. 상류사회의 여인인 듯 보이는 이 초상화의 주인공에 대해 알려진 바는 전혀 없다. 말 그대로 미지의 여인이다. 그래서인지 묘한 호기심을 자아낸다. 신비롭고 도도하며 러시아 여인의 전형적인 아름다움을 매력적으로 보여주는 이 그림은 트레티야코프 미술관의

〈미지의 여인〉

입장권에 인쇄될 정도로 이 미술관을 대표하는 그림이다. 영화 〈안나 카레니나〉에서 안나 역할을 맡았던 프랑스 여배우 소피 마르소가 이 그림을 본떠 안나의 의상을 입었다는 이야기도 전해진다. 당대 귀족들은 차갑게 아래로 내리까는 이런 눈길로 민중을 바라보았을까. 너무 지나친 사회적 해석일지도 모르겠다.

레핀

19세기 러시아 미술에서 딱 한 화가만 소개하라고 한다면 단연코 그 인물은 레핀이 될 것이다. 사실주의 회화의 거장이자 진정한 민중화가인 레핀의 위상은 지금까지도 그랬지만 앞으로도 견고할 것이다. 당대의 문학과 음악에서 보였던 사실주의, 민중적 세계관이 미술에서는 레핀에게서 최고조에 달했다. 일리야 레핀(1844~1930)은 미술 아카데미를 졸업한 후 완성한 첫 작품 〈볼가 강의 배 끄는 인부들〉로 일찌감치 화단의 비상한 관심을 받았다. 크람스코이의 제자였던 그는 곧 이동파에 합류했다. 그는 늘 러시아 현실에 관심을 가졌으며 민중은 그의 그림을 통해 당대 현실을 보는 법을 배웠다. 강한 사회적 메시지를 담고 있는 그의 작품들은 동시대에 대한 날카로운 비판이자 민중에 대한 연대 의식을 배태하고 있었다. 그는 중량감이 느껴지는 구성과 긴장감이 흐르는 화면 속에 러시아의 역사와 민중의 삶을 담아내었다. 또한 그는 인물 내면의 심리를 탁월하게 묘사했다.

〈쿠르스크 현의 십자가 행렬〉, 〈이반 뇌제와 그의 아들 이반〉, 〈아무도 기다리지 않았다〉 등의 풍속화와 역사화 그리고 톨스토이와 무소르그스키 등 예술가의 초상화를 비롯한 레핀의 걸작들은 어느 화가보다

〈볼가 강의 배 끄는 인부들〉

그 수에 있어서도 압도적이다. 그 많은 작품 중 가장 주목할 만한 레핀의 작품은 뭐니 뭐니 해도 〈볼가 강의 배 끄는 인부들〉일 것이다. 삼 년 동안의 노고 끝에 스물아홉 살의 청년 화가가 완성한 이 그림에 러시아 전체가 놀랐다. 이 그림은 이동파 운동의 성숙기를 여는 전환점이 되기도 했다. 1868년 여름 네바 강변을 산책하다가 인부들이 직접 뭍으로 배를 끌고 오는 원시적이고 야만적인 장면을 목격한 레핀은 큰 충격을 받았다고 한다. 그는 아카데미를 졸업하고 볼가 강으로 여행을 떠나 배 끄는 인부들의 실상을 직접 접했다. 그는 몇 주 동안 그들과 생활하면서 그들의 생활을 관찰하고 다양한 드로잉을 거친 후 마침내 이 기념비적인 작품을 완성했다.

남루한 차림의 노동자들 열한 명이 가슴에 밧줄을 두르고 커다란 바지선을 힘겹게 끌고 있다. 짐승처럼 참혹한 광경에 감상자들은 깊은 충격에 빠질 수밖에 없다. 러시아의 현실이 이 정도였던가. 그러나 볼가 강 인부들의 얼굴에서 레핀은 절망만이 아니라 인간적인 위엄을 보았다. 특히 화면 왼쪽에 배치된 두 번째 인물 카닌은 전직 성직자로서 내적 견고함을 지닌 인물로 묘사된다. 레핀에게 그는 '위엄 있는 성인'처럼 보였다. 그 옆에 '수병 담비'라는 별명을 가진 인부는 짐승처럼 번쩍이는 눈으로 분노를 분출하고 있다. 카닌이 러시아의 지혜롭고 강인한 민중의 현자를 대표한다면, 수병 담비는 모순에 찬 러시아 현실에 불만을 품은 인물을 대표한다. 아예 현실을 체념한 듯이 고개를 숙이고 몸을 축 늘어뜨린 이들도 있다. 그러나 화면 중앙의 어린 소년은 높이 먼 곳을 응시하면서 다가올 러시아의 미래를 상징하는 것만 같다. 러시아 민중의 고달픈 삶을 고스란히 드러내면서도 사회 정의에 대한 요구를 웅변하고 있는 이 위대한 작품은 러시아 미술관에 소장되어 있다.

1894년에 아카데미의 교수가 되어 후학을 양성하기도 했던 레핀은 상트페테르부르크에서 한 시간 남짓 떨어진 핀란드의 마을에 정착했다. 혁명 후 러시아와 국경이 막히는 바람에 레핀은 러시아로 돌아가지 않고 그곳에서 생을 마감했다. 현재 러시아 땅인 그 지역은 레핀을 기려 레피노라는 이름으로 불리고 있으며, 레핀이 거주했던 집은 레핀 박물관이 되어 매년 수많은 방문자를 맞이하고 있다.

풍경화가들 – 쉬시킨과 레비탄

러시아의 풍경화는 1860년대 사브라소프라는 화가가 개척했다. 이때부터 일상에서 보는 평범한 자연의 모습이 그림의 소재가 되기 시작했다. 겨울이 긴 러시아에도 사계절이 있다. 도시에서는 느낄 수 없는 계절의 변화와 러시아 자연의 독특한 아름다움을 화가들은 화폭에 담아냈다. 일명 러시아 무드 풍경화라고 일컬어지는 최고 수준의 리얼리즘 풍경화가 이 시기 활짝 꽃피었다. 무드 풍경화라는 명칭은 아마도 화가의 눈에 비친 주관적인 감흥이 그림에 더해졌기 때문에 붙여졌을 것이다. 무드 풍경화에서 느껴지는 서정적 아름다움은 러시아 회화가 주는 매력 중 단연 으뜸이라 할 만하다.

러시아의 풍경화가를 대표하는 이반 쉬시킨(1832~1898)은 이동파의 창립 멤버로 미술 아카데미의 교수였다. '러시아 숲 풍경'의 새로운 장르를 개척한 것으로 평가받는 그는 러시아의 처녀림, 특히 북러시아의 인적이 드문 숲을 많이 그렸다. 그의 그림 〈자작나무 숲속의 개울〉은 엄청난 높이의 자작나무가 군락을 이룬 숲을 묘사했다. 손과 머리로 물동이

〈자작나무 숲속의 개울〉

를 운반하는 아낙네들은 아주 작은 모습으로 그려져 있다. 숲 가운데를 흐르는 개울은 아무 소리도 내지 않고 숲의 정적은 무엇으로도 깨지지 않을 것 같다. 평화로움과 고요만이 그림을 꽉 채우고 있는 느낌이다. 이것이 쉬시킨의 눈에 보인 북부 러시아 숲의 전형적인 모습이었다.

〈겨울〉이라는 그림은 아예 인적이 끊어지고 눈의 왕국으로 변해버린 러시아 숲을 보여준다. 사진으로 착각할 정도로 디테일이 너무나 완벽하다. 곧게 뻗은 전나무들의 위용, 대지를 두툼하게 뒤덮은 눈은 러시아의 강인한 정신을 보여주는 듯하다. 온통 눈으로 덮여 있지만 오히려 포근하고 고즈넉한 느낌을 주는 그림을 보고 있자면 온갖 시름이 가시는 것만 같다. 이 자연의 굳건함과 평온함에 비한다면 인간이 걱정하고 불안해하는 것들은 얼마나 사소해 보이는가. 이 두 그림은 모두 러시아 미술관에서 만날 수 있다.

〈겨울〉

무드 풍경화의 최고봉을 완성한 화가는 이삭 레비탄(1860~1900)이다. 레비탄과 깊은 우정을 나누었던 작가 체홉은 그를 자기 시대의 가장 위대한 풍경화가로 여겼다고 한다. 가난한 유대인 가정에서 태어난 그는 모스크바 조각 회화 건축학교를 졸업했다. 이동파의 젊은 세대에 속하는 그는 이전 선배들의 영향을 흡수하여 자신만의 독자적인 회화 세계를 구축했다. 그의 그림은 사색적이고 심지어 명상적이기까지 하다. 레비탄의 그림 앞에 서면 어떤 경건함에 사로잡히는 느낌마저 든다. 〈고요한 수도원〉이라는 작품이 대표적이라 할 수 있다. 강을 사이에 두고 반대편에서 보는 수도원의 건물들은 숲에 가려져 있다. 세상의 번잡함에서 멀리 떨어져 수도 생활을 하는 이들의 거처인 수도원은 인간이 만든 건축물이지만 이미 자연과 하나가 되어 있다. 그곳에는 안식과 평화만이 깃들어 있을 것 같다. 이 조용한 수도원은 그림을 감상하는 사람들을 고요함의 세계로, 마음 속의 평정으로 초대한다. 모든 일을 멈추고 잠시 자기 내면을 돌아보라고 말이다.

〈고요한 수도원〉

레비탄이 죽기 전 삼 년 동안이 그의 일생 중 가장 생산적인 시기였다고 한다. 말년에 그는 프랑스 인상주의의 영향을 받았으나 인상주의 화가가 되지는 않았다. 1897년의 〈황금 가을〉에서 자연의 빛을 듬뿍 받은 인상주의의 영향이 엿보인다. 10월 중순에서 하순까지 짧게 지속되는 러시아의 황금 가을을 화폭에 담았다. 너무나 아름다워서 눈물이 날 것 같은 러시아의 찬란한 황금빛 가을이 그림에서 시선을 돌릴 수 없게 만든다. 레비탄의 두 그림은 모두 트레티야코프 미술관에 전시되어 있다.

〈황금 가을〉

03 | 20세기 러시아 미술

20세기에 들어서 러시아 미술은 큰 변화를 겪게 된다. 여전히 이동파 화가들이 활동하고 있었으나, 그들이 표방해온 사실주의 외에 다양한 경향의 회화가 등장한다. 이 시기 미술을 한마디로 '아방가르드'라는 표현으로 집약할 수 있을 것이다. 상징주의[31], 광선주의[32], 입체-미래파[33], 추상파, 절대주의[34], 신원시주의[35] 등 다양하고 전위적인 경향을 지닌 화가들이 왕성한 실험을 감행했다. 그들은 당대 모더니즘을 대표하는 시인들, 작곡가들, 철학자들과 공명하면서 20세기 초의 문예부흥을 이끌었다.

1908년에서 1910년까지 모스크바에서는 세 차례에 걸쳐 살롱전이 개최되었는데, 당대 러시아 화가뿐 아니라 세잔느, 고흐, 마티스 등 프랑스 화가들의 작품도 전시되었다. 샤갈은 1910년에 처음으로 자신의 그림을 이 전시회에 출품했다. 1910~1911년에는 세잔느의 영향을 받은 〈다이아몬드의 잭〉이라는 그룹이 전시회를 열었고, 1912~1913년에는 프랑스 야수파의 영향을 받은 〈당나귀 꼬리〉라는 그룹이 전시회를 개최하는 등 러시아 미술계는 그 어느 때보다 풍요로운 시기를 맞이했다. 러시아 아방가르드는 1932년까지 지속되었으며 혁명의 열기 속에서 최고조에 달했다. 정해진 규칙을 거부하는 아방가르드의 특성상 이들은 1934년에 시작된 사회주의 리얼리즘과 충돌하고 쇠퇴의 길을 걸을 수밖에 없었다.

브루벨

미하일 브루벨(1856~1910)은 러시아 미술이 아방가르드로 넘어가는 시기에 교량 역할을 한 화가이다. 1890년대에 들어서 그는 서구 모더니즘의

31) 상징적인 이미지로 감정이나 개념을 표현하는 회화. 고대 신화나 중세적 상징을 자주 사용한다.
32) 빛의 광선을 주제로 형태와 사물을 해체하여 순수한 색채와 선, 빛의 역동성을 시각화한 실험적인 회화 양식. 미하일 라리오노프, 나탈리아 곤차로바가 창시했다.
33) 프랑스의 입체주의와 이탈리아의 미래주의를 결합한 혼합 양식. 다양한 시점을 배치하고 속도감과 에너지를 강조한다. 기계와 도시, 현대성을 표현하며 블라디미르 타틀린이 대표적인 화가다.
34) 회화에서 사물을 제거하고 순수한 감정과 형태만 남기고자 하는 경향으로 카지미르 말레비치가 창시했다.
35) 러시아의 전통 민속 미술의 부흥을 꾀하며 독자적 화풍을 추구하는 경향. 미하일 라리오노프, 나탈리아 곤차로바를 중심으로 샤갈, 말레비치, 타틀린 등과 같은 화가들이 대표적이다.

특징인 개인의 우수와 고독, 절망, 좌절 등의 염세주의적 요소들을 그림에 반영하기 시작했다. 매우 개인주의적인 성향을 가진 그는 자신만의 독특하고 환상적인 화풍을 개척했다. 그는 마몬토프의 후원으로 아브람체보에서 도예, 스테인드글라스, 무대장식, 의상 디자인 등 다양한 분야에서 재능을 나타냈다. 그는 문학, 음악, 오페라 등 장르 간 통합 활동을 한 선구적인 화가였다. 신화, 성서, 영웅서사시와 문학작품을 주제로 한 작품을 많이 그렸던 그의 작품 중에서 가장 유명한 것은 악마 연작이다.

〈앉아있는 악마〉

악마는 세기 말에 유행했던 테마였다. 지상에서도 천상에서도 위안을 찾지 못하고 세상과 불화하는 자, 악마는 브루벨의 작품을 관통하는 키워드이다. 대표작인 〈앉아있는 악마〉는 푸쉬킨과 동시대 작가였던 레르몬토프의 시 "악마"의 내용에서 주제를 가져왔다. 앉아있는 악마는 근육질의 아름다운 청년의 모습을 하고 서글픈 눈으로 앞을 응시하며 어두운 상념에 잠겨있다. 배경에 칠해진 보라색은 '낮도, 밤도, 황혼도, 여명도 아닌'

혼돈의 시간을 상징한다. 악마의 발밑에는 화려한 꽃들이 모자이크처럼 그려져 있다. 브루벨은 칼 모양의 주걱으로 꾹꾹 누르듯이 크리스탈 결정 같은 필법으로 꽃들을 그렸다. 굳게 깍지 낀 손과 우수에 젖은 눈빛이 악마의 공허한 내면, 절대고독을 보여주는 듯하다. 그림 속의 악마는 절대악의 화신이 아니라 고통받고 상처 입은 영혼의 상징이다. 악마의 영혼과 자신을 동일시해서일까. 안타깝게도 브루벨은 생의 마지막 4년간 심한 정신질환을 앓았다고 한다. 그림은 트레티야코프 미술관에 소장되어 있다.

✳ 추상파 - 칸딘스키와 말레비치

바실리 칸딘스키(1866~1944)는 러시아 추상파 미술의 탄생과 연관된다. 초기에 러시아 민속 미술에 관심을 가졌던 그는 뮌헨의 미술 대학에서 회화 수업을 받은 후 1909년부터 추상의 길로 접어들었다. 추상파 미술은 현실 세계의 형태를 파괴하여 추상적인 선과 형태로 변형시켜 예술의 재현성을 부정하고 정신적인 가치와 색채에 대한 탐구를 중시했다. 칸딘스키는 예술의 가장 중요한 내용은 정신적인 것이라고 생각했으며, 기하학적 배치와 색채를 통해 고도의 정신성을 표현할 수 있다고 믿었다. 그는 『예술에 있어서 정신적인 것에 관하여』라는 책을 쓴 예술 이론가이기도 했다. 모스크바 대학 미술학과 교수로 활동하기도 했던 그는 혁명 후 독일로 돌아갔다. 바우하우스라는 도시에서 점, 선, 면, 색채의 구성이 회화적 표현의 원천이라는 이론을 폈으며 그 이론을 회화에 적용했다. 칸딘스키는 회화에서 색채가 갖는 중요성을 "색채는 건반이며 눈은 줄을 때리는 해머다. 영혼은 현이 많은 피아노라고 할 수 있다. 미술가는 우리 영혼이 울림을 얻도록 이 건반, 저 건반을 두드리는 피아니스트의 손이다."라는 말로 분명히 표현했다. 예술가가 자연에서 어떤 감정을 느끼고 그것을 색채와 조형을 통해 표현하면 그것이 감상자로 하여금 어떤 느낌을 갖게 한다는 것이 그의 주장이었다. 대표적인 그림으로는 〈푸른 산〉, 〈즉흥〉, 〈구성〉 연작 등이 있다.

〈구성〉

카지미르 말레비치(1878~1935)는 칸딘스키와 더불어 현대 추상미술의 선구자로 불린다. 그는 초기 신원시주의[36]를 거쳐 1913년에는 입체미래파[37]적인 경향을 보였고, 마침내 1915년에 수프레마티즘, 일명 절

36) 프랑스의 고갱, 마티스 등 야수파의 영향을 받아 이국적인 정취와 중동의 원시주의적인 양식을 차용한 미술 경향을 말한다. 곤차로바와 라리오노프가 대표적이며, 러시아 민속 예술에서 예술적인 영감을 받았다. 이콘의 역원근법 등을 활용하기도 했다.

37) 피카소로 대표되는 프랑스 입체파와 마리네티가 대표하는 이탈리아 미래주의적 요소에 러시아의 신원시주의가 결합된 독특한 종합 예술 경향이다. 입체 미술파 화가들은 대상을 해체시키고 해체된 부분들을 다시 결합하여 여기에 새로운 의미를 부여했다. 그럼으로써 역동적인 움직임과 리듬감이 창조된다고 생각했다.

대주의에 도달했다. 이 해 그는 '제로', 즉 완전한 비구상을 지향하는 10명의 화가들이 여는 전시회라는 뜻의 〈0, 10〉전(展)에 그의 대표작인 〈검은 사각형〉을 출품했다. 그는 마치 방의 붉은 구석에 이콘이 놓이듯이 전시장 구석 벽과 벽이 맞닿은 모서리 꼭대기에 이 그림을 걸었다. 흰 바탕에 검은 정사각형만이 그려져 있는 이 그림에 대해 말레비치는 "절대주의는 모든 회화를 흰 바탕의 검은 사각형 속으로 집어넣는다."라고 선언했다. 마치 모든 것을 빨아들이는 블랙홀처럼 검은 사각형은 부재(不在) 자체를 나타낸다.

내적이고 본질적인 세계에 관심을 가졌던 말레비치에게 대상의 부재를 알려주는 가장 순수한 형태는 사각형이었고, 검은색은 부재와 무를 의미했다. 현실 자체를 부정하지 않았던 칸딘스키와 달리, 말레비치는 현실의 법칙을 완전히 벗어나 초월의 세계로 나아가고자 했다. 검은 사각형은 현대 미술의 전환점이 되었고 현실세계를 재현하던 과거와 완전히 결별했다. 말레비치의 미술은 후대의 미술가들에게 풍요로운 영감의 원천이 되었으며 현재까지도 그의 영향력은 고갈되지 않고 있다. 〈검은 사각형〉은 트레티야코프 미술관에서 만날 수 있다.

〈검은 사각형〉

✳ 샤갈

샤갈

마르크 샤갈(1887~1985)은 빈센트 반 고흐와 더불어 한국인이 가장 사랑하는 화가로 손꼽힌다. 벨라루스 출신의 샤갈이 언제까지 러시아 미술사에서 다뤄질지는 모르겠으나 그가 "러시아 화가라는 명칭은 어떤 국제적 명성보다 나에게 더 의미가 있다"라고 말했다 하니 샤갈 자신에게 러시아 화가라는 정체성은 분명했던 것 같다. 샤갈은 현 벨라루스의 수도 비테프스크에서 태어난 유태인이었다. 비테프스크라는 고향 도시와 유태인이라는 민족적 정체성은 샤갈의 예술 세계에서 가장 중요한 핵심 키워드다. 비테프스크는 하나의 장소라기보다 샤갈의 어린 시절 추억이 담긴 예술적 장소로 신화적 이상이다. 그는 자신의 환상적인 그림으로 비테프스크를 꿈의 세계로 재창조했다.

샤갈은 동시대 아방가르드 화가들과 교류하면서도 어떤 유파에도 합류하지 않고 자신만의 독자적인 길을 걸었다. 그의 그림은 초현실적이고 몽환적이며 환상적이지만 비구상(非具象)을 지향하지는 않는다. 상트페테르부르크에서 회화 수업을 받은 그는 1910년 파리로 가서 그로테스크하고 환상적인 화풍으로 파리 화단의 주목을 받았다. 이때 그린 〈나와 마을〉에서 그는 비테프스크의 유태인 사회와 그들의 일상을 묘사했다. 고향에 대한 애틋한 그리움이 묻어나는 이 그림에서 특히 주목

〈나와 마을〉

할 것은 동물들이다. 샤갈은 하시디즘 전통의 유대교를 믿었는데, 하시디즘에서는 동물을 성스럽게 여기고 사람이 죽은 후 그 영혼이 동물의 몸으로 들어간다고 믿었다. 그래서 그의 그림에서는 인간과 동물이 매우 친밀한 관계로 등장한다. 그림에 얼굴이 그려진 소는 마치 사람과 대화를 나누는 것만 같다. 안타깝게도 이 그림은 러시아가 아닌 뉴욕 현대 미술관에 소장되어 있다.

1914년 다시 상트페테르부르크로 돌아온 샤갈은 혁명 후 정치적 몰이해, 말레비치와의 갈등 등으로 1922년 망명해 파리에 정착했다. 2차 대전이 일어나자 미국으로 다시 망명을 떠나고 전쟁 후 프랑스로 돌아온 그는 98세까지 그곳에서 살며 20세기 최고의 세계적인 화가로 명성을 얻었다.

〈도시 위에서〉

샤갈의 첫 부인이었던 벨라는 그의 창작에 또 다른 큰 영감의 원천이 되었다. 유명한 〈도시 위에서〉라는 그림은 샤갈이 그녀와 결혼한 직후에 그린 그림이다. 1차 세계대전 중이었음에도 불구하고 중력을 초월한 듯 도시 위를 나는 두 사람은 마냥 행복해 보인다. 러시아 전통 목조 건물과 정교 성당, 나무 울타리, 보일 듯 말듯 작게 그려진 한 남자 등 그림은 따스하고 정겹다. 2004년 서울시립미술관에서 기획한 샤갈전을 통해 50만 명의 한국 관객이 이 그림을 직접 볼 수 있는 축복을 누렸다. 현재 그림은 트레티야코프 미술관에 소장되어 있다.

샤갈의 회화에서 색채가 갖는 중요성은 아무리 강조해도 지나치지 않다. "예술에서도 사랑이 바탕이 되면 모든 것이 가능하다는 것을 색채를 통해 보여주고 싶었다. 색채는 바로 사랑이다."라는 샤갈의 말이 이를 증언한다. 평생을 라이벌로 지낸 피카소조차도 샤갈의 색채를 극찬했다. 특히 초록색은 안정감과 고향에 대한 향수, 그리고 〈나와 마을〉, 〈도시 위에서〉처럼 샤갈 자신을 상징하는 색이다.

샤갈의 창작에서 가장 중요한 기간은 1931~1939, 1952~1956년까지 성서를 주제로 그림을 그렸던 시기이다. 이 시기 그는 구약의 사건들을 소재로 하여 다양한 성서 이야기를 그렸는데, 이 주제로 도자기와 조각 그리고 유럽 성당들의 스테인드글라스를 제작하기도 했다. 그의 작품은 성서에 대한 시적 해석으로 천상의 메시지를 전한다는 평가를 받았다. "나는 성서야말로 시대를 불문하고 시문학의 가장 위대한 원천이라고 믿었습니다. 나는 늘 성서를 삶과 예술에 반영하고자 했습니다."라는 샤갈의 고백은 그가 왜 성서 연작에 애착을 가졌는지 설명해준다. 그는 1964년에 앙드레 말로의 의뢰로 파리 오페라 극장의 천장화를 그리기도 했다. 발레와 오페라 작품을 암시하는 장면들로 구성된 이 작품으로 그는 프랑스 문화계에서 핵심적인 인물로 떠올랐다.

1973년 소련을 방문한 샤갈은 열광적인 환영을 받지 못했음에도 불구하고 감개무량하였다. 그러나 그는 그토록 사랑했던 비테프스크로 돌아가지는 못했다. 그는 1985년 남부 프랑스 생폴드방스에서 자연사하여 그곳의 묘지에 묻혔으며, 니스에는 살아있을 때 그의 이름을 딴 샤갈 미술관이 개관되었다.

8장

러시아 음악

01 | 러시아 민요

19세기 러시아 음악은 지리적, 종교적 이유로 유럽과는 다른 발전 양상을 보였다. 그때까지 러시아에는 크게 두 가지 음악이 주류를 이루고 있었다. 첫째는 농경 생활, 혹은 영웅들의 무용담을 노래하고 러시아 민족의 희로애락을 풍부하게 반영했던 민속 음악이었다. 이런 민요는 대부분 구전되었으며 러시아 민족의 집단적인 창작물로서 저자를 알 수 없는 경우가 많았다. 둘째는 예배 중 악기를 사용하지 않고 인간의 목소리만으로 노래하는 정교회 성가였다. 정교회 성가는 비잔틴의 영향을 받아 처음에는 단성 성가만 있었으나, 17세기 이후부터는 다성 성가도 나타나기 시작했다.

많은 러시아 민요 중 대표적인 노래 "칼린카"의 가사를 소개하겠다.

칼린카, 칼린카, 나의 칼린카! 정원 안에 들딸기, 산딸기가 있네, 나의 산딸기!
아, 소나무 아래, 푸른 소나무 아래, 잠들도록 나를 눕혀 주세요!
아, 좋구나, 좋아, 아 좋구나, 잠들도록 나를 눕혀 주세요!
칼린카, 칼린카, 나의 칼린카! 정원 안에 들딸기, 산딸기가 있네, 나의 산딸기!

아, 너 푸른 소나무야, 내 위에서 소리를 내지 말거라!
아, 좋구나, 좋아, 아 좋구나, 좋아, 내 위에서 소리를 내지 말거라!
칼린카, 칼린카, 나의 칼린카! 정원 안에 들딸기, 산딸기가 있네,
나의 산딸기!
아, 아름다운 여인이여, 순수한 영혼이여, 나를 사랑해 주세요!
아, 좋구나, 좋아, 아 좋구나, 좋아, 나를 사랑해 주세요!

사랑하는 여인을 들딸기, 산딸기에 비유하며 그 여인의 사랑을 갈구하는 내용으로 경쾌하고 빠른 리듬과 반복되는 가사가 특징적이다. 보통 발랄라이카 등 전통악기의 반주에 맞춰 전통의상을 입고 민속춤을 추며 부르는 경우가 많다.

02 | 19세기 러시아 음악

18세기 말에 이르러 러시아 귀족들은 표트르 대제의 서구화 영향으로 이탈리아 오페라에 많은 관심을 보였다. 일부 부유한 귀족들은 자신의 집에 농노로 구성된 오케스트라와 합창단, 심지어 극장까지 가지고 있었다. 이 시기 러시아 궁정과 극장에서 활동하는 대부분의 음악가들은 서유럽에서 온 이들이었다. 유럽에 이름이 알려질 만한 뛰어난 러시아 작곡가들은 19세기가 되어서야 비로소 등장하였다.

글린카

러시아 음악의 아버지라고 불리는 미하일 글린카(1804~1857)는 러시아 근대 음악의 토대를 놓은 인물이다. 그의 음악은 국민악파 5인조뿐만 아니라 차이콥스키에게도 영향을 미쳤다. 글린카는 어린 시절에 시골에

서 자라면서 민요와 정교회 음악을 들을 기회가 많았다. 이런 점이 후에 그의 음악에 러시아의 민족적 특성을 덧입히는 데 도움이 되었다.

글린카

글린카는 체계적인 음악 교육을 받은 작곡가가 아니었다. 당시 러시아에 음악 학교가 없었기 때문이었다. 당시 러시아 귀족들은 성인이 되면 공직에 취임하거나 장교로서 복무하는 길을 걸었다. 글린카 역시 관리로 근무하다가 20대 중반이 되어서야 이탈리아와 독일로 가서 체계적이지 않지만 음악 교육을 받게 되었다. 그는 이탈리아에 머무는 동안 이탈리아 오페라 작곡가들의 기법으로 러시아적 주제를 표현하려고 했었으나 그런 방법이 적합하지 못하다는 결론에 이르게 된다. 러시아적 주제를 담으려면 러시아적인 스타일이 필요했다.

러시아로 귀국한 후 글린카는 1835~1836년에 러시아 스타일의 국민주의적 오페라를 작곡해 큰 성공을 거두게 된다. 바로 그 작품이 〈이반 수사닌(또는 황제를 위해 바친 목숨)〉이라는 애국주의적 오페라이다. 이 오페라는 러시아 로마노프 왕조의 시조인 미하일 로마노프 시기를 다룬다. 폴란드군이 러시아를 침략했을 때, 이반 수사닌이라는 농노가 자신의 생명을 희생하면서 폴란드군을 숲속으로 유인해 폴란드군을 전멸시킨다. 이 작품은 이탈리아와 프랑스 오페라의 모델을 따르고 있지만, 러시아 민속 음악에서 가져온 멜로디가 오페라 선율에 잘 구현되어 있다. 에필로그에 나오는 대관식 장면 중 장엄한 군중 합창은 무소르그스키의 오페라 〈보리스 고두노프〉 1막에 나오는 대관식 장면 합창에도 큰 영향을 주었다.

글린카가 1837~1842년에 쓴 두 번째 오페라 〈루슬란과 류드밀라〉는 친구인 푸쉬킨의 서사시 내용에 바탕을 두었다. 당시로서는 다소 에로틱한 장면 때문에 초연 때 청중으로부터 냉담한 반응을 받았다고 한다. 동화적인 이 작품의 서곡은 아주 유명하여 따로 떼어서 자주 연주되는데, 매우 빠르면서 경쾌하고도 화려한 악상에 거침없이 흐르는 선율이 특징이다. 이 작품에서는 러시아 전통 악기인 구슬리 소리를 모방했고, 3막의 페르시아 합창을 포함한 동양적 선율이 오페라에 많이 사용되었다. 또한 마법사 체르노모르 행진곡의 그로테스크한 특징은 후배 러시아 오페라 작곡가들에 의해 계승될 정도로 러시아 음악의 모델이 되었다. 하지만 이 작품은 유럽 음악의 영향에서 완전히 벗어나지는 못했다. 러시아 민족 고유의 음악에 유럽 음악의 기법이 가미된 작품이라고 볼 수 있다. 글린카는 이 두 작품으로 향후 러시아의 민족 음악이 나아갈 방향을 제시해 주었다.

국민악파 5인조

19세기 중반 상트페테르부르크에는 미학적, 정치적 관점이 비슷한 5명의 진보 성향의 작곡가 그룹이 있었다. 이 그룹은 일명 '강력한 한 줌', '5인조'라고 불렸다. 모두 공식적인 음악 교육을 거의 받지 않았고 자신의 직업을 가지고 있는 이들이었다. 그들은 그룹의 리더 밀리 발라키레프(1837~1910), 공병 장교 체자르 큐이(1835~1918), 화학교수 알렉산드르 보로딘(1833~1887), 근위대 장교 모데스트 무소르그스키(1839~1881), 해군장교 니콜라이 림스키 코르사코프(1844~1908)였다.

5인조는 러시아 민족의 전통문화와 사상의 보존을 강조하는 슬라브주의자들의 입장에 선 이들이었다. 슬라브주의자들은 표트르 대제의 서구화 개혁에 반대했기에 5인조의 음악 또한 표트르 대제의 개혁 이전 시기의 역사에 많은 관심을 기울였다. 5인조가 이처럼 역사적 주제를 많이 다룬 이유는 과거의 민중을 묘사함으로써 당대 사회에 대한 자신들의 관심을 표현하고자 했기 때문이다. 또한 이들은 수입된 유럽 음악과 음악가들이 러시아 음악을 지배하고 있는 것에 분개하였다. 따라서 이들은 표트르 대제 이전의 역사적 주제뿐만 아니라, 러시아 민중들의 정서를 잘 반영하고 있는 민요와 같은 민속 음악, 정교회 음악, 오리엔탈리즘 선율을 중요하게 생각하였다. 그리고 이런 러시아적 스타일의 내용물을 음악이라는 그릇으로 표현해내기 위해서는 오페라라는 장르가 최적이라는 결론에 이르게 되었다. 이런 이유로 5인조 음악에서 음악과 시를 유기적으로 결합한 오페라가 중요한 위치를 차지하게 되었다. 따라서 5인조는 자연스럽게 러시아 국민주의 오페라의 토대를 놓은 글린카를 숭배했다.

5인조는 전문적 음악 교육을 받지 않았기 때문에 발전된 기법의 음악 양식을 구현하고자 했을 때는 한계에 부딪히게 되었다. 투르게네프의 말대로, 러시아 예술가들이 유럽의 영향을 뛰어넘고 자신들의 예술에 국민적 특성을 각인시키려면, 러시아 예술가들의 수준이 유럽 수준만큼 높아져야 했다. 5인조 중 한 사람인 림스키 코르사코프가 상트페테르부르크 음악원의 교수가 되어서야 5인조의 음악적 수준은 한층 높아졌다.

✳ 무소르그스키

무소르그스키

러시아 근위대 장교와 공무원으로 근무했던 무소르그스키는 5인조 중에서 가장 독창적인 방법으로 음악에서의 사실주의를 실현한 작곡가라고 말할 수 있다. 음악적 사실주의를 표현하기 위해서 그는 러시아의 민속 선율을 사용했다. 그는 대담한 화성과 변칙적인 리듬을 많이 사용한 것으로 유명하다.

첫 번째로 중요한 그의 작품은 1869년에 작곡한 국민주의 오페라 〈보리스 고두노프〉이다. 역사적 주제에 관심이 많았던 무소르그스키는 17세기 초 루시의 통치자였던 보리스 고두노프를 소재로 한 푸쉬킨의 희곡 「보리스 고두노프」의 내용을 바탕으로 이 오페라를 작곡했다. 푸쉬킨과 무소르그스키는 이 작품에서 러시아 민중을 역사의 주체로 등장시켰다는 공통점을 가지고 있다. 길고 무겁고 장중한 스타일의 오페라는 아름다운 선율이 강조되는 이탈리아 오페라와 달라 듣기가 힘들게 느껴질 수 있다. 1막에서 크렘린을 배경으로 울려 퍼지는 보리스 고두노프의 대관식 장면 합창은 글린카의 오페라 〈이반 수사닌〉의 영향을 받았으며, 정교회의 종소리가 음악으로 잘 표현된 것으로 유명하다.

두 번째 중요한 작품은 1874년에 작곡된 피아노 모음곡 〈전람회의 그림〉이다. 이 작품은 무소르그스키가 화가 친구인 가르트만(영어식 표기로는 하르트만)의 유작 전시회를 보고 느낀 감흥을 피아노 모음곡으로 작곡한 것이다. 현재는 프랑스 작곡가인 모리스 라벨의 관현악 편곡으로도 많이 연주되고 있다. 전부 10개의 그림을 묘사하는 피아노곡이 있고 사이 사이에 산책(프롬나드)이라는 피아노곡이 있어서, 마치 천천히 산책하면서 그림을 감상하는 것 같은 느낌을 받게 된다. 10개의 모음곡 중 아홉 번째 곡 '닭 다리 위의 집, 바바 야가'와 열 번째 곡 '거대한 대문'이 가장 러시아적인 작품이라고 할 수 있다.

세 번째 중요한 작품은 1867년에 작곡된 교향시 〈민둥산의 하룻밤〉이다. 이 곡은 러시아와 우크라이나에서 여름에 기념하는 '세례자 요한 축제 전야'를 시간적 배경으로 하고 있다. 이날에는 악마 왕이 출현하여 가장 활발하게 활동하며, 어둠의 정령들이 모여 악마 왕을 찬미한다. 작품의 제목인 민둥산은 우크라이나 키예프 근처에 있는 동유럽 민속 설화에 나오는 민둥산을 가리킨다. 이 민둥산에서 악마와 어둠의 정령, 마녀들이 광란의 축제를 벌이던 중, 마을에서 성당의 종소리가 들려오면서 '세례자 요한 축제' 날이 시작된다. 그러자 악마와 그 졸개들은 힘을 잃고 사라져 가며 새벽이 온다는 내용이다. 이런 내용을 배경으로 하고 있기에 처음부터 비명을 지르는 듯 기분 나쁘고 괴기한 음악이 들려온다. 음악은 어둠의 세력들이 소란스러운 축제를 벌이는 장면을 연상시킨다. 그러다가 갑작스러운 종소리 이후에는 악마가 자취를 감추고 고요하게 음악이 끝난다. 무소르그스키는 알코올 중독으로 일찍 사망한 탓에 몇 작품을 미완성으로 남기게 되었다. 미처 끝내지 못한 작품들은 림스키 코르사코프에 의해 완성되어 빛을 보게 되었다.

✳ 림스키 코르사코프

림스키 코르사코프

림스키 코르사코프는 해군 장교 출신으로 5인조에서 제일 나이가 어렸다. 그는 러시아 작곡가 중에서 가장 많은 오페라를 작곡했다. 그는 러시아의 동화, 역사, 전설을 주제로 하는 15개의 오페라를 작곡했다. 림스키 코르사코프는 러시아적 스타일의 음악을 작곡하기 위해 음악적 오리엔탈리즘[38]이라고 불리는 이국적인 화성, 멜로디, 리듬을 러시아의 민속 음악과 함께 사용하였다. 그의 음악은 활력이 넘치고 낙관적인 분위기를 드러낸다.

그가 장교 신분으로 무료 음악 학교에서 음악활동을 하고 있던 중 상트페테르부르크 음악원에서 그를 교수로 채용했다. 그는 무료 음악 학교에 있을 때는 전통적인 서구의 작곡 기법을 피했으나, 음악원의 교수가 된 이후에는 서구의 음악 기법을 수용했다. 그는 3년 동안 스스로 작곡 기법을 전문적으로 습득하는 데 심혈을 기울였고, 그 결과 러시아에서 화려한 관현악법의 대가가 되었다. 그래서인지 오늘날 상트페테르부르크 음악원은 그의 이름을 따서 불리고 있다.

---

38) 여기서 오리엔탈리즘이란 주로 러시아의 동쪽에 있는 페르시아풍의 음악을 의미한다.

림스키 코르사코프의 작품 중 가장 유명한 것은 1888년에 작곡된 이국적이고도 관능적인 교향적 모음곡 〈셰헤라자데〉 Op.35이다. 작품의 제목인 〈셰헤라자데〉는 『천일 야화』에 나오는 여성의 이름이다. 『천일 야화』에 따르면, 술탄 샤리아르는 왕비의 부정을 겪은 후에 모든 여성은 거짓되고 믿을 수 없다고 확신하면서, 결혼 첫날밤을 보낸 후 아내들을 죽이기로 맹세하고 실제로 실행했다. 그런데 셰헤라자데는 죽음을 모면하기 위해 천일 밤 동안 술탄에게 매혹적인 이야기를 해 줌으로써 술탄의 호기심을 자극했다. 그 결과 술탄은 셰헤라자데를 사형하기로 했던 계획을 계속 연기했고, 마침내 아내를 죽이기로 했던 자신의 맹세를 무효로 만들었다. 〈셰헤라자데〉에서는 큰 파도가 넘실대는 것을 표현한 부분을 주목해 듣기를 추천한다. 이야기를 들려주는 셰헤라자데의 목소리는 바이올린 솔로로 표현되었다. 페르시아의 특성을 반영하는 이국적인 동양의 선율이 잘 나타난 이 작품의 1악장은 김연아를 비롯한 피겨 스케이터들이 경기에서 많이 사용한 음악으로도 유명하다.

두 번째 중요한 작품은 1900년에 작곡된 동화적 성격의 오페라 〈차르 살탄의 이야기〉에 나오는 “왕벌의 비행”이다. 이 곡은 푸쉬킨이 지은 스카즈카(구전 이야기)를 원작으로 림스키 코르사코프가 작곡한 오페라의 2막 1장에 나온다. 오페라의 내용은 다음과 같다. 모함으로 어머니와 함께 왕국에서 쫓겨난 왕자가 악마의 섬에 도착했다가 솔개의 공격을 받는 백조를 구한다. 백조는 왕자의 도움에 감사하여 기적을 베푸는데, 어느 날 아버지를 보고 싶어 하는 왕자의 소원을 들어주어 왕자를 왕벌로 변하게 한다. 바로 이 대목에 나오는 음악이 “왕벌의 비행”인데 왕벌이 움직이는 날갯소리가 실감 나게 묘사되어 있다. 오케스트라 연주뿐만 아니라 피아노 버전도 있는데, 세르게이 라흐마니노프의 피아노 버전이 가장 유명하다.

✳ 차이콥스키

차이콥스키

표트르 차이콥스키(1840~1893)는 러시아 최초의 세계적인 작곡가이다. 차이콥스키에 이르러 러시아 고전음악은 비로소 유럽과 어깨를 나란히 할 수 있었다. 차이콥스키는 동시대에 활동한 5인조와는 몇 가지 점에서 차이를 보인다. 우선, 전문적 음악 교육을 받지 않은 5인조와 달리 차이콥스키는 1862년에 독일 출신인 안톤 루빈쉬테인이 러시아 음악의 전문화를 위해 황실의 후원을 받아 설립한 상트페테르부르크 음악원을 최초로 졸업했다. 그는 유럽의 음악을 배우고 좇아가려는 경향이 있었던 이 음악원에서 유럽식 음악 교육을 받았으며, 음악원 졸업 후에는 1866년에 안톤의 동생 니콜라이 루빈쉬테인이 개원한 모스크바 음악원 교수로 취임하였다. 이 두 음악원에서는 현재까지도 많은 작곡가와 연주가가 배출되고 있다.

5인조가 러시아적, 동양적 선율과 주제를 유럽의 고전적 음악 형식이 아니라 러시아적 음악으로 표현했다면, 차이콥스키는 동양적 선율이나 주제는 사용하지 않았고 러시아적 민속 선율을 고전적 유럽 음악의 형식으로 담아냈다. 또한 그는 단순히 민요를 작품에 빌려다 쓴 것이 아니라, 민속 음악에서 하나의 모티프를 뽑아낸 후 전통적 유럽 음악 형식으로 변주시켰다. 그리고 민요뿐만 아니라 정교회의 전례 음악과 종소리 역시 유사한 방식으로 작품에 반영하였다. 차이콥스키는 러시아의 고유한 음악과 문화적 배경이 어떻게 유럽의 음악과 결합하여 더 진일보할 수 있는지를 보여주었다.

차이콥스키는 러시아 음악가 중에서는 최초의 전업 작곡가였다. 5인조는 군인이나 공직에 근무하면서 음악을 부수적인 활동으로 여기면서 작업했다. 작곡가라는 직업이 당시 러시아 사회에서 사회적인 지위도 낮았고 경제적인 면에서도 생활을 보장해 주지 못했기 때문이었다. 하지만 차이콥스키는 법률학교를 졸업한 후 법률 공무원으로 근무하던 중 그 일을 그만두고 전업 작곡가가 되었다. 상류층 귀족이었고 메크 부인에게 연금을 정기적으로 받아서 작곡에만 전념할 수 있었던 차이콥스키는 5인조와는 사회적 배경이 달랐다. 그로 인해 음악에서도 쌍방간에 몰이해가 벌어질 수밖에 없었다. 한편 차이콥스키를 후원했던 부유한 미망인이자 음악 애호가였던 메크 부인은 차이콥스키와 절대 서로 만나지 않는다는 조건으로 14년 동안 수백 통의 편지를 교환했던 것으로 유명하다.

차이콥스키는 표트르 대제의 유럽식 개혁을 지지하는 서구주의자의 입장을 지지했다. 따라서 그는 대부분 표트르 대제 이후 시기나 유럽을 주제로 하는 오페라만을 작곡했다. 그는 줄곧 5인조와 적대적인 위치에 있었으며, 그들에게서 음악이 러시아적이지 못하다는 비난을 받았다. 또한 그는 표트르 대제 이후 러시아에 도입된 발레를 독립적인 예술 작품으로 작곡하였다. 이점 역시 발레곡을 진지한 음악이 아니라고 생각해 오페라 내에서만 부분적으로 사용한 5인조와 구별되는 점이다.

차이콥스키는 교향곡, 관현악곡, 협주곡, 발레, 오페라 등 다양한 분야에서 많은 작품을 남겼다. 차이콥스키는 전부 7편의 교향곡을 썼다. 그중에서 번호가 붙은 4, 5, 6번 교향곡이 가장 많이 연주된다. 1893년에 작곡된 교향곡 6번 B minor, Op.74는 일본어에서 번역해 일명 〈비창(悲愴)〉이라고 불리는데, 러시아어 원어를 고려할 때 〈비장(悲壯, Pathétique)〉이라는 표현이 더 적합하다. 이 표제의 비장한 분위기는 1악장과 4악장의 첫 부분에서 가장 잘 표현되어 있다. 2악장은 러시아 민요와 춤곡풍의 분위기를 풍기며, 3악장은 차이콥스키의 장기인 춤곡 선율을 많이 사용한다.

협주곡으로는 1875년에 작곡된 피아노 협주곡 1번 B♭ minor, Op.23이 대표적이다. 이 작품에서는 1악장 도입부의 피아노 화음, 그리고 그 화음과 함께 현악기에 의해 연주되는 주제가 매우 유명하다. 2악장에서 플루트가 제시한 서정적 악상을 지나면, 3악장의 경쾌한 우크라이나 민요 주제가 박진감 있게 흐르는 것을 주목해서 들어보자.

차이콥스키하면 떠오르는 작품은 발레인데, 그의 발레 작품은 무용이 없이 모음곡으로만 연주해도 하나의 완결된 작품이라는 특징을 지니고 있다. 선율이 매우 서정적이며, 음악과 안무가 낭만적 분위기 속에서 조화를 이루고 있다. 〈백조의 호수〉에서는 1막 끝에 처음 나오는 '백조의 주제' 음악이 유명하다. 또 3막에서 러시아, 스페인, 폴란드 등의 다양한 춤곡이 나오는 것도 주목할 만하다. 〈잠자는 미녀〉에서는 1막의 왈츠, 3막의 디베르티스망[39] 선율에 귀를 기울여보자. 〈호두까기 인형〉에서는 2막의 디베르티스망에서 스페인, 아라비아, 중국, 러시아의 춤곡과 꽃의 왈츠가 유명하다. 이 장면의 '사탕 요정의 춤'에서는 차이콥스키가 프랑스에서 특별히 가져온 첼레스타 악기 소리가 감미롭게 들린다.

차이콥스키는 전부 11편의 오페라를 작곡했다. 그중에서도 가장 유명

39) 프랑스어로 '기분전환, 심심풀이, 오락'을 뜻하는 말로 발레의 줄거리와 상관없이 하나의 볼거리로서 삽입된 춤이다.

한 작품은 알렉산드르 푸쉬킨의 운문소설을 오페라로 만든 1878년 작 〈예브게니 오네긴〉 Op.24이다. 전부 3막 7장으로 된 이 오페라는 1820년대 러시아 농촌과 제정 러시아의 수도인 상트페테르부르크를 배경으로 하고 있다. 차이콥스키는 등장인물의 미묘한 감정을 음악으로 잘 표현했는데, 특히 여자 주인공인 타티야나의 다양한 감정을 탁월하게 표현했다. 이 작품의 주요 아리아로는 1막 2장에서 타티야나가 오네긴에게 밤새 결연한 마음으로 편지를 쓰며 부르는 노래와 2막 2장에서 테너인 렌스키가 오네긴과의 결투를 앞두고 부르는 아리아 '어디로 가버렸나 나의 황금 봄날은'이다. 3막이 시작하자마자 나오는 폴로네즈[40]는 이 부분만 단독으로 음악회에서 연주될 정도로 잘 알려져 있다. 이외에도 차이콥스키의 오페라 중 〈스페이드의 여왕〉 역시 러시아 최고의 오페라로 사랑받고 있다.

✳ 라흐마니노프

세르게이 라흐마니노프(1873~1943)는 차이콥스키의 제자로 그의 뒤를 잇는 후기 낭만주의 작곡가이며 피아니스트이자 지휘자이다. 그는 차이콥스키와 림스키 코르사코프의 전통을 이어받아 자신만의 풍부한 음악적 색채를 드러냈다. 그의 음악은 풍부한 서정성과 감미롭고도 우수어린 멜랑콜리한 선율로 가득 차 있다. 그는 20세기에 살았지만 19세기 서구의 고전주의와 낭만주의 대가들의 전통을 잇고자 했다. 라흐마니노프는 러시아 혁명 직후 유럽을 거쳐 미국으로 망명했다. 귀족 출신인 자

40) 장대하고 축제의 기분을 지닌 3/4박자의 빠른 폴란드 무곡이다.

라흐마니노프

신이 사회주의 소련 체제에 적응할 수 없을 것이라고 확신했기 때문이었다. 하지만 미국에 온 후 그의 창작 빈도는 급격히 줄었다. 그 이유는 경제적 어려움 때문에 피아니스트로서 바쁜 연주 활동을 해야 했기 때문이었다.

라흐마니노프의 가장 중요한 작품은 무엇보다도 피아노 협주곡이다. 그는 4곡의 피아노 협주곡을 썼는데, 그중에서도 1901년에 작곡한 피아노 협주곡 2번 C minor, Op.18이 제일 유명하다. 이 작품을 쓰기 전 라흐마니노프는 교향곡 1번 초연 이후 청중과 비평가들의 혹평으로 인해 우울증에 걸렸다. 슬럼프에 빠졌던 그는 니콜라이 달 박사의 최면 요법으로 회복되었다. 그는 자신을 치료해준 달 박사에게 피아노 협주곡 2번을 헌정해 감사를 표현했다. 1악장에서는 러시아 정교회의 종소리를 모방한 도입부의 피아노 솔로 연주가 특히 유명하며, 2악장에서는 플루트와 클라리넷의 낭만적인 연주가 끝없이 광활한 러시아의 들판에서 들려오는 듯하다.

다른 라흐마니노프의 중요 작품으로는 피아노 협주곡 3번 D minor Op.30(1909), 파가니니 주제에 의한 랩소디 A minor Op.43(1934), 교향곡 2번 E minor Op.27(1907)을 들 수 있다. 라흐마니노프는 서구적 음악 스타일로 작곡을 했지만, 그의 음악이 담고 있는 정서는 뼛속까지 러시아적이라고 말할 수 있다.

03 | 20세기 러시아 음악

스트라빈스키

스트라빈스키

이고르 스트라빈스키(1882~1971)는 20세기 클래식 음악을 선도한 작곡가이다. 림스키 코르사코프의 제자로 전반기의 작품에서는 스승의 영향을 많이 받아 러시아 민요와 민담과 같은 슬라브적 민속 주제를 소재로 선택하였다. 스트라빈스키는 음악원 교수였던 림스키 코르사코프에게서 정통 유럽의 아카데믹한 클래식 음악 교육을 받았기 때문에 서구주의자적인 특징을 지니고 있지만, 동시에 러시아적인 소재를 많이 사용했기 때문에 슬라브주의자적인 특성도 나타낸다고 볼 수 있다.

스트라빈스키는 러시아 발레단을 파리에서 이끌고 있던 세르게이 디아길레프를 만나게 되면서 주목받기 시작했다. 공연 흥행사인 디아길레프의 의뢰로 발레 〈불새〉, 〈페트루쉬카〉, 〈봄의 제전〉을 작곡하면서 스트라빈스키의 이름이 전 유럽에 알려지게 되었다. 〈불새〉와 〈페트루쉬카〉는 러시아 민요의 특색을 많이 차용했다. 〈봄의 제전〉은 이전의 발레 작품에 비해 리듬이 한층 복잡하면서도 끝없이 기괴하게 변화하고 불안정한 불협화음과 불규칙한 박자가 끊임없이 긴장감을 자아낸다. 이 작품을 파리에서 초연했을 때 그 음악을 이해할 수 없었던 관객들이 당장 연주를 멈추라고 소동을 피웠던 일화는 매우 유명하다. 역설적으로 그 소동 때문에 스트라빈스키는 일약 세계적인 작곡가로 발돋움하게 된다.

1차 세계대전 후 파리로 망명한 1920년대부터 전통적인 음악 형식, 즉 18세기의 음악 형식을 사용하여 신고전주의적 경향을 보였다. 이후 미국으로 건너간 후 1939년 미국 하버드 대학에서 '음악의 시학'이라는 주제로 강의했으며 그 내용을 책으로 출간하기도 했다. 스트라빈스키는 이 강의를 통해 소련이 내세운 사회주의적 사실주의를 강하게 비판했다. 스트라빈스키의 음악은 그가 활동했던 러시아, 유럽, 미국 음악의 특성을 모두 드러내고 있다. 그만큼 그의 작품은 다양한 특성을 갖고 있었다. 스트라빈스키는 그의 다양하고 다채로운 음악 양식으로 인해 작곡가 메시앙이 '카멜레온 음악가', '1001가지의 스타일을 남긴 사람'이라고 평하기도 했다. 그의 음악은 20세기 세계 클래식 음악뿐만 아니라 현대 무용계와 미술계에까지 지대한 영향을 끼쳤다.

쇼스타코비치

드미트리 쇼스타코비치(1906~1975)는 20세기에 소련뿐 아니라 전 세계에서 명성을 얻었던 작곡가이며 피아니스트이다. 상트페테르부르크 음악원에서 공부한 그는 졸업 작품으로 쓴 교향곡 1번으로 세계적 명성을 얻었다. 그는 서로 다른 음악적 기법을 작품에 혼합했다. 그의 음악은 어떤 특정한 학파에 얽매이지 않는다. 그의 작품은 날카로운 대조와 불협화음, 그리고 때때로 무조성[41]이라는 특징을 보인다. 사회주의 혁명을 보고 자랐으며

41) 무조성(無調性)이란 조성을 부정한 음악이다. 조성이 있는(장조 또는 단조인) 음악에서는 모든 음이 조의 중심인 으뜸음과 밀접한 관계를 가지면서 의미가 부여된다. 하지만 무조성 음악에서는 으뜸음이 중심적인 위치를 가지고 있지 않고 모든 음이 각기 독자적인 의미를 가지고 있다. 즉 조성 자체가 부정된 것이다.

소련 체제에서 교육받은 1세대 작곡가 쇼스타코비치는 스탈린의 강압 정치에도 불구하고 결코 소련을 떠나지 않았다. 그런데도 쇼스타코비치는 서구의 현대 클래식 음악 어법에 대해 잘 알고 있었다. 그는 스탈린 통치 시절 사회주의적 사실주의에 배치되는 형식주의자라는 공격을 받았다. 그러나 쇼스타코비치는 자신에게 가해진 비판에 적절히 대응하면서 오페라 〈므첸스크의 맥베스 부인〉 등 기념비적인 작품들을 계속 생산해 냈다.

쇼스타코비치

쇼스타코비치의 음악적 업적에서 특히 중요한 것은 15개의 교향곡을 남겼다는 것이다. 모차르트와 하이든 이후 이렇게 많은 교향곡을 쓴 작곡가는 없었다. 쇼스타코비치의 교향곡 중 중요한 작품으로는 1941년에 작곡한 교향곡 7번 C major, Op.60 〈레닌그라드〉를 들 수 있다. 그는 대조국전쟁 당시 봉쇄된 레닌그라드에서 이 기념비적인 교향곡을 마지막 악장만 남기고 작곡했다.[42] 각 악장은 표제가 붙어 있는데, '전쟁'이라는 표제가 붙은 1악장에서는 침략을 상징하는 작은 북소리가 전부 12번 반복되면서 크레센도 되는 것에 주의를 기울여보자. 점차로 커지는 이 음악은 마치 탱크의 캐터필러 소리와 항공기의 폭격을 묘사하는 듯하며 종국에는 온 국토에 미친 전쟁의 심각성을 생생하게 전달하는 것 같다. 2차 세계대전이 한창일 때 서구에서는 이 작품을 파시즘과 전체주의에 대한 저항의 상징으로 받아들여 널리 연주했다.

---

42) 교향곡을 완성한 것은 쇼스타코비치가 피난 간 현 사마라였고 작품의 초연이 이뤄진 곳도 사마라였다.

쇼스타코비치는 오페라도 작곡했는데 1932년에 작곡된 4막 9장 그랜드 오페라 〈므첸스크의 맥베스 부인〉 Op.29이 유명하다. 처음에 대중의 극찬을 받았던 이 오페라는 스탈린이 '음악이 아니라 혼돈'이라고 말하면서 강한 비판에 직면했다. 오페라가 '사회주의적 사실주의'의 미학을 따르지 않고 '형식주의적'이라는 것이었다. 결국 이 작품은 오랫동안 무대에 올라가지 못했고, 1963년에 여주인공의 이름을 따서 〈카테리나 이즈마일로바〉, Op.114로 개작되어 재공연되기 시작했다. 이 오페라는 무소르그스키의 〈보리스 고두노프〉를 계승해 러시아 오페라의 어법과 정신을 살린 작품으로 평가받는다.

✳ 러시아의 대표적 연주자들

소비에트 시대부터 활동한 러시아의 세계적인 지휘자로는 예브게니 므라빈스키(1903~1988), 예브게니 스베틀라노프(1928~2002), 블라디미르 페도세예프(1932~), 유리 테미르카노프(1938~2023), 발레리 게르기예프(1953~) 등을 들 수 있다.

성악가로는 전설적인 베이스 표도르 샬랴핀(1873~1938), 바리톤 드미트리 흐보로스톱스키(1962~2017), 소프라노 안나 네트렙코(1971~) 등이 있다.

피아니스트로는 블라디미르 호로비츠(1904~1989), 에밀 길렐스(1916~1985), 스뱌토슬라프 리흐테르(1915~1997), 미하일 플레트네프(1957~), 예브게니 키신(1971~) 등이 있다.

바이올리니스트로는 다비드 오이스트라흐(1908~1974), 바딤 레핀(1971~), 막심 벤게로프(1974~), 첼리스트로는 므스티슬라프 로스트로포비치(1927~2007)가 있다.

유리 테미르카노프

표도르 샬랴핀

드미트리 흐보로스톱스키

안나 네트렙코

블라디미르 호로비츠

므스티슬라프 로스트로포비치

9장

러시아 발레

발레는 이탈리아에서 처음 시작되어 프랑스에서 본격적으로 발전한 예술이다. 러시아에서 발레가 처음 공연된 것은 1673년이었다. 스웨덴인 니콜라스 림이 모스크바 근교에서 독일 작곡가 하인리히 슈츠의 발레 〈오르페우스와 에우리디케〉를 무대에 올렸다. 1738년에는 오늘날 바가노바 발레 아카데미라고 불리는 최초의 황실 발레 학교가 설립되었다. 그곳에서 프랑스 무용수가 발레 마스터로 발레를 가르치기 시작했다. 18세기 중반 예카테리나 2세 때는 발레가 큰 인기를 얻어 부유한 귀족들이 농노로 구성된 발레단을 만들기도 했다. 이 시기 러시아의 발레는 황실과 귀족들의 후원으로 상류층이 독점적으로 즐기는 예술이었다.

01 | 19세기 발레

19세기 초부터는 표를 살 수 있는 사람은 누구든지 극장에 와서 발레를 감상할 수 있게 되어 발레 관람의 문턱이 낮아졌다. 이 시기 유럽에서는 여자 무용수들을 성적 대상으로 취급한 신흥 자본가들 때문에 발레가 본연의 의미를 잃고 퇴색하기 시작했다. 실력 있는 프랑스 안무가, 이탈리아 무용수들은 러시아를 비롯한 동유럽 지역으로 이동하기 시작했다. 그들에 의해 러시아에서 고전 발레가 꽃을 피우게 되었다. 19세기 러시아 발레의 중심은 상트페테르부르크였다. 19세기 중반에 이르자 비로소 뛰어난 러시아 무용수들이 등장하기 시작했다.

✳ 마리우스 프티파

마리우스 프티파

마리우스 프티파(1818~1910)는 프랑스 출신 발레 연출자이며 안무가이다. 무용수였던 아버지의 영향으로 일곱 살에 발레를 시작한 그는 무용수로 활동하며 간간이 안무에 참여했다. 그가 개인적인 사정으로 프랑스를 떠나야 할 상황이 되었을 때 마침 러시아 황실 발레단(오늘날 마린스키 극장)의 수석무용수 자리가 공석이 되는 일이 벌어졌다. 프티파는 이 자리에 지원했고, 1847년 여름에 상트페테르부르크로 이주했다. 무용수로 활동하던 프티파는 1855년부터 자신이 안무한 독창적인 발레를 선보이기 시작했다. 1862년부터는 황실 발레 극장에서 수석 발레 마스터인 프랑스인 아르투르 셍 루옹의 뒤를 이어 사실상 두 번째 발레 마스터로서 여러 작품을 무대에 올렸다.

1871년에 프티파는 수석 발레 마스터의 사망으로 공석이 된 자리에 취임하게 되었다. 이때부터 그는 오스트리아 작곡가인 루드비히 밍쿠스와 협업으로 많은 발레 걸작들을 무대에 올렸다. 그중에서 〈돈키호테〉(1871), 〈바야데르카〉(1877)가 특히 유명하다. 1880년대에는 기존 작품을 재공연하거나 개정판을 내놓았는데, 아돌프 아당의 〈지젤〉(1885)이 그중 단연 으뜸이다. 1890년에는 황실 극장장의 의뢰를 받아 표트르 차이콥스키가 작곡한 발레 〈잠자는 미녀〉가 프티파의 안무로 무대에 올랐다. 뒤이어 1892년에는 차이콥스키가 역시 황실 극장 공연을 위해 작곡한 두 번째 발레 〈호두까기 인형〉이 무대에 올랐는데, 당시 프티파는 질병과 딸의 사망으로 인해 안무 작업을 제대로 수행할 수 없었다. 그래서 두 번째 발레 마스터였던 레프 이바노프(1834~1901)가 프티파를 대신해 안무를 맡았다. 차이콥스키 사후인 1895년에 프티파는 이바노프와 함께 차이콥스키의 발레 〈백조의 호수〉를 새롭게 안무해 성공적인 전막 공연을 했다. 이들의 노력으로 〈백조의 호수〉는 세계적으로 인기 있는 발레 작품으로 거듭났다.

20세기 들어 프티파는 건강 문제 등으로 어려움을 겪었으나 여전히 발레 마스터의 역할을 해냈고, 젊은 안나 파블로바(1881~1931)를 우수한 무용수로 길러냈다. 그는 1910년에 사망하여 상트페테르부르크에 묻혔다. 프티파는 56년간 70여 편의 발레를 안무함으로써 러시아 발레가 세계적인 명성을 얻는 데 크게 공헌했다. 프티파의 발레는 하체의 테크닉을 정확하게 구사할 뿐 아니라 상체의 드라마틱한 표현력에 중점을 둔 고전 발레의 정석으로 평가받는다.

02 | 러시아의 3대 발레

러시아의 3대 발레라고 하면 〈백조의 호수〉, 〈잠자는 미녀〉, 〈호두까기 인형〉을 꼽는다. 모두 차이콥스키가 작곡한 발레 음악을 사용했다. 한 작품씩 살펴보자.

✳ 〈백조의 호수〉

〈백조의 호수〉

차이콥스키라고 하면 발레 음악을 빼놓고서는 이야기할 수 없다. 제일 대표적인 것은 역시 1875~1876년에 작곡된 〈백조의 호수〉, Op.20이다. 지금은 발레의 대명사가 된 작품이지만 1877년 모스크바 볼쇼이 극장에서 초연되었을 때는 참담한 실패를 겪었다. 안무가가 발레에서 음악의 역할을 부차적인 것으로 생각하여 음악에 맞춘 안무를 전혀 고려하지 않았기 때문이었다. 또한 백조를 맡을 뛰어난 주역 무용수가 없었던 것도 실패의 요인이었다. 차이콥스키 음악은 이전의 발레 음악과는 달리 완결된 이야기와 주제를 담고 있고 무용이 없이도 독자적인 모음곡 형태의 연주가 가능한 음악이었다. 하지만 관객들이 이런 발레 작품에 익숙하지 못했다는 점도 문제였다. 실패 후 좀처럼 공연 기회를 얻지 못하던 〈백조의 호수〉는 작곡가 사후에야 인정받게 되었다. 1895년에 상트페테르부르크 황실 발레 극장에서 마리우스 프티파와 레프 이바노프가 새롭게 안무하고, 표트르 차이콥스키의 동생인 모데스트 차이콥스키가 대본을 맡아 새롭게 무대에 올린 〈백조의 호수〉는 큰 성공을 거두었다. 이때부터 이 작품은 세계 발레사에 결정적인 영향을 미친 고전 발레의 정수로 자리하게 되었다.

4막으로 이루어진 〈백조의 호수〉는 러시아 동화 "하얀 오리"와 독일 동화 "훔쳐진 베일"에서 주된 내용을 가져온 것으로 여겨진다. 주인공 백조 오데트와 흑조 오딜은 선과 악의 대립을 상징하며, 왕자 지그프리트와 악마 마법사 로트바르트 역시 선과 악의 편에 각각 서 있다. 이 발레에서는 보통 서정적인 모습의 오데트 역을 맡은 발레리나가 충동적인 모습의 오딜 역할도 맡아서 1인 2역을 한다. 따라서 서로 성격이 다른 두 인물의 섬세한 감정을 어떻게 표현하느냐가 발레리나의 역량을 가늠해 볼 수 있는 지표가 되기도 한다.

1막. 황실에서 지그프리트 왕자의 성인식을 축하한다. 왕자는 어머니가 선물한 석궁을 받고, 어머니는 왕자에게 결혼할 때가 되었음을 알려준다. 왕자는 석궁을 들고 숲으로 백조를 사냥하러 나간다.

2막. 백조를 쫓아 숲속에 도달한 왕자가 해가 질 때 인간으로 변하는 백조를 발견한다. 왕자는 백조들의 수장인 오데트 공주를 보고 사랑에 빠져 청혼한다. 오데트는 악마의 마법으로 낮에는 백조의 모습을 하고 해가 져야만 인간으로 돌아가며 그 저주를 풀기 위해서는 영원한 사랑의 맹세가 있어야 한다고 말한다. 왕자는 두 손가락을 높이 쳐들면서 영원한 사랑을 맹세한다. 그는 다음날 있을 무도회에서 그녀와 결혼을 발표하기로 약속하고 헤어진다. 하지만 이 장면을 본 악마 로트바르트는 훼방을 놓을 계략을 궁리한다. 2막에서는 왕자와 백조의 사랑을 표현하는 서정적인 아다지오[43], 네 마리 백조가 다리와 몸을 정확하고도 일사불란하게 움직이는 춤, 화려하면서도 석상과 같은 부동자세를 보여주는 백조들의 군무가 유명하다.

3막. 왕자의 신붓감을 고르기 위한 무도회가 시작된다. 왕자는 오데트를 기다리기 때문에 무도회에 참석한 모든 공주를 거절한다. 때마침 로트바르트가 딸 오딜을 데리고 등장한다. 오딜을 오데트로 착각한 왕자는 로트바르트의 요구에 따라 영원한 사랑을 맹세한다. 그러자 악마와 오딜은 본색을 드러내며 사라지고 왕자는 슬픔에 빠져 숲으로 달려간다. 3막에서는 왕자와 오딜의 아다지오, 오딜의 32회전 푸에테[44], 스페인 춤을 비롯한 여러 민속춤이 주요 감상 포인트다.

4막. 막이 오르자마자 숲으로 달려온 왕자가 오데트와 함께 슬퍼한다. 발레의 결말은 발레단에 따라 다른데, 로트바르트와의 결투 후 지그프리트 왕자가 죽고 오데트가 백조가 되어 날아가거나, 오데트가 먼저 호수에 몸을 던져 죽고 왕자도 뒤따라 호수에 몸을 던져 죽기도 한다. 또는 왕자가 마법사와의 결투에서 이겨 백조가 사람의 모습으로 되살아나기도 한다. 왕자가 이기면 보통 악마의 팔 한쪽을 뜯어내서 악마가 고통 중에 쓰러져 죽는 안무가 많다.

43) 주역 남자 무용수와 여자 무용수가 함께 추는 느린 이인무를 가리킨다.
44) 프랑스어로 '채찍질하다'라는 어휘에서 파생된 말로, 무용수가 한 다리로는 몸을 지탱하고 다른 다리로는 마치 말에게 채찍을 휘두르듯이 지탱한 다리 주위를 휘저으며 32회전을 하는 동작을 말한다.

✳ 〈잠자는 미녀〉

〈잠자는 미녀〉

차이콥스키의 두 번째 발레 작품인 〈잠자는 미녀〉 Op.66은 1889년에 작곡되었다. 프랑스 동화작가 샤를 페로의 "잠자는 숲속의 미녀"를 기초로 한 작품이다. 차이콥스키는 작곡 단계부터 프티파와 협업으로 작업을 진행했다. 〈잠자는 미녀〉는 그들이 공동으로 작업한 유일한 작품이다. 20세기의 전설적인 발레리나 안나 파블로바가 〈잠자는 미녀〉를 보고 발레리나의 꿈을 키웠다고 전해질 정도로 아름다운 발레 작품이다. 마린스키에서 초연했으며 대성공을 거뒀다. 프롤로그와 3막으로 구성되어 있다.

프롤로그. 왕과 왕비가 갓 태어난 오로라 공주를 위해 축하 파티를 연다. 파티에 초청된 여섯 요정이 도착해 춤을 춘다. 그런데 시종장의 실수로 초대되지 못한 카라보스가 뒤늦게 나타나 공주가 물레에 찔려 죽을 것이라는 저주를 퍼붓는다. 모두가 두려워하고 있을 때, 라일락 요정이 등장하여 저주를 풀 방법에 대해 말한다. 공주가 죽지 않고 백 년 동안 잠들 것이고 왕자가 나타나 키스하면 깨어날 것이라는 내용이었다. 카라보스와 라일락은 각각 악과 선을 대표한다. 프롤로그에서는 여섯 요정의 바리아시옹[45]이 개성적인 춤을 선보인다.

1막. 오로라 공주가 열여섯 살이 되어 궁전에서 생일 축하 파티가 열린다. 오로라 공주와 구혼자인 네 명의 왕자가 등장해 장미 아다지오 춤을 추는데, 이 장면에서 오로라 공주의 푸앵트[46]는 난도가 높은 동작으로 주목해 볼 만하다. 축하연에 나타난 노파의 물레에 공주가 호기심을 보이다가 물레에 찔린다. 공주는 쓰러지고, 노파는 망토를 벗어 던지며 자신이 카라보스임을 밝힌다. 이때 라일락 요정이 나타나서 모든 사람을 잠들게 한다.

2막. 백 년의 시간이 지난 것으로 설정된다. 데지레 왕자는 사냥을 나갔다가 라일락 요정을 만나게 된다. 라일락 요정은 오로라 공주의 환영을 보여준다. 왕자는 라일락 요정에 이끌리어 오로라 공주가 있는 성으로 간다. 카라보스가 나타나 방해를 하지만 왕자와 라일락 요정은 함께 카라보스를 물리친다. 왕자가 공주에게 키스하자 잠들어있던 공주와 성의 모든 사람이 깨어난다. 왕자는 공주에게 청혼하고 공주는 수락한다. 2막에서는 오로라 공주의 환영, 오로라 공주의 바리아시옹을 주목해 감상하자.

3막. 공주와 왕자의 결혼식 장면이다. 결혼 축하연에는 보석 요정들

45) 발레의 독무에 해당하는 부분이다.
46) 프랑스어 '뾰족한 끝'이라는 어휘에서 파생된 말로, 무용수가 온몸의 체중을 완전히 펴진 발끝으로 지탱하는 기술이다.

(금, 은, 다이아몬드, 사파이어)이 등장해 춤을 추고, 또한 샤를 페로의 동화 속에 나오는 장화 신은 고양이와 흰 고양이, 플로리네 공주와 파랑새, 푸른 수염과 그의 아내, 늑대와 빨간 모자, 신데렐라 등이 등장해 춤을 춘다. 이것은 프티파 발레의 전형적인 디베르티스망에 해당하는 것이다. 또한 3막에서는 공주와 왕자의 그랑 파 드 되[47]도 유명하니 놓치지 말자.

✳ 〈호두까기 인형〉

〈호두까기 인형〉

47) 주역 무용수들이 추는 이인무를 뜻한다. 구성은 두 무용수가 입장하며 인사하는 앙트레(entrée), 아다지오, 남자 바리아시옹, 여자 바리아시옹, 그리고 남성 여성 무용수의 빠른 춤으로 이루어진 코다(coda)로 되어 있다.

차이콥스키의 세 번째이자 마지막 발레는 1892년에 작곡한 〈호두까기 인형〉 Op.71이다. 이 발레는 독일 작가 호프만의 "호두까기 인형과 생쥐 대왕"을 원작으로 하고 있다. 안무는 프티파의 제자이자 러시아 최초의 뛰어난 안무가였던 레프 이바노프가 맡았다. 〈호두까기 인형〉은 배경이 크리스마스 전날이기 때문에 크리스마스 시즌에 어김없이 무대에 올라가는 작품이다. 소비에트 시대에는 호프만 원작의 클라라라는 이름이 러시아식 이름인 마샤로, 동생 프리츠는 미샤로 바뀌어 불리기 시작해서, 현재는 극장마다 사용하는 이름이 다르다. 또한 무신론 국가였던 소련에서는 크리스마스를 기념하지 않기 때문에, 발레의 배경이 1월 1일 새해 첫날로 변경되기도 했었다. 총 2막 3장으로 구성되어 있다.

1막 1장. 크리스마스 전날 파티가 벌어지고 있는 스탈바움 가족의 집이 배경이다. 클라라의 대부이며 마법사인 드로셀마이어가 클라라와 남동생 프리츠에게 선물을 주는데, 장난꾸러기 프리츠가 클라라가 받은 호두까기 인형을 망가뜨린다. 하지만 드로셀마이어는 곧바로 인형을 고쳐주고 클라라는 안도하게 된다. 밤이 되어 잠자러 갔던 클라라는 호두까기 인형이 잘 있는지 보려고 거실로 나온다. 그때 자정을 알리는 시계 소리가 들리자 생쥐들과 생쥐 대왕이 등장하고, 이에 맞서 호두까기 인형이 실물 크기로 등장하면서 생쥐들과 싸우게 된다. 호두까기 인형이 이끄는 부대가 생쥐들에게 밀려 위험해지자 클라라는 슬리퍼(때로는 베개나 쿠션)를 생쥐 대왕에게 던진다. 생쥐 대왕은 현장에서 즉사하고 호두까기 인형이 승리한다.

1막 2장. 호두까기 인형이 왕자로 변신해 숙녀로 변한 클라라를 눈발이 휘날리는 소나무 숲을 지나 자신의 왕국으로 데리고 간다. 허밍 코러스가 들리는 가운데 눈꽃 요정들이 왈츠를 추는 장면이 압권이다.

2막 1장. 클라라와 왕자가 사탕 과자의 나라에 도착한 후 연회가 펼쳐진다. 2막은 다양한 디베르티스망이 돋보인다. 스페인 춤, 아라비아 춤, 중국 춤, 러시아 춤, 갈대 피리의 춤, 사탕 요정의 춤, 꽃의 왈츠 군무, 클라라와 왕자의 그랑 파 드 되가 계속 이어져서 눈을 뗄 수가 없다. 이 모든 것이 끝나면 클라라는 행복한 기분으로 꿈에서 깨어난다.

03 | 20세기 초 발레

✳ 미하일 포킨

미하일 포킨(1880~1942)은 러시아와 미국에서 활동했던 무용수이자 안무가로 20세기 고전 낭만 발레의 토대를 놓은 인물이다. 그는 1889년에 러시아 황실 발레 학교에 입학해 1898년에 마린스키 극장에서 무용수로 데뷔했다. 1905년에 그는 처음 자신만의 안무로 전막 발레를 무대에 올렸다. 1907년에는 카미유 생상의 음악 모음곡 〈동물의 사육제〉 중 '백조'를 사용해서 〈빈사의 백조〉라는 4분짜리 짧은 발레를 안무했다.

1909년에 포킨은 세르게이 디아길레프의 초청으로 발레 뤼스의 파리 공연에 안무가로 참여하게 된다. 포킨은 림스키 코르사코프의 교향적 모음곡 〈셰헤라자데〉 Op.35를 발레로 만들기 위해 다른 예술가들과 협업했고, 1910년에 이 작품을 무대에 올렸다. 포킨은 안무뿐만 아니라 대본을 만드는 일에도 참여했다. 포킨은 특히 남성 무용수의 기술과 표현력을 극대화한 안무로 여성 무용수 중심의 기존 발레의 가능성을 확장했다.

포킨은 1912년에 발레 뤼스를 떠났다가 디아길레프의 권고로 1914

미하일 포킨

년에 다시 돌아왔으나, 1차 세계대전이 발발하면서 유럽을 떠나 미국으로 이주하였다. 1924년부터 아메리칸 발레 컴퍼니에서 발레 공연을 계속 이어가다 1942년에 사망하였다. 포킨은 전통적인 발레를 벗어나 인간의 자연스러운 동작의 아름다움을 전달하고자 하였다. 그는 고도의 발레 기술이 아닌 춤이 가진 의사소통 능력을 신뢰했으며, 무용수가 사상과 감정을 온몸을 통해서 전달해야 한다고 주장했다. 이를 위해 그는 기존과 다른 발레 음악을 사용하기도 했다. 러시아 민속 음악에 큰 관심을 가졌던 그는 소수의 특권층이 아닌 민중이 발레에 접근할 수 있어야 한다고 생각한 예술가였다.

✳ 발레 뤼스

1909년 상트페테르부르크에서 디아길레프에 의해 결성된 발레 뤼스는 러시아적 특성이 드러난 발레를 통해 서구 예술계에 큰 영향을 주었다. 디아길레프는 베누아, 박스트, 곤차로바, 마티스와 같은 혁신적인 미술가, 포킨, 니진스키와 같은 안무가와 무용수, 스트라빈스키 같은 작곡가 등과 함께 협업을 통해 모더니즘적 아방가르드 종합 예술을 선보였다. 처음에 그는 19세기 5인조와 차이콥스키의 오페라를 파리에 알리는데 주안점을 두었다. 그러다가 러시아 오페라뿐만 아니라 러시아 발레도 서구 세계에 알려야겠다는 생각에 발레 뤼스를 창단했고, 근거지도 파리로 옮기게 되었다. 디아길레프가 근거지를 파리로 옮긴 것은 프랑스에서 예술의 자유가 더 많이 허용되었을 뿐만 아니라, 그곳의 세련된 관객들이 이국적인 러시아 발레에 매료되어 있었기 때문이었다.

디아길레프

1909년에 발레 뤼스는 여러 발레 작품을 무대에 올렸으나 좋은 반응을 얻지는 못했다. 그 이유는 유럽과 다르게 이국적이며 동양적인, 진정으로 러시아적인 특성이 공연에서 드러나지 않았기 때문이었다. 반면에 1910년에 무대에 올린 〈셰헤라자데〉는 큰 성공을 거두었다. 그것은 바로 이 작품이 동양적 특성을 잘 드러냈기 때문이다. 큰 성공을 가져온 또 다른 작품은 스트라빈스키가 작곡한 발레 〈불새〉였다. 〈불새〉는 러시아 민담에 나오는 불새, 마법사 불멸의 카셰이[48], 아름다운 공주의 이야기에 근거하여 만들어졌다. 발레 〈불새〉는 러시아의 이국적이고 동양적인

48) 동슬라브 신화에 나오는 사악한 마법사로 자신의 영혼을 물체 안에 숨겨서 죽음을 막는 마법을 부린다.

〈불새〉

특색을 살려 진정으로 러시아적인 것을 보여주었다는 평가를 받았다. 이런 동양적 특성은 러시아적인 춤에서 나온 것이며, 러시아 민담에 등장하는 강렬한 불의 이미지와 결부되어 있었다. 디아길레프의 의뢰로 〈불새〉를 작곡한 스트라빈스키는 이 작품의 성공으로 단번에 국제적인 명성을 얻게 되었다. 안무는 포킨, 무대 및 의상 디자인은 박스트와 골로빈이 맡았다. 포킨은 안무뿐만 아니라 주역인 이반 왕자 역도 맡았고, 불새는 타마라 카르사비나, 공주는 포킨의 아내인 베라 포키나가 맡았다. 1945년에 뉴욕에서 〈불새〉가 무대에 올랐을 때는 박스트의 제자인 마르크 샤갈이 의상과 무대 미술을 담당했다. 샤갈은 1960년대 초반에 파리 오페라 극장의 천장화에 〈불새〉의 내용을 그려 넣기도 했다.

불새의 내용은 다음과 같다. 숲에서 길을 잃은 왕자 이반은 불사의 마왕 카셰이가 사는 성의 정원에 오게 되는데, 여기서 그는 정원에 있는 황금 사과를 먹으러 온 불새를 보게 된다. 왕자는 불새를 사로잡게 되고, 왕자가 위급할 때 도와주겠다는 징표로 황금 깃털 하나를 받고 불새를 풀어준다. 뒤이어 왕자는 원무를 추는 공주들을 만나는데, 그들 중에 있는 가장 아름다운 공주와 사랑에 빠진다. 왕자가 공주들을 따라서 성으로 들어가자, 불사의 마왕이 나타나 이반을 돌로 만들려고 한다. 왕자가 황금 깃털을 흔들자 불새가 나타나 마왕과 그 무리가 지쳐 쓰러질 때까지 춤추게 한다. 그러자 이반은 카셰이의 영혼이 들어있는 알을 훔쳐서 깨뜨린다. 카셰이는 죽고 마법이 풀려 왕자와 공주가 결혼하는 것으로 발레가 끝난다.

〈불새〉의 성공에 힘입어 디아길레프는 스트라빈스키에게 새로운 작품인 〈페트루쉬카〉를 의뢰했다. 1911년에 초연된 〈페트루쉬카〉는 전부 4장으로 이루어져 있다. 이 발레는 1830년대 상트페테르부르크의 마슬레니차 축제 기간을 배경으로 하고 있으며, 꼭두각시 민속 인형극을 소재로 했다. 러시아 전통 축제가 배경이기에 러시아 민속춤이 발레에 많이 등장한다. 포킨이 안무를, 베누아가 대본과 무대 제작을, 니진스키가 페트루쉬카 역, 카르사비나가 발레리나 역을 맡았다. 〈페트루쉬카〉는 전통 발레와는 전혀 다른 모습을 보여주었다. 등장인물들이 부자연스럽고 딱딱한 인형처럼 춤추고, 이상하고 갑작스러운 움직임을 보여주는 것이 발레의 처음부터 끝까지 계속되었다. 하지만 〈페트루쉬카〉는 부자연스러운 인형의 동작을 통해 인간적인 감정을 전달하는 데 성공했다. 페트루쉬카 역을 맡은 니진스키는 이런 양면적인 모습을 유감없이 보여주었다.

〈페트루쉬카〉의 내용은 다음과 같다. 마슬레니차 축제에 모여든 사람들은 흥행사가 연출하는 인형극을 보게 된다. 그 인형극에는 페트루쉬카, 발레리나, 무어인이 등장한다. 페트루쉬카는 발레리나를 사랑하지만, 발레리나는 무어인에게 관심이 있다. 페트루쉬카는 발레리나에게 자신의 사랑을 표현하고자 하지만, 발레리나는 페트루쉬카에게서 도망쳐 버린다. 한편 무어인은 코코넛을 자신의 큰 칼로 깨뜨려서 먹으려다

〈페트루쉬카〉

실패하자, 코코넛에 신이 있다고 생각해 코코넛에 절을 하는 무지한 모습을 보여준다. 무어인의 당당한 모습에 반한 발레리나가 무어인과 가까워지려 하자 페트루쉬카는 이를 말리려 하지만, 오히려 무어인에게 쫓겨난다. 다시 마슬레니차 축제가 계속되는 가운데 무어인은 칼을 휘두르며 페트루쉬카를 쫓아 나타난다. 발레리나의 만류에도 불구하고 결국 페트루쉬카는 무어인의 칼에 쓰러진다. 사람들이 페트루쉬카가 인형임을 알고 안도한 후 흥행사가 페트루쉬카를 옮기려고 할 때, 갑자기 무대 지붕에 페트루쉬카의 영혼이 나타나 흥행사는 놀라 달아난다.

1912년에는 프랑스 시인 스테판 말라르메의 시와 역시 프랑스 작곡가 클로드 드뷔시의 음악으로 만들어진 〈목신의 오후〉가 니진스키의 안무로 무대에 올랐다. 물가의 님프를 보고 성적 욕망에 사로잡힌 목신을 그린 이 발레는 선정성의 문제로 인해 찬반 논쟁을 불러왔다. 이 발레에서 니진스키는 무용수의 정면이 아니라 측면을 보여주기 위해서, 머리와 다리를 뒤틀어 부자연스러운 자세를 취하게 했다. 이러한 '안티발레'가 무대에 오른 결과, 포킨은 흥행을 더 중요시했던 디아길레프와 불화하게 된다. 결국 포킨이 발레 뤼스를 떠나고 니진스키가 발레 뤼스의 안무가로 활동하게 된다.

1913년에는 스트라빈스키가 작곡한 〈봄의 제전〉이 무대에 올랐다. 〈봄의 제전〉은 스트라빈스키가 이전까지 작곡했던 발레와는 다르게 큰 충격을 몰고 왔다. 니진스키의 안무로 무대에 오른 〈봄의 제전〉은 겨울을 보내고 봄을 맞이하게 된 고대 러시아의 이교도 부족이 태양신인 야릴로에게 풍요를 기원하며 젊은 처녀를 제물로 바치는 의식을 보여주고 있다. 〈봄의 제전〉 초연 시, 이 발레를 지지하는 사람들과 반대하는 사람들로 편이 갈려서 공연 도중에 대소동이 벌어졌다. 스트라빈스키가 이교도의 원시성을 묘사하기 위해 작곡한 음악의 불규칙한 리듬과 불협화음은 기존의 자연스럽고 감미로운 발레 음악에 익숙했던 청중들에게는 완전히 소음과도 같은 것이었다. 또한 니진스키의 안무는 독무나 이인무 하나 없이 온전히 군무로만 이루어져 있었고, 고대 러시아의 특성을 표현하고자 무용수들이 포인트 슈즈 대신 짚신을 신도록 했다. 또한 그는 역동적인 리듬에 맞춰 갑작스럽게 무용수들이 도약하는 장면을 계속 반복하게 했다. 이런 안무 역시 기존의 아름다운 발레라는 고정 관념을 여지없이 깨뜨린 파격이었다.

발레 뤼스는 춤, 음악, 무대와 의상 디자인, 연출을 유기적으로 결합하여 발레 작품을 무대에 올렸다. 이런 다양한 장르들이 협업을 통한 종합 예술을 지향했다는 점에 큰 의의가 있다. 발레 뤼스는 죽어가던 유럽 발레에 새로운 활력과 방향성을 제시했다. 발레 뤼스는 1929년 디아길레프의 죽음과 함께 해체되었으나, 그와 함께했던 사람들은 세계 각지로 퍼져나가 그곳에서 새로운 발레 전통을 계속 만들어 나갔다.

〈봄의 제전〉

✳ 20세기 초 무용수들

안나 파블로바

20세기 초에 유명했던 무용수로 전설적인 안나 파블로바를 들 수 있다. 그녀는 1899년에 황실 발레 학교를 졸업하고 바로 마린스키 극장 발레단에 입단했다. 그녀는 1906~1913년까지 마린스키 발레단의 프리마 발레리나였고, 발레 뤼스의 수석무용수로 활동했다. 그녀는 1차 세계대전 이후 영국에 거주하면서 발레리나로서는 최초로 자신의 발레단을 만들어 남아메리카, 인도, 호주를 포함한 40개국에서 세계 순회공연에 나섰다. 그녀는 여행 도중 1931년에 폐렴에 걸려 수술을 권유받았다. 그러나 더 이상 춤추지 못할 것이라는 말에 수술을 거부했고, 결국 늑막염으로 사망했다. 그녀는 〈빈사의 백조〉 작품에 많은 애정을 가졌는데, 이 독무를 거의 4천 번 춘 것으로 유명하다. 그녀는 이 작품에서 발레의 고전적 테크닉과 유연성을 함께 보여주어 큰 갈채를 받았다. 그녀의 마지막 말도 자신의 백조 의상을 가져다 달라는 것이었다고 전해진다.

타마라 카르사비나

또 다른 발레리나 타마라 카르사비나(1885~1978)도 1902년에 황실 발레 학교를 졸업하고 바로 마린스키 극장에 들어갔다. 1910~1918년까지 마린스키 극장의 프리마 발레리나였고, 1909년부터는 발레 뤼스에서 활동했다. 1918년에 카르사비나는 런던으로 이주하여 후진들을 양성하기 시작했고, 1930년에는 영국 왕립 발레 아카데미의 설립에 관여해 1955년까지는 부회장직을 맡기도 했다. 그녀는 영국에서 마고트 폰테인과 루돌프 누레예프 같은 무용수들을 길러내기도 했다. 파블로바가 공기같이 가벼운 몸짓과 무용을 통한 심리 묘사에 탁월했던 반면, 카르사비나는 치명적 아름다움을 지닌 강렬한 인물을 연기했다.

남성 무용수로는 전설적인 바츨라프 니진스키(1890~1950)가 있다. 부모가 폴란드 사람으로 키예프에서 태어난 그는 뛰어난 기교와 깊이 있는 성격 묘사로 유명하다. 그는 당시 남성 무용수로서는 드물게 푸앵

니진스키

트 기술을 구사할 수 있었고, 중력을 거스르는 듯한 도약을 보여주어 '인간 새'라는 별명을 얻었다. 그는 9세의 나이에 황실 발레 학교에 입학했으며, 1907년에 마린스키 극장에 들어갔다. 1909년부터는 발레 뤼스에서 활동하기 시작했고 자신이 등장하는 공연마다 관객들로부터 커다란 찬사를 받았다. 1912년부터는 안무가로 활동하면서 자신만의 독창적인 발레를 안무하기 시작했다. 하지만 1913년에 남아메리카 순회공연 도중 헝가리 무용수와 결혼하면서 디아길레프는 발레 뤼스에서 그를 해고하였다. 이때 포킨은 니진스키를 발레단에 두지 않는다는 조건으로 복귀했다. 니진스키는 자신의 발레단을 만들려고 했으나 실패로 돌아갔고, 때마침 발발한 1차 세계대전은 니진스키의 삶을 더 힘들게 만들었다. 그러던 중 디아길레프는 발레 뤼스의 미국 순회공연을 계획했고 그의 요청으로 니진스키는 다시 발레 뤼스에 합류하였다. 이때 니진스키는 자신의 네 번째 발레를 안무했으나 실패했다. 이때부터 니진스키는 순회 공연단 관리와 안무 작업의 스트레스, 춤출 기회의 상실 등으로 정신적으로 불안정한 증세를 보이기 시작했다. 1917년에 남아메리카 순회공연 후 스위스에 정착했으나, 그의 정신질

환은 더 악화했다. 1919년에 그는 조현병 진단을 받고 이후 30년 동안 병원을 전전했다. 그는 더 이상 공개 무대에 서지 못했고, 1947년에 런던으로 이주한 후 3년 뒤인 1950년 런던에서 사망했다.

04 | 소비에트 발레

✳ 아그리피나 바가노바

아그리피나 바가노바(1879~1951)는 러시아와 소비에트의 무용수이며, 발레 마스터이자 교육자로 소비에트 발레의 토대를 놓은 인물이다. 그녀는 자신만의 발레 교수법을 만든 것으로 유명하다. 바가노바는 1890년에 황실 발레 학교에 입학했고, 1897년에 마린스키 극장에 입단했다. 그녀는 1916년에 무대를 떠난 후에는 교육에 전념하기 위해 레닌그라드 국립 안무 학교(이전 황실 발레 학교, 현재 러시아 발레 바가노바 아카데미)에서 후진을 양성하기 시작했다. 이 발레 아카데미는 소비에트 발레의 기본을 가르치는 곳이 되었고, 지금까지 러시아 무용수들을 양성하는 최고 기관으로 운영되고 있다. 1934년에 바가노바가 쓴 『고전 발레의 기초』라는 책은 20세기 러시아 발레의 토대를 놓은 것으로 평가받는다. 바가노바가 만든 발레 교수법은 프랑스 발레의 우아하고 정제된 스타일, 러시아 발레가 추구

아그리피나 바가노바

하는 팔 동작의 아름다움과 부드러움, 정력적인 춤을 동반한 이탈리아의 발기술을 혼합한 것이었다. 그녀의 교수법은 유연하고 우아하며 자연스러운 머리 자세, 표현력이 있으면서도 회전을 도와주는 손동작, 다양한 회전 기술을 포함하였으며, 장식성이 배제된 발레를 추구한다. 바가노바는 1931년부터 1937년까지 키로프 극장(현 마린스키 극장)의 발레 예술 감독으로 일하기도 했다.

✳ 유리 그리고로비치

유리 그리고로비치(1927-2025)는 소비에트와 러시아의 발레 무용수, 안무가, 발레 마스터, 교육자이다. 그는 1947년부터 1957년까지 키로프 극장(현 마린스키 극장)의 솔리스트였고, 1961년부터 1964년까지는 키로프 극장의 안무가였다. 그는 1964년에 볼쇼이 극장으로 옮겨 1995년까지 발레 마스터로 활동했다. 그는 20세기 가장 뛰어난 발레 안무가 중 한 명으로 볼쇼이 극장의 레퍼토리를 형성하는 모든 고전 발레를 안무했다.

✳ 〈스파르타쿠스〉

유리 그리고로비치가 만든 대표적인 발레는 〈스파르타쿠스〉이다. 소련의 작곡가 아람 하차투란은 1954년에 그의 작품 중 가장 잘 알려진 발레 〈스파르타쿠스〉를 작곡했다. 스파르타쿠스는 로마 제국 시대에 제3차 노예 전쟁이라고도 알려진 노예 검투사들의 봉기에서 지도자로 활동한 인물이다. 발레 〈스파르타쿠스〉는 1956년에 키로프 극장에서 초연되었고, 1958년에는 모스크바의 볼쇼이 극장에서도 초연되었다. 하지만 이 발레는 1968년에 유리 그리고로비치의 안무로 볼쇼이 극장 무대에 올랐을 때

〈스파르타쿠스〉

가장 큰 찬사를 받았다. 이 발레에서는 여주인공 프리기아와 스파르타쿠스의 파드되, 그리고 로마 군단과 검투사들의 남성적인 군무가 볼 만하다.

한편, 소비에트가 낳은 뛰어난 남자 무용수로는 루돌프 누레예프(1938~1993), 미하일 바리쉬니코프(1948~), 여자 무용수로는 갈리나 울라노바(1910~1998), 마이야 플리세츠카야(1925~2015) 등이 있다.

05 | 포스트 소비에트 발레

소련 해체 이후에도 러시아 발레는 침체를 겪지 않고 발전을 거듭했다. 볼쇼이와 마린스키 발레단은 여전히 세계 최고 수준의 발레를 무대에 올리고 있다. 볼쇼이 발레단은 화려하고 대담하며, 풍부한 표현력을 극적인 강렬함과 결합하는 편이다. 반면에 마린스키 발레단은 더 순수하고 고전적인 양식의 발레를 선보이고 있다. 볼쇼이 발레단은 지난 30년 동안 니콜라이 치스카리드제(1973~), 스베틀라나 자하로바(1979~), 예카테리나 쉬풀리나(1979~), 마린스키 발레단은 율리야나 로파트키나(1973~), 디아나 비쉬뇨바(1976~), 빅토리아 테료쉬키나(1983~) 등 뛰어난 무용수들을 배출해냈다.

✳ 김기민

1992년에 태어난 김기민은 초등학교 2학년 때 발레를 시작했고 2009년 국립 발레단의 〈백조의 호수〉 공연에서 최연소로 지그프리트 역을 맡았다. 그 후 김기민은 2011년에 마린스키 극장에 입단했고, 2012년 퍼스트 솔리스트, 2015년 수석무용수로 매우 빠르게 승급하였다. 2016년에는 발레의 아카데미상이라고 불리는 브누아 드 라 당스 상을 한국인 남성 무용수 최초로 모스크바에서 수상하였다. 김기민은 가볍고도 높은 점프, 부드럽고도 빠른 회전, 인물의 감정을 섬세하게 표현하는 동작으로 관객을 감동시킨다. 그가 맡은 대표적인 역으로는 〈돈키호테〉의 바질, 〈바야데르카〉의 솔로르, 〈셰헤라자데〉의 황금 노예 등이 있다.

김기민이 출연하는 공연의 표 가격은 다른 무용수가 등장하는 동일한 공연의 표 가격보다 높다. 그만큼 그의 공연이 큰 인기가 있으며, 러시아 사람들이 주류인 마린스키 발레단에서도 그의 실력을 인정받았다는 뜻이다. 김기민은 2019년과 2021년에 해마다 열리는 '백야의 별들' 공연에서 단독 공연을 했다. 자신의 이름을 걸고 하는 단독 발레 공연은 마린스키 발레단에서도 뛰어난 몇 명의 무용수만이 할 수 있는 공연이다. 공연에 대한 안목이 높고 까다롭기로 유명한 러시아 관객들도 김기민의 공연에는 아낌없는 박수를 보낸다. 공연이 끝난 후에도 커튼콜이 한참 계속된다는 점은 그가 세계적으로 인정받는 마린스키 극장의 일급 무용수라는 것을 증명한다. 김기민의 향후 활동이 더욱 기대된다.

루돌프 누레예프

갈리나 울라노바

마이야 플리세츠카야

니콜라이 치스카리드제

율리야나 로파트키나

디아나 비쉬뇨바

10장

러시아 영화

01 | 혁명 전후의 영화

세계 최초의 영화는 1895년 12월 28일 오후 9시에 상영되었다. 〈라 시오타 역으로 들어오는 기차〉라는 영화였는데, 이 영화를 만든 이는 프랑스의 뤼미에르 형제였다. 뤼미에르 형제가 영화를 발명하고 몇 개월이 지나지 않아 그들은 1896년 니콜라이 2세의 대관식을 찍기 위해 러시아로 왔다. 상트페테르부르크에서 연극 막간에 소개된 영화가 러시아 최초로 상영된 영화였다. 영화는 발명과 거의 동시에 러시아에 수입되었으므로 다른 예술 장르와 달리 전적으로 서구의 영향을 받았다고 말하기 어렵다. 오히려 영화 분야에서는 러시아가 세계에서 선두적인 지위를 차지했다고 보아도 무방할 것이다.

1907~1917년 사이 러시아에서는 1,700여 편의 영화가 제작되었다. 그중 남아있는 것은 300여 편이다. 1908년 제작된 〈스텐카 라진〉[49]이 러시아 최초의 영화였다. 당시에는 오락과 도피를 원하는 대중의 기호에 맞춘 상업 영화가 대부분이었다.

러시아 혁명은 영화의 발전에 더없이 좋은 환경으로 작용했다. 혁명 사상을 전파하는 데 있어 영화만큼 좋은 매체는 없었기 때문이다. 특히

---

49) 17세기에 대규모 농민 반란을 이끌었던 카자흐 지도자의 생애를 그린 영화.

레닌은 영화에 특별한 중요성을 부여해 혁명의 이념을 교육하고 선전하는 역할을 영화에 주문했다. 1920년대 러시아 영화는 민중에게 혁명의 정당성을 어필함과 동시에 다양한 실험을 모색했다. 이 시기 러시아 영화는 개인보다는 집단을 중시했고, 혁명 정신을 민중이 쉽게 수용할 수 있도록 다큐멘터리 기법을 많이 활용했다.

1918년 정부는 모스크바에 국립영화학교를 설립했다. 그리고 1919년에는 영화제작 및 배급을 국유화할 것을 선포했다. 이후 당의 통제는 소비에트 영화사 전체의 특징이 된다. 모스크바는 영화제작에서 제1의 중심지가 되었으며, 레닌그라드는 제2의 중심지로 떠올랐다. 1914년에 설립된 렌필름과 1924년에 설립된 모스필름은 지금까지도 러시아 최대의 국영영화사이다. 국가의 적극적인 지원 아래 1920년대 러시아 무성영화는 전성기를 맞이했다. 많은 분야의 예술가들이 다른 출구들이 막히자 영화계로 전향해 활동했다. 그 대표적인 예가 아방가르드 연극에서 출발해 영화로 옮겨간 에이젠슈테인 감독이었다. 소비에트 영화는 에이젠슈테인 감독의 출현으로 일약 세계의 주목을 받게 되었다.

02 | 에이젠슈테인과 몽타주 이론

세르게이 에이젠슈테인(1898~1948)은 소련이 배출한 세계 영화사적 의의를 갖는 감독이다. 그는 라트비아 리가 출신이었으며 초기에는 모스크바의 아방가르드 연극 집단에서 다양한 형식의 연극을 실험했다. 혁명을 지지했던 그는 새로운 혁명적 미학을 만들어내는 것이 예술가의 의무라고 생각했다. 그는 1924년 연극에서 영화로 나아갈 것을 결심

했다. 영화는 더 큰 융통성과 관객들에게 작용하는 더 많은 방법을 제공하기 때문이었다. 그는 그해에 첫 영화 〈파업〉을, 그리고 다음 해에 대표작 〈전함 포템킨〉을 제작했다. 단 일곱 편으로 비교적 소수의 영화를 감독한 그는 몽타주 이론을 정립하여 세계 영화 발전에 지대한 공헌을 했다. 그의 작품은 혁명과 소비에트 사회 건설을 다룬 〈파업〉(1924), 〈전함 포템킨〉(1925), 〈10월〉(1927), 〈전선〉(1929)과 이색적인 소재를 실험한 〈멕시코 만세〉(1931), 그리고 19세기 역사 오페라의 영화적 변형이라 할 수 있는 〈알렉산드르 넵스키〉(1938)와 〈이반 뇌제〉(1944~1946)가 있다.

에이젠슈테인

에이젠슈테인 감독과 몽타주 이론은 늘 쌍둥이처럼 따라다닌다. 에이젠슈테인이 몽타주 이론을 처음 개발한 것은 아니었다. 영화제작에서 몽타주란 편집을 의미하는 용어였다. 미국에서는 신속한 컷 편집이라는 의미로 몽타주를 사용했는데, 소비에트에서는 최초로 레프 쿨레쇼프 감독이 필름 한 조각에 무엇이 선행하거나 뒤따라오느냐에 따라 의미적 변화가 일어나는 방식에 주목했다. 그는 자신의 워크숍에서 그의 몽타주 기법 원리에 따라 영화 연기 원리들을 발전시켰다. 특히 '쿨레쇼프 효과'로 잘 알려진 이론에서 그는 몽타주를 통해 실제 존재하지 않는 새로운 의미 효과를 얻어낼 수 있다고 주장했다. 그는 당대 유명 배우인 이반 모주힌을 통해 실험했는데, 무표정한 모주힌의 얼굴을 찍은 쇼트에 수프 접시, 죽은 아이, 아름다운 여인의 쇼트를 결합했을 때 관객들이 각각 배고픔, 슬픔, 욕망을 느낀다는 것을 발견했다.

에이젠슈테인도 쿨레쇼프처럼 자신의 필름들을 직접 편집했다. 그는 편집한 필름들을 폭발하기를 기다리고 있는 세포들에 비유하면서, 쿨레쇼프가 필름 조각들을 연속적으로 연결해야 하는 벽돌처럼 취급했다고 비판했다. 그에게 가장 중요한 것은 세포 간의 갈등, 즉 숏들 내의 갈등이었다. 그에게 몽타주는 영화 구성의 내적 원리였다. 서로 갈등 관계에 있는 세포(숏)들이 충돌할 때 새로운 의미가 생성된다는 것이다.

에이젠슈테인의 영화 중에서 〈전함 포템킨〉은 세계 영화사에서 빠짐없이 거론되는 중요한 영화이다. 1905년에 일어난 혁명 20주년을 기념하는 영화로 오데사에서 발발한 러시아 수병들의 반란을 소재로 만들어졌다. 무성영화이면서 간간이 인물들의 말이 하나의 쇼트에서 자막을 통해 제시되는 방식으로 만들어진 이 영화는 '사람들과 구더기', '갑판 위에서의 드라마', '죽은 자는 호소한다', '오데사 계단', '함대와의 만남'이라는 제목을 단 다섯 개의 시퀀스로 이루어져 있다. 전문 배우들이 아닌 일반인들이 집합적인 주인공을 연기한 군중 장면이 매우 자주 등장한다.

수병들의 반란은 구더기가 들끓는 고기 한 조각 때문에 시작된다. 수병들이 함장에게 불만을 토로하자 함장은 수병들의 대표인 바쿨렌추크를 사살하도록 명령한다. 수병들은 반란을 일으켜 일곱 명의 장교를 사살하고 전함 위에 붉은 깃발을 게양한다. 수병들은 이미 두 주 동안 파업 노동자들과 시 정부가 사실상 전쟁을 벌이고 있던 오데사로 포템킨호를 몰고 간다. 바쿨렌추크의 시신은 항구에서 도시로 이어지는 대리석 계단의 발치께에 놓인다. 항구의 진입로에 거대한 인파가 모여 그의 시신 주위에 화환을 놓고 추모한다. 수병들을 환영하기 위해 계단에 모

〈전함 포템킨〉의 오데사 계단 장면

인 오데사 시민들을 해산시킬 목적으로 파견된 군인들이 무차별적으로 민간인을 향해 발포한다. 영화에서 가장 유명한 오데사 계단의 긴 시퀀스는 몽타주 기법을 효과적으로 사용한 대표적 장면으로 영화사에 길이 남아있다. 또한 발포 소리를 듣고 깨어나는 사자 석상의 연속된 세 개의 숏은 차르 체제의 억압에 항거하여 일어서는 러시아 민중의 봉기를 위한 메타포로 해석된다.

이 영화의 첫 상영과 관련한 재미있는 에피소드가 있다. 영화가 상영되는 날 밤이 될 때까지 아직 필름의 편집이 다 끝나지 않았다고 한다. 겨우 마지막 편집이 끝날 참인데 영화는 벌써 시작하고 있었다. 에이젠슈테인은 필름을 넣은 상자를 품에 안고 오토바이 뒤에 탔으나 오토바이가 붉은 광장에서 고장이 나고 말았다. 그는 오토바이를 내버려 두고 영화가 상영되고 있는 볼쇼이 극장까지 500m가량을 뛰어갔다. 그때는 필름을 갈아 끼우는 사이에 불을 켜는 휴식 시간이 있었는데 필름이 도착할 때까지 휴식 시간이 20분이나 지속되었다고 한다. 이 영화는 〈국가의 탄생〉, 〈시민 케인〉과 더불어 초기 영화의 가장 중요한 기념비적 작품으로 남아있다.

소비에트 초기 영화감독으로는 프세블로드 푸도프킨, 알렉산드르 도브첸코, 레오니드 트라우베르크, 지가 베르토프, 야코프 프로타자로프, 보리스 바르네트 등이 있다. 니콜라이 에크 감독의 〈인생 안내〉(1931)는 최초의 소비에트 유성영화로 간주된다.

03 | 스탈린 체제의 영화

1930년대에 이르러 영화 산업은 스탈린의 철권통치로 침체기에 접어들었다. 1933년 영화제작은 거의 붕괴 직전의 위험한 고비를 맞이했다. 1935년에 다른 예술 분야와 마찬가지로 영화에서도 사회주의 리얼리즘이 강요되었다. 당은 영화제작과 배급에 대한 통제를 더욱 강화했으며 사전 허가와 사후 검열을 실행했다. 이 시기 제작된 많은 영화는 완성 후 문서 보관소에 처박혔다. 영화는 긍정적인 주인공을 내세워야 했고 사회주의적으로 교훈적인 내용을 전달해야 했다. 레닌, 스탈린, 혁명 전사들, 당 영웅들과 노동자들이 주인공으로 등장했다. 혁명적 주인공을 내세운 영화 중 〈차파예프〉(1934)는 사회주의 리얼리즘 예술의 성공작 중 하나로 영화 제작자들과 관객들로부터 모두 갈채를 받았다.

소비에트 영화에서 정치와 이데올로기는 긴밀하게 연결되어 있었다.

한편, 오락과 환상 세계로의 탈출구에 대한 관객의 요구를 만족시키기 위해 뮤지컬 코미디들이 많이 제작되기도 했다. 소비에트 최초의 코미디 블록버스터는 1934년에 제작된 뮤지컬 코미디 〈유쾌한 친구들〉이었다. 이 영화가 낳은 효과는 1970년대 영화들에서도 감지되었다. 스탈린이 가장 좋아한 영화인 〈볼가-볼가〉(1938)에서 소비에트 농부들은 자신들의 운명에 만족하며 행복하게 노래를 부른다. 성격의 묘사나 플롯의 창의성이 다소 떨어짐에도 불구하고 코미디 영화들은 소비에트 시민이 번영하는 나라에 살고 있고 스탈린 치하의 삶이 실제로 더 나아졌고 즐거워졌음을 설득하는 데 성공했다.

1940년대에는 제2차 세계대전의 발발로 전쟁의 승리를 기원하는 작품들, 전선의 상황을 알리는 뉴스 영화, 군인들의 사기를 진작시키기 위해 역사적인 영웅들의 일대기를 다룬 영화들이 제작되었다. 전시의 많은 영화에서 짓밟히고 수난당하는 여성의 형상은 어머니 러시아를 상징했다. 여성의 용기와 자기희생은 전후방 할 것 없이 모든 사람을 감화시켰다. 한편, 스탈린의 역할은 전지전능한 지도자로서 신화적 차원을 띠었다. 〈베를린 함락〉(1949~1950)은 소비에트 전쟁 영화사에서 독보적 위치를 차지한다. 이 영화는 스탈린의 인격을 무한히 칭송하면서 진실이 담겨 있지 않은 전설들을 창조했다.

04 | 고전 문학의 영화화

소비에트 영화는 초기부터 러시아 고전 문학을 영화화했다. 푸쉬킨, 고골, 도스토옙스키, 톨스토이, 고리키 등 풍부한 러시아 문학의 전통은 영화에 무궁무진한 소재를 제공했다. 문학작품의 영화화는 러시아 영화의 대표적인 특징이었다. 그것은 러시아 문학 유산에 대한 러시아 감독들의 애정을 보여준다. 대표적인 사회주의 리얼리즘 소설인 고리키의 『어머니』는 푸도프킨 감독에 의해 1926년에 영화화되었다. 사회주의 리얼리즘 시대 후기에 문학 텍스트를 영화화하고자 한 유명한 감독으로 피리예프가 있다. 스탈린 사후 그는 도스토옙스키의 소설을 각색한 〈나스타샤 필리포브나〉(1958, 『백치』 원작), 〈카라마조프 형제들〉(1968~1969) 3부작을 제작했다.

〈전쟁과 평화〉

이런 부류의 영화 중 가장 유명한 것은 세르게이 본다르추크 감독의 〈전쟁과 평화〉(1965~1967년)일 것이다. 조국 전쟁을 소재로 한 톨스토이의 소설을 총 7시간 분량의 4부작으로 제작한 이 영화에는 무려 12만 명이 출연했으며, 그 유명한 보로지노 전투 장면이 재현되었다. 본다르추크 감독이 직접 주인공 피에르 역을 맡기도 한 이 영화의 제작 수준은 매우 높았다. 의상, 인테리어, 현지 촬영 등 모든 것에 신빙성이 있었다. 평화 시에는 무도회가 열리고 전장에서는 확실한 전투의 느낌이 생생하게 연출되었다. 소설의 대화들이 그대로 되풀이되는 장면이 많으며, 관객에게 사건들의 중요성을 알려주기 위한 보이스 오버 해설이 자주 사용된다. 엄청난 규모에도 불구하고 이 영화는 많은 시간을 나타샤 로스토바, 피에르

베주호프, 안드레이 볼콘스키의 개인적 사건들에 할애한다. 소설을 읽지 않은 관객도 이 영화를 보고 나면 장대한 톨스토이의 대작을 읽은 듯 느낄 것이다. 주요 인물들의 캐스팅도 더할 나위 없이 완벽했다. 이 영화는 1969년에 아카데미 최우수 외국어 영화상을 받았다.

05 | 해빙기 영화

1953년에 스탈린이 사망했다. 해빙[50]으로 불리는 이 시기에 소비에트 영화감독들은 스탈린주의 유산과 이것이 사람들의 정신과 행동에 끼친 영향을 탐구하기 시작했다. 영화 검열이 일부 완화되어 좀 더 자유로운 제작 환경이 조성되었다. 스탈린 사망과 함께 정치와 역사의 큰 쟁점, 이데올로기적인 영향에서 탈피해 영화는 이제 인간적이고 개인적인 삶을 다룬 주제들을 담게 되었다. 전쟁을 다루는 영화에서도 영웅들이 싸우는 큰 전투들이 아니라 소규모 접전과 평범한 병사들이 실제로 느낀 공포와 갖가지 감정을 다루는 변화가 나타났다. 영화의 화면은 전방에서 멀리 벗어나 후방으로, 민간인들의 삶으로 옮겨졌다.

그리고리 추흐라이의 〈병사의 발라드〉(1959)는 이런 중대한 전환점을 보여준다. 알료샤 스크보르초프가 독일군 전차 두 대를 파괴한 공로로 받은 며칠 동안의 휴가를 보여주는 이 영화에서는 그릇된 영웅주의가 완전히 제거된다. 나약한 겁쟁이임에도 운 좋게 공을 세운 알료샤는 그에 대한 포상으로 기차 여행을 하며 전장에서 멀리 떨어진 고향으

50) 스탈린 사후 러시아 사회의 자유로워진 분위기를 상징하는 용어로, 시대의 변화를 겨울이 지나 얼음이 녹고 봄이 오는 것에 비유한 말이다.

〈병사의 발라드〉

로 간다. 그 여행 중 그는 기차 안에 숨어든 슈라라는 아가씨를 우연히 만나게 되고 그들은 각자 자기 이야기를 하면서 서로에게 이끌린다. 그러나 결국 그들은 각자 갈 길을 가고 연락처를 주고받을 뿐이다. 알료샤가 고향에 도착했을 때는 이미 귀대까지 시간이 얼마 남지 않았다. 알료샤가 돌아왔다는 소식을 듣고 어머니가 정신없이 달려오는 장면, 단 몇 분에 불과한 그와 어머니의 안타까운 만남은 관객의 눈시울을 적시게 한다. 함께 차라도 마시며 이야기를 나눌 시간조차 주어지지 않다니! 영화는 광활한 하늘과 미풍에 살랑거리는 밀밭을 배경으로 감성적인 오케스트라 선율이 흘러나오는 가운데 알료샤가 떠난 길을 어머니가 하염없이 바라보고 있는 장면으로 끝난다. 알료샤는 전장으로 돌아간 후 다시는 고향으로 돌아오지 못한다.

해빙기를 가장 잘 대표하는 영화는 미하일 숄로호프의 소설을 원작으로 하는 세르게이 본다르추크의 〈인간의 운명〉(1959)이다. 내전 참전 용사 안드레이 소콜로프는 세 자녀를 둔 농부이다. 2차 대전이 발발하자 그는 적에 붙잡혀 포로가 된다. 러시아 전쟁 포로들의 궁핍, 공산주의자와 유대인들을 즉결 처형하는 나치의 잔혹성, 어머니와 아이들을 갈라놓는 죽음의 수용소를 보여주는 데 있어 영화는 인정사정이 없다. 영화의 주제는 평범한 러시아인의 정신력이다. 첫 번째 수용소 탈출 시도에서 붙잡힌 소콜로프는 두 번째 시도에서는 성공해서 한 달 동안 회복 휴가를 받아 귀향한다. 그러나 고향에서 그는 이미 아내와 두 딸이 적에게 살해당했다는 사실을 알게 된다. 그는 전장에 나간 아들마저 잃고 고아 소년 바냐를 아들로 삼아 새로운 삶을 시작한다. 비록 전쟁의 참상을 고스란히 전달하나 이 영화는 인간의 내적 힘과 용기를 더 강조함으로써 진한 감동과 여운을 남긴다.

06 | 안드레이 타르콥스키

안드레이 타르콥스키

해빙기에 활동을 시작한 감독 중에는 소련이 낳은 세계적인 작가주의 영화감독 안드레이 타르콥스키(1932~1986)가 있다. 시인이었던 아버지는 그가 어렸을 때 집을 떠났고, 어머니와 함께 보냈던 어린 시절은 그의 작품에 자주 모티브로 등장한다. 모스크바 영화학교를 졸업한 그는 졸업 작품인 〈증기기관차와 바이올린〉(1960)으로 영화계의 주목을 받게 된다. 2년 후 2차 대전 당시 소년 정찰병의 비극적이고 짧은 삶을 다룬 〈이반의 어린 시절〉(1962)로 베니스 영화제에서 황금사자상을 수상했다. 이어 러시아 최고의 이콘화가인 안드레이 루블료프의 생애를 담은 흑백 영화 〈안드레이 루블료프〉(1966)로 1969년에 칸 영화제 국제 비평가연맹 상을 받았다. 그 외에도 〈솔라리스〉(1972), 〈거울〉(1975), 〈스토커〉(1979), 〈노스탤지어〉(1983), 〈희생〉(1986)까지 그만의 독특하고 예외적인 예술 세계를 구축한 영화들을 제작했다. 이중 〈노스탤지어〉는 이탈리아에서, 〈희생〉은 스웨덴에서 촬영했다.

"내 영화에서는 항상 근원의 주제가 중요했다. 즉 고향, 집, 어린 시절, 조국, 대지와의 연결이 중요했다."는 말처럼 타르콥스키는 근원과 본질을 추구하는 작품 경향을 선보인다. 바로 이 점이 사람들이 그의 작품을 난해하다고 생각하는 이유이다. 근원과 본질이라는 개념만큼 이해하기 어려운 것이 어디 있겠는가. 타르콥스키는 영화들에서 그의 삶과 예술사상을 다루었으며 그 자신의 삶을 시대의 거울로, 민족적 삶의 반영으로 제시했다. 따라서 그의 영화는 본질적으로 자서전의 성격을 띤다. 그의 작품에는 어린 시절의 고향 이미지가 끝없이 등장한다. 고향의 집, 숲, 강, 들판 … 특히, 〈거울〉에서는 그가 소년이었을 때 어머니, 누이와 함께 살았던 시골집을 재구성했다. 〈노스탤지어〉에서는 주인공 고르차코프의 러시아 시골집이 이탈리아 가톨릭 성당의 거대한 벽 안으로 점점 들어가는 매우 독창적인 결말을 보여준다.

타르콥스키는 독특한 이미지와 상징을 많이 사용하는 감독이다. 물, 불, 거울, 동식물들이 반복적으로 여러 작품에 등장한다. 물은 눈, 비, 강, 바다, 웅덩이, 우물 등 다양한 이미지 속에 등장한다. 불 역시 촛불에서부터 산불, 집의 화재, 전쟁의 화염처럼 변형된 모습으로 자주 나타난다. 물과 불은 정화(淨化)라는 일반적인 의미 말고도 생명, 죽음, 파괴, 심판 등 다양한 상징적 해석을 가능하게 한다.

강은 대표적인 시간의 메타포로 활용된다. 시간은 타르콥스키가 평생 매달렸던 주제였다. 시간은 그의 미학적 체계의 핵심이라 할 수 있다. 그는 영화를 '시간 속에 조각하기', 또는 '봉인된 시간'으로 인식한

〈노스탤지어〉

다. 그는 롱테이크 기법을 사용하여 그의 시간관을 영화 속에 구현했다. 롱테이크라는 단일한 연속 화면은 의도적으로 단조롭고 일상적인 경험을 연장해 덧없이 흘러가는 현상으로서 시간을 노출한다. 이런 이유로 그에게는 늘 어렵고 지루한 영화감독이라는 오명이 따라다닌다.

시공간적 불연속과 단절은 타르콥스키 영화의 대표적 특징이다. 영화 속 인물들은 과거와 현재의 엄격한 경계가 사라진 영화적 세계에서 현재에서 과거로, 과거에서 다시 현재로 끊임없이 넘나든다. 과거의 기억, 미래에 대한 환영, 꿈, 환각 등이 시간의 안정성을 파괴하는 기능을 한다. 특히 〈거울〉에서 시간은 완전히 해체되어 버린다. 따라서 비교적 시간적인 연속성을 따라 촬영한 〈안드레이 루블료프〉가 가장 이해하기 쉬운 영화라는 인상을 준다.

그의 영화는 신비롭고 철학적이며 심오하다. 그는 인류 구원의 문제에 천착하는데, 예를 들어 〈노스탤지어〉의 광인 도미니코의 분신자살은 세계를 구원하기 위한 희생적인 의미를 띤다. 주인공 고르차코프가 8분 동안 촛불을 켜고 온천을 횡단하는 행동 역시 세계 구원과 모종의 연관성을 가지고 있다. 〈희생〉에서 주인공 알렉산더는 세계를 멸망에서 구하기 위해 자기 집에 불을 질러 희생을 수행하고 죽은 나무를 심고 물을 준다.

타르콥스키에게 영화란 궁극적으로 소통과 상호 이해를 위한 매체였다. "예술의 위대한 기능은 소통이다. 상호 이해가 사람들을 통합하는 힘이기 때문이다. 소통의 정신은 예술 창작에서 가장 중요한 측면의 하나이다." 역설적인 것은 그가 만든 영화의 난해성 때문에 그가 원한 소통이 감독과 관객 사이에, 관객들 사이에 얼마나 이루어질 수 있는가이다. 그러나 난해함에도 그의 영화가 갖는 고유한 매력 때문에 관객들은 그의 영화를 보고 또 보면서 논리적 차원의 상호 이해가 아닌, 정서와 마음의 소통에 다가가는 듯하다.

타르콥스키는 감독들의 감독이자 영화인들이 사랑하는 영화 제작자이다. 탁월한 영상미, 편집되지 않은 긴 숏들 속에서 창조되는 완전히 영화적인 시간과 공간, 사운드 트랙의 미학적 활용, 이미지와 상징의 모호성으로 인해 다양한 해석이 가능한 점 등 그의 영화는 전 세계 영화 감독들에게 영감의 원천으로 작용하고 있다.

07 | 해빙기 이후 소비에트 해체까지

1970~1980년대는 소비에트 체제와 문화의 정체기였다. 그런데 이 시

기에 소비에트 영화에서 가장 대중적으로 사랑받은 두 편의 영화가 제작되었다. 그 하나는 랴자노프 감독의 〈운명의 아이러니, 혹은 목욕 잘하세요〉(1975)라는 작품이다. 로맨틱 코미디 형식을 띠고 있는 이 영화는 1976년 올해의 영화로 선정되었고, 남자 주인공 역을 맡은 스타 배우 안드레이 마흐코프는 올해의 최고 배우로 꼽혔다. 영화는 현재까지도 러시아에서 최고의 인기를 누리고 있으며 매년 새해 전야에 러시아 TV에서 방영된다. 새해 전야에 이 영화를 방영해 주는 이유는 영화의 내용이 바로 그 시간에 일어나는 일이기 때문이다. 러시아인들에게는 이 영화를 매년 보고 또 보면서 새해를 맞이하는 것이 일종의 전통이 되어 버렸다.

〈운명의 아이러니〉

먀흐코프가 연기하는 제냐는 결혼을 앞둔 모스크바 시민이다. 제냐와 세 친구는 새해 전야에 도시 대중 바냐를 찾아간다. 술에 취한 두 친구는 잠이 든 나머지 두 친구 중 누가 레닌그라드로 가야 하는지 기억하지 못해 실수로 제냐를 레닌그라드 행 비행기에 태운다. 그 사실을 모르는 그는 택시를 타고 자기 집으로 찾아간다. 레닌그라드에도 모스크바와 똑같은 이름의 거리에 똑같은 아파트가 있다. 곧바로 잠에 빠져든 그를 진짜 집주인 나쟈가 돌아와 흔들어 깨우면서 영화의 본격적인 줄거리가 시작된다. 서로 자기 집이라 우기던 두 사람은 점차 자초지종을 깨닫게 되고 이왕 이렇게 된 거 함께 새해를 맞이하기로 한다. 그렇게 각자 자신에 관한 이야기를 하며 함께 새해 식탁에 앉은 두 사람은 어느덧 서로에게 호감을 넘어 사랑에 빠지는 사이가 된다. 운명이 두 사람을 맺어준 것이다. 그것이 가능했던 이유는 아이러니하게도 주택난을 해결하기 위해 러시아 전역에 천편일률적인 아파트를 공급했던 소비에트 체제의 획일적인 문제해결 방식 때문이었다. 이 유쾌하고 멋진 코미디는 사회적 논평의 성격도 곁들여 정체성과 개성이 사라진 소비에트 도시에도 인간적인 것, 로맨틱한 것이 살아 숨 쉬고 있음을 증명해 보여주었다.

또 다른 영화는 블라디미르 멘쇼프 감독의 〈모스크바는 눈물을 믿지 않는다〉(1979)이다. 세 여자 친구를 통해 소비에트 여성의 삶을 보여주는 이 영화 역시 큰 대중적인 인기를 얻었으며, 1981년 아카데미 최우수 외국어 영화상을 받기도 했다.

〈모스크바는 눈물을 믿지 않는다〉

기숙사에서 함께 살던 세 친구의 인생은 어떤 남자를 선택하느냐에 따라 그 길이 달라진다. 류드밀라는 여자의 인생은 좋은 남자를 붙잡는 것으로 결정된다고 믿고 잘나가는 운동선수와 결혼한다. 그러나 그녀는 이혼 후 세탁소 점원으로 살아가게 된다. 순박한 안토니나는 전기 기술자의 아내가 되어 평범한 삶에 만족하며 살아간다. 베라 알렌토바가 연기한 주인공 카테리나는 그녀를 사랑한다고 믿었던 루돌프에게 버림받는다. 그녀는 미혼모가 되어 홀로 딸을 키우며 열심히 공부하고 노력해 공장장의 지위까지 오른다. 그런 카테리나에게 사랑이 찾아온다. 알렉세이 바타로프가 연기한 고샤라는 남성이 나타난 것이다. 둘은 사랑하게 되지만 카테리나는 자신의 신분을 감추고 그를 만난다. 카테리나가 공장장이라는 것을 알게 된 고샤는 화가 나 그녀를 떠난다. 어찌할 바를 모르고 울고 있는 카테리나에게 류드밀라는 '모스크바는 눈물을 믿지 않아'라는 말을 해준다. 눈물을 짜고 있을 사이에 당당하게 사랑을 쟁취하라는 의미일까. 결국 고샤는 다시 돌아오고 영화는 해피 엔딩으로 마무리된다.

이 영화는 소련 사회에서 여성의 위치에 대해 질문하게 만든다. 여성이 남성보다 벌이가 좋고 사회적 지위가 높아도 여성의 진짜 위치는 남성과의 관계에서 결정되는 것으로 보인다. 고샤의 가부장적 태도와 그에 순응하는 카테리나를 통해 소비에트 이데올로기가 남녀의 평등을 내세웠지만, 실제 소비에트 사회 역시 매우 가부장적이었다는 것이 드러난다.

소비에트 해체 일 년 전에 제작된 〈인터걸〉(1989)이라는 영화에서는 이 시기 소비에트 여성의 삶이 얼마나 위태로웠는지를 보여준다. 달러를 벌기 위해 외국인을 상대로 성매매에 종사하는 타냐는 그녀를 진심으로 사랑하는 스웨덴 사업가와 결혼해 이민을 떠난다. 가난이 지긋지긋해서 고국을 떠났지만, 막상 낯선 외국에서 그녀는 향수병에 걸려 고통스러워한다. 영화의 마지막 장면은 비가 주룩주룩 내리는 날 눈물을 흘리며 스톡홀름 공항으로 차를 몰고 가는 타냐의 얼굴을 보여준다. 맞은편에서 달려오는 트럭이 중앙선을 넘으며 자동차 사고로 그녀가 사망하리라는 것이 예고된다. 영화는 곧 닥칠 체제의 붕괴 이후 자본주의에 모욕당할 러시아의 미래를 예견하는 것만 같다. 이 영화는 한국에도 직수입되어 전국 개봉관에서 상영된 바 있다.

08 | 포스트 소비에트 영화

소비에트 체제의 붕괴는 러시아 영화 산업에 큰 전환을 가져왔다. 영화 제작 및 배급에서 검열이 철폐되었고 영화 산업 구조도 탈중앙집권화 되었다. 스튜디오들은 자체 재정으로 운영되는 체제로 바뀌었다. 영화의 소재 선택이 자유로워지자 영화 제작자들은 스탈린주의를 비롯한 가까운 과거 역사의 어두운 비밀을 공개적으로 다루고 싶어 했다. 역사에 대한 재평가 작업과 특히 스탈린에 대한 강도 높은 비판이 이루어졌다. 가장 유명한 영화는 니키타 미할코프 감독의 〈태양에 지친 사람들〉(1994)이었다. 그는 이 영화로 아카데미 최우수 외국어 영화상을 수상하여 세계 영화계에서 확고한 입지를 구축했다. 영화는 제목이 암시하듯이 '시대의 태양'인 스탈린에 지친 사람들에 관한 이야기로 1930년대 스탈린의 대숙청 시기를 배경으로 하고 있다. 감독이자 배우인 미키타 미할코프가 혁명과 내전의 영웅인 전설적인 여단장 코토프를 연기했다. 올렉 멘시코프는 코토프를 체포하라는 명령을 받고 찾아온 인물 미챠를 연기했다.

〈태양에 지친 사람들〉

스탈린의 총애를 입으며 모스크바 근교의 화려한 다차에 머무는 코토프를 10년 만에 미챠가 찾아온다. 영화 속 인물들의 대화를 통해 오래전 코토프가 미챠의 약혼녀와 그의 집을 빼앗고 그에게 과거의 백군 동지들을 배반하도록 했다는 사실이 밝혀진다. 내무인민위원회의 비밀경찰이 되어 돌아온 미챠는 코토프에게 당의 의심을 받고 있다는 사실을 전해준다. 그러나 스탈린에 대한 확고한 믿음을 갖고 있는 코토프는 스탈린에게 전화 한 통만 하면 모든 일이 무사히 끝날 것이라고 확신한다. 체포되어 가는 차 안에서 무참히 구타당하면서 비로소 그는 자신의 운명을 깨닫는다. 결국 그는 모스크바에서 처형되고 영화는 미챠가 욕실에서 자살하는 것으로 끝난다. 영화의 결말 부분에서 스탈린의 초상이 그려진 포스터가 열기구에 의해 공중에 올라갈 때, 미챠가 입술을 일그러뜨리며 경례를 하는 장면은 이 영화의 압권이다.

영화는 어느 하루를 통해 한 시대를 증언한다. 그것은 개인의 통렬한 연대기이자 역사의 비극적 드라마이다. 주인공들의 개인적 운명 뒤에는 시대의 운명이 굴절되어 있다. 스탈린 개인숭배의 충실한 담지자였던 코토프는 맹목적인 충성에 대해 잔인한 숙청으로 보답받는다. 미챠는 잃어버린 것을 찾기 위해 스탈린 체제에 반복적으로 협조하지만, 그의 타협적 순응은 권력의 거대한 기만 속에서 다시 절망으로, 결국 자살로 귀결된다. 그는 배반당하고 배반하는 자이며 희생당하고 희생시키는 자이다. 이 모든 비극의 배후에는 역사적 비극의 연출자인 스탈린 체제의 반(反) 인간성, 허구성, 기만성이 자리하고 있다. 태양은 스탈린 체제가 만들어낸 기만과 허위의 메타포이다. 태양에 속고 태양이 속이도록 허용한 모든 이들은 그 태양에 의해 지치고 태워질 수밖에 없는 운명을 공유한다.

세르게이 보드로프 감독의 〈카프카즈의 포로〉(1996)는 동명의 톨스토이 소설의 플롯과 인물을 사용해 현대 체첸 전쟁을 배경으로 만든 영화이다. 세르게이 보드로프 2세가 연기하는 질린과 올렉 멘시코프가 연기하는 사샤는 러시아 병사로 정찰 중 체첸인들에게 생포된다. 마을의 우두머리인 압둘 무라트는 러시아군 주둔지에 포로로 잡혀있는 아들과 이들을 맞교환하려 한다. 질린의 어머니는 아들의 편지를 받고 그를 구하러 러시아군 주둔지로 온다. 한편, 사샤는 탈출을 시도하려다 현지인 두 명을 살해하지만, 다시 붙잡혀 체첸인들에 의해 처형된다. 압둘 무라트의 아들 역시 탈출을 시도하다 러시아 군인들에 의해 사살된다. 압둘 무라트는 자비를 베풀어 질린을 놓아준다. 영화 마지막 장면에서 러시아군의 헬기들이 질린이 풀려난 마을을 공격하기 위해 그의 머리 위를 날아간다.

영화 속에서 냉소적인 직업 군인 사샤는 제국주의 러시아의 공격성을 대변한다. 반면, 압둘 무라트의 어린 딸과 교감하는 질린은 온화한 성품에 체첸인들을 이해하려는 존중의 마음을 갖고 있다. 압둘 무라트가 베푼 자비는 부성과 모성이라는 인지상정에 기초한 참된 인간성을 보여준다. 사샤와 질린의 운명이 갈리는 데서 인간성에 대한 감독의 시

〈카프카즈의 포로〉

각을 엿볼 수 있다. 이 영화는 러시아가 소수 민족과 그들의 문화를 침해하는 것을 비판하며, 탈 제국주의 세계에서 러시아의 정체성을 탐색하기도 한다. 이질적인 다른 문화와 대면했을 때 러시아는 자신을 어떻게 인식하는가. 타자로서의 카프카즈는 19세기 이후 줄곧 러시아에 같은 질문을 제기해오고 있었다.

영화제작 여건이 현저히 악화하고 영화가 갖는 사회적 시의성에 대한 관객의 인식이 하락하면서 1990년대에 영화제작은 급속히 감소했다. 이 시기 러시아 비디오 시장은 극장 티켓 판매를 훨씬 웃도는 수익을 챙겼다. 영화는 제작되자마자 비디오로 출시되어 극장 판매 부진을 메웠다. 영화는 상업성을 고려하지 않을 수 없었다. 박스 오피스에서 가져오는 돈이 없으면 영화는 소멸하고 말 것이기 때문이었다. 이런 경향에 힘입어 제작된 영화로 알렉세이 발라바노프 감독의 〈형제〉(1997)를 들 수 있다. 〈카프카즈의 포로〉에서 질린 역을 맡았던 세르게이 보드로

〈형제〉

프 2세가 주인공 다닐라 역을 맡았다. 이 영화는 도시 범죄 갱스터 장르영화로 총을 드는 것만이 유일한 생존 방식이 된 피폐한 사회의 단면을 보여준다.

체첸 전쟁에서 돌아온 다닐라는 할 일이 없어 상트페테르부르크에 있는 형을 찾아간다. 형은 청부 살해업자였고 다닐라는 형을 도와 노련한 암살자로 변모해간다. 그에게는 어떤 자비심도 후회도 없고 오로지 냉혹함만이 그를 움직인다. 그러나 그는 나쁜 사람들을 처단한다는 일종의 정의감을 가지고 주변에 보이는 비참한 사람들을 기꺼이 도와준다. 본성이 착실한 청년이었던 다닐라는 결국 다시 모스크바로 돌아가는 차 안에서 새로운 삶을 모색한다. 상당한 성공을 거둔 이 영화의 속편이 2000년에 제작되었고 세르게이 보드로프 2세는 포스트 소비에트를 대표하는 배우가 되었다. 이 영화를 통해 가치관이 붕괴된 냉혹한 현실을 살아내야 하는 러시아 젊은이들의 문제가 전면에 부각되었다. 영화는 록 음악을 사운드 트랙으로 사용하는 등 서구 영화의 영향을 보여준다.

마지막으로 소개하고 싶은 러시아 영화감독은 알렉산드르 소쿠로프이다. 그는 1951년생으로 흔히 안드레이 타르콥스키의 계보를 잇는다고 평가되며 현존하는 러시아 최고의 시네아티스트이다. 1974년에 영화 제작자의 길로 들어선 그는 1975년에 러시아 국립 영화대학에 입학해 본격적으로 연출을 전공했다. 그의 데뷔작이자 러시아 국립 영화대학의 졸업 작품으로 제출한 〈인간의 외로운 목소리〉(1978)가 러시아와 세계 영화계에 충격을 안겨 주었을 때, 이 영화를 본 타르콥스키는 "러시아 영화의 새로운 희망"이 나타났다고 말했다. 1980~1987년에 연출한 소쿠로프의 작품은 모두 상영이 금지되었으나, 페레스트로이카 이후 정치적 상황이 변하면서 스크린 상영이 대부분 허가되었고 TV로도 방영되었다. 극영화와 다큐멘터리 영화를 넘나들며 작품 활동을 이어온 그는 로테르담 국제영화제(〈세컨드 서클〉, 〈엘레지〉(1991)), 모스크바 국제 영화제(〈어머니와 아들〉(1997)), 칸영화제(〈몰로흐〉(1999), 〈아버지와 아들〉(2003)) 등에서 수상했으며, 2011년에는 〈파우스트〉로 베니스 국제영화제에서 황금사자상을 수상했다. 2000년 전주국제영화제에서 〈러시아 엘레지〉가 상영되면서 우리나라에도 소개된 바 있다.

알렉산드르 소쿠로프

시장 원리가 지배하는 1990년대 이후 러시아 영화계에서 비타협적으로 작업하고 있는 그는 거의 편집하지 않은 롱테이크 미학을 작품에 도입했다. 소쿠로프의 미학은 시간을 의식적으로 조작하거나 단절시키는 것이 아니라 '시간의 흐름'을 영상에 담아내는 것이다. 대표적인 작품이 에르미타쥐에서 러닝 타임 96분의 하나의 숏으로 구성된 영화 〈러시아 방주〉(2002)이다. 이 영화는 300년의 찬란한 러시아 문화를 보여주고 그 문화가 거대한 흐름 속에서 단절되지 않고 영원히 항해할 것이라는 감독의 의식을 담고 있다. 소쿠로프는 러시아 문화의 유산, 기억, 예술과 예술가, 삶과 죽음, 절대적인 권력의 문제들을 철학적으로 다루어 타르콥스키의 뒤를 이어 매우 난해한 감독으로 평가된다. 그러나 하마터면 과거의 러시아 유산 및 전통과 단절되어 헐리우드식 영화만을 대량 복제할 수도 있었을 현재 러시아 영화계에서 소쿠로프 감독의 존재와 그의 건재함은 러시아 영화의 자부심이라 할 만하다.

〈러시아 방주〉

11장

러시아 대중문화

01 | 로망스

'로망스'는 원래 12~13세기 중세 유럽에서 발생한 통속 소설을 일컫는 말이었다. 주로 역사적 사건이나 전설적인 이야기를 소재로 한 서사적, 서정적, 극적 성격을 가진 문학을 의미하는 용어였다. 18세기부터 프랑스와 독일 등지에서 로망스는 서정적 성격을 가진 길지 않은 노래를 의미하게 되었다. 괴테, 하이네 등 당대 유명 시인들의 작품이 로망스의 발전에 큰 영향을 미쳤다. 19세기 로망스에는 민족적인 성향이 뚜렷이 나타나기 시작했다. 오스트리아의 슈베르트, 독일의 슈만, 브람스, 프랑스의 베를리오즈, 비제 등의 작곡가들이 로망스를 작곡했다. 로망스는 보통 가수가 악기 반주에 맞추어 독창으로 불렀다.

러시아에서 로망스는 19세기 초반 낭만주의 시기에 발생했다. 집시 음악의 주제가 로망스에 자주 나타났다. 글린카, 라흐마니노프, 차이콥스키 등 많은 작곡가가 로망스를 작곡했다. 러시아 로망스는 20세기 초반에 인기 절정에 이르렀다. 유명한 로망스 가수들이 당대에 활발한 활동을 펼쳤다. 1930년부터 로망스는 차르 시대의 잔재로 치부되었고 개인적인 감정을 노래함으로써 사회주의 건설에 해롭다는 이유로 탄압받았다. 하지만 사람들은 여전히 로망스 부르기를 멈추지 않았다. 러시아 로망스의 부활은 1970년대 많은 로망스 가수의 활약에 힘입어 이루어졌다.

올렉 포구진

로망스는 클래식 음악과 대중 음악의 중간에 있는 장르다. 민요와 달리 작사가와 작곡가가 분명히 존재한다. 현재까지도 로망스는 러시아 사람들에게 많은 사랑을 받으며 불리고 있다. 현재 활동하는 로망스 가수 중 가장 대표적인 이는 올렉 포구진이다. 1968년생인 그는 1991년 첫 번째 로망스 앨범을 낸 후 매년 70회 이상의 콘서트를 국내와 해외에서 가졌다. 500곡 이상의 레퍼토리를 보유한 그는 '러시아의 은빛 목소리'라는 별칭으로 불릴 정도로 미색의 청아하고 아름다운 목소리를 소유하고 있다.

수백 곡이 넘는 로망스 중 "마부여, 말들을 빨리 몰지 마시오"라는 곡의 가사를 소개해본다.

사방은 안개에 휩싸여 있어 얼마나 우울한지. 내가 가는 길은 침울하고 기쁨이라곤 전혀 없구나. 과거는 꿈인 듯하고 아플 대로 아픈 가슴은 죄어드는구나!

어두운 평원 한 가운데서 배반과 사랑을 얼마나 잊고 싶은지. 그러나 악한 나의 지배자인 기억은 모든 지나간 것을 다시 일깨우는구나!

모든 것은 단지 거짓과 기만이었어 … 안녕, 꿈이여, 평안이여! 아물지 않는 상처의 고통만이 영원히 나와 함께 머물겠구나!

후렴) 마부여, 말들을 빨리 몰지 마시오! 나는 더 이상 서둘러 갈 곳이 없다오. 내게는 더 이상 사랑할 사람이 없다오. 그러니 마부여, 말들을 빨리 몰지 마시오!

사랑에 배반당하고 고통받는 이의 심정이 절절하게 묻어나는 로망스이다. 또 하나의 로망스 “검은 눈동자”는 러시아 시에 독일 작곡가가 곡을 붙였으며, 전설적인 성악가 표도르 샬랴핀에 의해 세계적으로 유명해진 곡이다. 가사는 다음과 같다.

> 검은 눈동자, 정열적인 눈동자, 타는 듯한 아름다운 눈동자여!
> 내가 당신을 얼마나 사랑하는지, 당신을 얼마나 두려워하는지!
> 내가 당신을 불운한 때에 만난 게 분명하오! 오, 당신이 심연보다 검은 것은 당연하오!
> 당신이 내 영혼을 애도하며 상복을 입은 모습이 보여요. 당신 속에서 승리의 불꽃이 보여요.
> 가엾은 마음이 그 속에서 타버렸다오. 그렇지만 나는 우울하지 않다오, 슬프지도 않아요.
> 내 운명은 위안을 준다오.
> 신이 인생에서 내게 주신 가장 좋은 모든 것을 나는 타는 눈동자에 희생으로 바쳤소!

이 노래는 서글픈 가사에 정열적인 곡조가 붙어 이제는 전 세계인에게 사랑받는 곡이 되었다.

02 | 바르드 음악

현대적인 의미의 러시아 대중음악은 1950년대 말에 형성되기 시작했고 바르드 음악이라는 장르가 생겨났다. ‘바르드’란 음유시인을 의미하는 말로 원래 중세 유럽에서 영주들의 성을 떠돌며 노래를 부르던 시인 겸 가수를 지칭했다. 러시아에서는 시인이자 작곡자로 직접 자신이 만든 노래를 부른 이들을 음유시인이라 불렀다. 그들은 시대비판과 저항 정신으로 당대 엄청난 대중적인 인기를 누렸다.

불라트 오쿠자바

러시아 바르드의 창시자 불라트 오쿠자바(1924~1997)는 1960~1980년대에 활동한 시인이자 바르드 가수였다. 800편에 달하는 그의 시 중 200여 편이 노래로 만들어졌다. 그는 러시아 민요조의 차분한 노래를 지어 기타를 치며 노래했다. 간결하고 철학적이며 유머러스한 가사, 서정적인 멜로디, 읊조리듯 부르는 단순한 창법이 특징이다. 그는 70년대 말까지도 자신의 노래를 공식적으로 발표하지 못했으나, 그의 노래는 대중에 의해 비공식적인 방식으로 복사되어 러시아 전역에 퍼졌다. 그는 주로 반전 메시지, 삶의 고통, 인간에 대한 사랑 등을 담은 노래를 불러 대중에게 큰 사랑을 받았다. 대표적인 그의 노래 "잘 가시오, 젊은이들"의 가사를 살펴보자.

아, 전쟁이여, 너는 무슨 비열한 짓을 했는가. 우리의 마당이 조용해졌고 우리의 젊은이들이 고개를 들었네. 그들은 때 이르게 장성해서 멀리 문지방에 겨우 보일 듯 말듯 길을 떠났네. 병사가 병사의 뒤를 이어… 잘 가시오, 젊은이들! 젊은이들, 돌아오도록 애쓰시오. 아니, 숨지 마시오. 몸을 곧게 세워 총알도 탄환도 아끼지 마시오. 그리고 자신도 아끼지 마시오. 그러나 어쨌든 돌아오도록 애쓰시오.
아, 전쟁아, 너는 무슨 비열한 짓을 했는가. 결혼식 대신 이별과 연기. 우리 아가씨들은 흰 원피스를 자기 자매들에게 나눠주었네. 장화들, 그것을 피해 어디로 숨겠는가? 그래, 녹색 날개로 추격해야지…

아가씨들, 소문을 퍼뜨리는 자들에게 침이나 뱉어주시오. 우리는 나중에 그들과 셈을 할 거요. 떠들라고 하시오. 당신들은 어떤 말도 믿을 필요가 없소. 제멋대로 전쟁터로 간다는 말을… 잘 가시오, 아가씨들! 아가씨들, 돌아오도록 애쓰시오.

1958년에 만들어진 이 노래는 2차 대전 당시 조국을 위해 전쟁터로 나간 젊은 남녀들을 회상하면서 부른 노래다. 특히 원피스를 나눠주고 나서 남자들과 똑같은 녹색 군복을 입고 장화를 신고 전쟁터로 떠난 젊은 여성들에 대한 짧은 가사는 조국을 위해 치른 희생과 기여에 대한 찬사를 담고 있다. 살아서 돌아오라는 애절하면서도 담담한 오쿠자바의 호소가 참전했던 많은 이들의 상처를 어루만져 주었을 것이다.

블라디미르 브이소츠키

또 한 명의 대표적인 바르드 가수인 블라디미르 브이소츠키(1938~1980)는 시인이자 가수, 그리고 모스크바의 타간카 극장 등에서 연기한 당대의 대표적인 연극배우였다. 격렬한 멜로디에 체제에 대한 비판, 소련 인민의 고단한 삶을 노래한 그의 노래는 700여 곡에 달했지만, 그는 단 한 장의 공식적인 앨범도 발표하지 못했다. 그러나 대중들은 그의 노래를 복제해 손에서 손으로 전하며 들었다. 그는 고함치듯, 쥐어짜듯이 부르는 창법이 매력적인 가수이다. 남성적이고 격정적인 그의 목소리에서는 강렬한 야수성이 느껴진다. 그의 자유롭고 거침없는 스타일은 그에게 가장 러시아적이고 민중적인 가수라는 영예를 가져다주었다. 그는 당국과 끊임없이 부딪혔고 어떤 공식적인 지위도 거부했다. 그는 자신의 시대에 비판과 저항의 아이콘이었다. 대표적인 그의 노래 "야생마"(1972)의 가사를 보자.

> 계곡을 따라, 낭떠러지 위에서, 가장 끝 언저리를 따라, 나는 채찍을 휘둘러 말을 달린다, 말을 재촉한다 … 숨 쉴 공기가 모자라, 바람을 마신다, 안개를 삼킨다 … 파멸적인 환희에 가득 차 느낀다. 내가 죽어가고 있다는 것, 죽어가고 있다는 것을! 좀 천천히 달려라, 말들아, 좀 천천히! 네놈들은 팽팽한 가죽끈을 휘둘러도 말을 듣지 않는구나! 어쩌자고 나는 야생마를 몰게 된 걸까. 그러니 나는 끝까지 살아낼 수도, 끝까지 노래를 부를 수도 없다. 나는 말들에게 물을 실컷 먹일 거다, 나는 노래를 다 부를 거다, 조금이라도 더 끝에 서 있을 거다 …
>
> 난 사라질 거다. 흉포한 회오리바람이 나를 쓸어가 버릴 거다. 아침이면 썰매에 태워 나를 눈 위로 끌고 갈 거야 … 이제 서두르지 말고 달리렴, 나의 말들아, 내 마지막 은신처까지 가는 길을 조금이라도 늦춰다오! 좀 천천히, 말들아, 좀 천천히! 네놈들에겐 채찍도 가죽 끈도 소용없구나! 어쩌자고 나는 이런 야생마를 몰게 된 걸까. 그러니 끝까지 살아낼 수도, 끝까지 노래를 부를 수도 없다. 나는 말들에게 물을 실컷 먹일 거다, 나는 노래를 다 부를 거다, 조금이라도 더 끝에 서 있을 거다 …
>
> 우리는 제 시간에 도착했다. 신의 손님들에게 늦는 법이란 없다. 저기 천사들은 왜 저렇게 화난 목소리로 노래하는 걸까?! 아니면 이건 흐느끼느라 종이 아주 못쓰게 되어버린 걸까, 아니면 내가 썰매를 너무 빨리 몰지 말라고 말들에게 소리를 지르고 있는 걸까?! 좀 천천히, 말들아, 좀 천천히! 제발 날듯이 달리지 말아다오! 어쩌자고 나는 이런 야생마를 몰게 된 걸까 … 만일 끝까지 살 수 없다면, 노래라도 끝까지 부르게 해다오! 나는 말들에게 물을 실컷 먹일 거다, 나는 노래를 다 부를 거다, 조금이라도 더 끝에 서 있을 거다 …

시인이자 가수는 야생마와 자신을 동일시한다. 야생마는 죽음을 향하여 빨리 달린다. 조금이라도 더 살아서 끝까지 노래를 부르겠다는 결연한 의지를 보이는 시인은 죽음을 향해 내닫는 자신의 거친 마음을 다독인다. 시대와 불화한 시인의 존재 의미는 끝까지 노래를 부르는 것에 있기 때문이다.

03 | 러시아 록

✳ 러시아의 비공식 문화

2차 대전 이후 1950년대 초에 레닌그라드에서 미국 재즈가 연주되기 시작했고, 새로운 유형의 젊은이들이 대도시에 나타났다. 이들은 이국적 음악의 첫 신봉자들이었는데, 댄스와 복장으로 그들의 정체성을 드러냈다. '스틸랴기'라고 불린 이들은 좁은 바지, 큰 신발, 체크무늬 재킷, 화려한 색상의 넥타이를 맨 차림으로 드러내놓고 비공식적인 하위문화를 즐겼다. 미국 재즈의 수요가 증가했음에도 공식 영역에서 상품이 없었기 때문에 이들은 기발한 방식으로 문제를 해결했다. 소위 '자가 복제 갈비뼈 판'이라는 것을 만들어 낸 것이다. 이것은 흉부 동공, 척추, 부러진 뼈 등을 찍은 엑스레이 감광판 가장자리를 가위로 둥글게 자른 것으로 중앙에 작은 구멍이 있고 표면에 홈들이 나 있었다. 엑스레이 감광판은 레코드를 만드는 데 필요한 플라스틱을 가장 싸고 손쉽게 구할 수 있는 원천이었다. 특수한 기계를 이용해 홈들을 새기면 갈비뼈 판이 완성되었다. 이 갈비뼈 판들은 비밀리에 거래되면서 비공식 문화를 광범위하게 확산시켰다.

1960년대 소련은 소비시장을 위해 테이프 레코더를 생산하기 시작했다. 이것은 서구 음악과 비공식 소비에트 음악을 복제하는 가장 효과적인 수단이 되었다. '전국의 테이프 레코더화'라는 현상이 생겨날 정도였다. 비공식 문화 상품들은 빠르게 복제되어 친구와 친지 네트워크를 통해 전국에 배포되었다. '마그니티즈다트'로 알려진 이 기술의 궁극적 효과는 서구 록 음악이 1970년대 지배적인 문화 형태로 확대되었다는 점이었다. 비틀즈, 레드 제플린, 딥퍼플, 도나 서머의 녹음본들이 전국 곳곳에 널리 유포되었다.

러시아 록의 발생

러시아 록은 영미 록의 수입과 모방으로부터 출발했다. 서구로부터의 수입과 모방이라는 공식은 소비에트 체제 속 문화에서도 여전히 작동했던 셈이다. 러시아에 록 열풍을 일으킨 것은 비틀즈였다. 록에 대한 열광적인 반응으로 인해 1964년 모스크바에 최초로 〈방랑자들〉이라는 록밴드가 결성되었다. 학교나 기관들을 중심으로 록밴드를 만드는 것이 유행처럼 번져갔다. 소련 정권은 록의 열풍에 관심의 촉각을 곤두세웠다. 흐루쇼프는 록을 '소련을 서구화하려는 더러운 부르주아의 프로파간다', '자본주의 사회의 타락을 보여주는 장르'로 매도했다. 그러나 젊은이들 사이에 이미 광범위하게 퍼진 록을 근절하기란 불가능했다.

1970년대 러시아 록 운동이 폭발적으로 일어났다. 1970년대에 모스크바에만도 수천 개의 아마추어 밴드들이 존재했다. 이제 러시아 록은 모방의 단계를 지나 자신만의 독자적인 색깔을 모색하기 시작했다. 록은 발생부터 사회의 주류 질서에 대한 도전과 저항으로서 탄생한 음악이었다. 소비에트 사회에서 록의 저항성은 더욱 강력해졌다. 젊은이들은 록을 통해서 개인의 자유와 정체성을 찾으려 했다. 소비에트에서 록은 단순한 대중문화가 아니라 사회적 입장을 표현하는 수단이 되었다.

록밴드 〈마쉬나 브레메니〉

1968년 마카레비치를 리더로 하는 록밴드 〈마쉬나 브레메니〉(타임머쉰)가 결성되었다. 비틀즈의 영향으로 활동을 시작한 그들은 러시아 젊은이들의 고민과 희망을 전달하는 러시아 록을 탄생시켰다. 그들의 음악은 브레즈네프 체제에 대한 냉소와 비판의식을 지닌 새로운 세대의 자기표현이었다. 그들의 음악은 일관된 스타일의 가사 중심, 분명한 멜로디와 조화로운 화음을 특색으로 했다. 리더 마카레비치의 음악 철학은 낭만적 낙관주의라 할 수 있었다. 그래서 이 그룹은 삶의 절망보다는 가능성에 무게를 두었다. 최고의 히트곡인 "전환"은 변화를 두려워하지 않는 적극적이고 낙관적인 삶의 태도를 전달해준다. 가사를 살펴보자.

우리는 약속했지. 똑바른 길에서 벗어나지 않겠다고. 그러나 그렇게 되지는 않았어. 음, 솔직히 말하자면, 전환은 모두를 두렵게 하지. 그렇지만 상관없어.

그런데 겁낼 필요는 없어. 당신이 아직 남자라면, 당신이 뭐라도 할 힘이 있다면. 음, 대문 밖을 나서 보세요. 전환을 두려워하지 마세요. 선한 사람들에게는 길이 있을 거예요.

후렴) 음, 자 새로운 모퉁이야. 모터가 달려간다. 그것이 우리에게 무엇을 가져다줄지, 떨어질지 날아 오를지, 소용돌이일지 얕은 여울일지, 돌아보기 전에는 알 수가 없지. 모퉁이를 돌면 새로운 모퉁이가 있어. 모터가 달려간다. 그것이 우리에게 무엇을 가져다줄지, 떨어질지 날아오를지, 소용돌이일지 얕은 여울일지, 돌아보기 전에는 알 수가 없지. 돌아보기 전에는.

모퉁이와 전환은 러시아어에서 같은 단어이다. 모퉁이를 돌기 전까지는 무엇이 기다리고 있을지 알 수 없듯이, 전환이 어떤 것을 가져다줄지 알 수 없는 불확실한 상황이지만 두려워하지 말고 앞으로 나아가자는 희망적인 메시지를 담고 있는 밝은 노래이다.

✳ 러시아 록의 전성기

1980년대는 러시아 록의 전성기였다. 이제 당국은 록을 제도권 안으로 끌어들이려 노력한다. 국가 주도로 1980년에 트빌리시에서 록 페스티벌이 개최되었고, 1981년에 레닌그라드 록 클럽이 창설되었다. 레닌그라드 록 클럽은 록그룹에게 안정적인 공연을 보장하고 장소를 제공하는 지원기관이었으나 록을 당국이 통제하겠다는 분명한 의도를 저변에 깔고 있었다. 클럽에 등록한 록그룹에게만 공연이 허락되었고 사전에 공연 레퍼토리를 심의받아야 했다. 비록 록 정신에 반했지만 생각보다 검열이 심하지 않다는 것을 알고 활동공간이 필요했던 많은 록그룹이 클럽에 가입했다. 이들 중에는 1972년에 결성해 활동하던 〈아크바리움〉도 포함되어 있었다. 수족관이라는 의미의 이 그룹은 리더 보리스 그레벤쉬코프를 주축으로 활동했다. 그레벤쉬코프는 매우 괴팍한 성격을 가진 것으로 유명했다. 이들은 다양하고 현란한 음악적 실험을 했으며, 잦은 멤버 교체에도 불구하고 현재까지 활동을 이어오고 있을 정도로 러시아 록의 산 증인이라 할 수 있다.

록그룹 〈아크바리움〉

1983년 안드로포프 서기장의 반 록 캠페인에 따라 많은 록밴드들이 블랙리스트에 이름을 올리며 록의 종말을 고하는 듯 했다. 그러나 1985년 고르바초프의 등장과 더불어 상황은 급변했다. 그레벤쉬코프는 글라스노스트(개방)를 표방한 고르바초프의 시대를 상징하는 유명 인사로 부상했다. 1986년 모스크바 올림픽 스타디움에서 개최된 체르노빌 희생자 추모 콘서트는 소련에 록이 존재함을 서방에 알리는 기회로 작용했다. 이때부터 러시아 록그룹의 해외 진출이 시작되었다. 이러한 개혁의 바람을 타고 러시아 록의 핵심 주자로 부상한 그룹이 〈키노〉였다.

영화라는 뜻의 그룹 〈키노〉는 1982년 한인 3세 빅토르 최에 의해 결성되었다. 1961년생이었던 빅토르 최는 레닌그라드 출신으로 한인 2세 아버지와 러시아 어머니 사이에서 태어났다. 그룹 〈키노〉는 결성 후 레닌그라드 록 클럽에서 최초로 콘서트를 가졌다. 〈키노〉의 첫 번째 앨범 작업에는 그레벤쉬코프도 참여했으며, 이후 〈키노〉와 〈아크바리움〉은 합동 콘서트를 갖는 등 긴밀하게 협력했다. 〈키노〉의 대표적인 앨범으로는 〈이것은 사랑이 아니야〉(1985), 〈혈액형〉(1987), 〈태양이라

빅토르 최

는 이름의 별〉(1989) 등이 있다. 빅토르 최의 음악은 사회성이 짙은 가사들이 특징이다.

그는 활동 초기에 사회와 조화를 이룰 수 없는 젊음의 좌절과 고뇌를 노래했고 점차 반전 메시지를 담은 노래와 사회의 변화를 촉구하는 노래들을 불렀다. 매력적인 저음과 카리스마를 지닌 그의 목소리와 당대 젊은이들의 뜨거운 가슴을 대신한 가사들, 무대를 압도하는 장악력과 강렬한 사운드 등으로 〈키노〉의 음악은 엄청난 대중의 사랑을 받았으며, 빅토르 최는 러시아 록의 전설이 되었다. 그는 〈바늘〉(1988) 등 8편의 영화에도 출연해 배우로도 활동했다. 개혁과 개방의 시기에 그는 민주화의 열망을 대변하는 시대의 아이콘이었다. 한국 공연을 앞두고 있던 1990년, 그는 라트비아에서 의문의 교통사고로 사망했다. 장례식에는 수천 명의 사람들이 몰려들어 때 이른 그와의 이별을 슬퍼했다. 지금까지도 그를 잊지 못하는 많은 이들이 모스크바 아르바트 거리에 있는 추모 벽에 그를 그리워하는 글을 남기고 노래 가사를 적고 꽃을 가져다 놓곤 한다. 많은 명곡 중에서 "변화"라는 곡의 가사를 살펴보자.

온기 대신 유리의 푸른색, 불 대신 연기, 가로 세로가 그려진 달력에서 하루를 뽑아낸다.
붉은 태양은 끝까지 타오르고 하루는 태양과 함께 저문다. 불타는 도시에 그림자가 깔린다.

전깃불이 우리의 하루를 연장한다. 그리고 성냥갑은 비어있다.
그러나 부엌에서는 가스가 파란 꽃처럼 타오른다.
담배는 손에, 차는 식탁에, 이 도식은 단순하다.
그리고 더 이상 아무것도 없다. 모든 것은 우리 안에 있다.

우리는 눈의 지혜와 손의 능숙한 움직임을 자랑할 수 없다.
서로를 이해하기 위해 이런 것은 다 필요 없다.
담배는 손에, 차는 식탁에, 그렇게 써클이 닫힌다.
그런데 갑자기 왠지 뭔가를 바꾸는 것이 두려워진다.

후렴) 우리의 가슴은 변화를 요구한다. 우리의 눈은 변화를 요구한다.
우리의 웃음과 우리의 눈물 속, 정맥의 맥박 속에서도
변화! 우리는 변화를 기다린다!

이 곡은 1990년 모스크바 루즈니키 스타디움에서 열린 콘서트에서 빅토르 최가 마지막으로 부른 곡이다. 시대의 열망을 강렬하게 잘 표현한 곡이다.

마지막으로 소개할 러시아 록 가수는 알렉산드르 바슐라체프이다. 1960년에 태어난 그는 1988년 빅토르 최와 같은 나이에 자살로 짧은 생을 마감했다. 1984년에 활동을 시작한 바슐라체프와 빅토르 최는 활동 기간이 겹치지만, 그들은 상당히 다른 음악을 추구했던 로커였다. 그는 러시아 록에서 처음으로 러시아의 근원과 운명에 대한 질문을 제기한 노래를 직접 만들어 불렀다. 러시아의 지식인들과 예술가들을 그토록 괴롭혀왔던 러시아 정체성의 문제를 이 시대에 록을 통해 제기한 것이다. 그

알렉산드르 바슐라체프

의 록 가사는 록 시라고 불릴 정도로 언어적으로 풍부한 시학을 지니고 있다. 또 그만큼 난해하기도 하다. 그는 짧은 활동 기간 동안 60여 편의 뛰어난 가사를 작시했다. 그중 "작은 종들의 시대"라는 노래에서 그는 러시아의 영적 과거를 소환한다. 그는 러시아인들의 고난을 감내하는 능력에 찬사를 보낸다. 로커들은 옛날의 종지기에 상응하는 존재로서 기타줄을 뜯으며 시대의 각성을 촉구하는 이들로 그려진다. 그는 자신의 시대가 길을 잃었다는 느낌 속에서 희망을 찾고자 하는 시도를 보여준다. 록 시는 새로운 시대를 위한 매체가 되었고 러시아 록은 민족적 현상이 되었다.

✳ 록의 쇠퇴와 쇼 비즈니스의 등장

소비에트 공식 문화에 대한 대안 문화로서 러시아 록의 전성기는 소련 체제의 몰락과 함께 종말을 고하게 된다. 1990년 이후 급속한 자본주의의 유입은 러시아 록에도 치명적인 타격을 가했다. 록의 위기로 생겨난 공백 상태는 새로운 청년 문화 움직임이 빠른 속도로 확산하는 강력한 계기가 되었다. 모스크바와 상트페테르부르크를 비롯한 도시들에 많은 댄스 클럽이 생겨났고 일명 하우스 음악을 틀어놓고 열었던 밤샘 댄스파티는 젊은이들 사이에서 열광적인 인기를 얻었다. 처음에는 제도적 공간을 벗어나 새로운 창조적 실험을 하던 이런 공간들은 점차 마피아의 범죄 권력에 의해 장악되었다.

상업적인 로카 팝(팝화된 록), 혹은 팝사(러시아 팝)가 대중화되었다. 십 대를 중심으로 댄스음악이나 랩이 번성했다. 노골적으로 쇼 비즈니스라고 불리는 대중음악계는 검은 손에 의해 움직였고, 보다 많은 이윤을 노리는 음반 제작자의 횡포와 외국 가수의 모방 등 러시아 대중음악계는 많은 문제점을 노출하게 되었다. 러시아 대중음악과 1970~1980년대의 유럽 및 미국의 팝송이 동시에 인기를 누리는 현상이 나타났다. 1990년대 후반 러시아 라디오 방송에서 아바, 보니엠, 듀란 듀란 등의 지나간 팝송을 듣는 것은 일상이 되었다. 대중음악을 통해 젊은이들은 부유하고 화려한 서구의 삶에 대한 선망을 표현하기 시작했다.

알라 푸가초바

이 시기에 활동했던 대표적인 러시아 가수들을 소개하겠다. 공교롭게도 그들은 모두 여성들이다. 우선 알라 푸가초바는 1949년생으로 이미 1960년대부터 활동해 큰 인기를 얻었던 가수였지만, 소비에트 해체 이후에도 꾸준한 인기를 얻고 새로운 쇼 비즈니스 환경에 잘 적응했다. 2010년 공식적으로 은퇴한 그녀의 가장 큰 히트곡은 세계적으로 잘 알려진 "백만 송이 장미"라는 곡이다. 우리나라에서도 가수 심수봉 씨가 이 노래를 개사해 불렀다.

니코 피로스마니라는 가난한 조지아 화가가 살았다. 그는 원시주의풍의 그림을 주로 그렸다고 한다. 화가로서 빛을 보지 못하고 하루하루 연명하던 그는 어느 날 평소 짝사랑하던 프랑스 출신의 여배우 마르가리타가 자신의 도시에 공연을 온다는 소식을 들었다. 그는 전 재산과 그림을 팔아 장미 백만 송이를 사서 그녀가 묵는 호텔 앞 광장을 온통 장미꽃밭으로 만들었다. 그의 사랑 표현에 감동한 마르가리타는 잠시 그와 행복한 시간을 보냈지만 결국은 떠나가 버렸다. 이 실화를 바탕으로 시인 안드레이 보즈네센스키가 가사를 쓰고 알라 푸가초바가 노래를 불러 러시아의 국민가요가 탄생했다. 가사를 보자.

옛적에 한 화가가 살았네. 작은 집과 캔버스를 가지고 있었네.
그는 어느 여배우를 사랑했다네.
그녀는 꽃을 좋아했지. 그는 집을 팔고 그림과 모든 것을 팔았네.
그 돈으로 꽃의 바다를 샀다네.

당신은 아침에 깨어 창가에 서지. 내가 혼이 나간 걸까? 꿈이 계속되는 듯 광장이 꽃으로 가득하네.
심장이 얼어붙네. "어떤 부자가 이런 이상한 짓을 한 걸까?" 그러나 창문 아래 간신히 숨을 쉬며 가난한 화가가 거기 있었다네.

그들의 만남은 짧았고 밤기차는 그녀를 싣고 떠났네. 그러나 그녀의 삶에는 미친 듯한 장미의 노래가 있었네. 화가는 홀로 살았네.
많은 불행을 겪었지. 그러나 그의 삶에는 꽃으로 뒤덮인 광장이 있었다네.

후렴) 백만 송이 백만 송이 백만 송이 빨간 장미. 당신은 창 안에서 창 안에서 창 안에서 보고 있죠.
사랑에 빠진 사랑에 빠진 진정 사랑에 빠진 사람은 자신의 삶을 당신을 위해 꽃으로 바꾼다네.

이토록 애틋한 사랑 이야기가 또 있을까 싶다.

1983년생의 알쑤는 러시아 내 타타르스탄 공화국 출신으로 2000년에 유로비전 송 콘테스트에서 2위를 차지하면서 국제적으로도 알려졌다. 15세였던 1998년부터 음악 활동을 시작해 최초의 싱글 곡이었던 "겨울 꿈"과 "때때로"가 큰 인기를 얻었다. 1999년에 발매된 첫 앨범은 러시아에서만 70만 장이 팔렸다고 한다. 이후 영어로도 작업한 그녀의 앨범은 러시아 이외 유럽 각국에서도 판매되었고 한국에까지 알려졌다. 현재까지도 왕성한 활동을 하는 대표적인 러시아 가수이다.

1999년에 결성된 여성 2인조 그룹 〈타투〉는 초기에는 레즈비언의 이미지를 활용했으나 점차 그에서 벗어났다. 러시아어와 영어로 된 그들의 앨범 〈나는 미쳐버렸네(All the things she said)〉는 세계적인 인기를 얻었다. 2011년에 공식적으로 해체되어 멤버 각자가 솔로로 활동하고 있는 것으로 알려졌다.

현재 러시아의 대중음악은 세계적인 추세와 흐름을 같이 하고 있으며 k-pop의 강세 등으로 다소 위축된 것으로 보인다.

04 | 러시아 애니메이션

러시아가 애니메이션 강국이라는 사실은 잘 알려지지 않았다. 그러나 러시아 애니메이션은 그 예술성과 메시지, 종합 예술적 성격 등으로 이미 국제적 명성을 얻고 있다. 러시아 애니메이션은 대중 예술이라고만 보기가 어렵다. 디즈니나 일본 애니메이션과 같은 상업성에서 다소 멀기 때문이기도 하고 높은 예술적 수준 때문이기도 하다. 고전적 의미의 예술과 대중 예술의 경계선에서 자신만의 독자적인 세계를 구현하고 있는 러시아 애니메이션의 세계로 떠나보자.

러시아 애니메이션의 특징은 교육적이고 예술성이 높다는 것이다. 러시아 애니메이션에서는 항상 도덕성과 휴머니즘이 승리한다. 애니메이션은 아동뿐만 아니라 성인을 위한 것이기도 하다. 그만큼 수준이 높고 생각할 거리를 준다. 애니메이션을 구성하는 그림은 뛰어나게 아름답다. 배경 음악 역시 다양하고 작품의 분위기를 효과적으로 살려준다. 러시아의 풍요로운 문학과 음악의 전통이 애니메이션에 녹아들어 있다.

러시아 애니메이션은 1937년 〈소유즈 물트필름〉에 의해 제작되기 시작했다. 소련 애니메이션의 선구자는 이바노프-바노로 러시아 고유의 정서와 분위기를 살린 애니메이션을 제작했다. 그는 소련 최초의 장편 애니메이션인 〈곱사등이 망아지〉를 비롯해 50여 편의 다양한 애니메이션을 만들었다. 이후 그의 영향은 러시아 애니메이션 전체에 미쳤다고 해도 과언이 아니다.

✳ 애니메이션의 서정시인 노르슈테인

노르슈테인

러시아 애니메이션의 거장 유리 노르슈테인은 1941년생으로 이바노프-바노로부터 민중예술과 러시아 전통 예술을 배웠다. 그는 이바노프-바노와 함께 제작한 〈케르제네츠의 전투〉로 1973년 뉴욕 애니메이션 페스티벌에서 대상을 받았다. 이 작품은 종이 애니메이션으로 제작되어 그 움직임이 마치 실사 같다는 평가를 받았다. 몽골의 러시아 침입 이야기를 애니메이션으로 표현했는데, 짧은 한 편의 작품 안에 러시아 정교 문화와 당시 전투 상황을 빼어난 예술적 감각으로 창조해냈다.

1977년 그는 〈안개 속의 고슴도치〉라는 놀라운 작품으로 시카고 애니메이션 페스티벌에서 그랑프리를 수상한다. 몽환적이고 시적인 영상, 철학적 깊이를 지닌 대사 등으로 러시아가 아니면 만들 수 없는 애니메이션이 탄생했다고 해도 과언이 아니다. 10여 분 동안 이어지는 짧은 이 애니메이션의 내용은 다음과 같다.

고슴도치가 친구인 곰의 집을 찾아간다. 곰과 함께 딸기잼을 넣은 차를 마시며 함께 별을 세기 위해서이다. 그런데 길을 가다가 숲속에서 그만 안개 때문에 길을 잃게 된다. 그리고 안개 속에서 큰 부엉이와 달팽이, 박쥐, 흰 말 등을 만난다. 고슴도치는 부엉이와 함께 우물 속을 들여다보기도 하고 달팽이는 코끼리로 변하기도 한다. 이 모든 것이 실제인지 환영인지 분간하기가 어렵다. 특히 몇 번 나타나는 흰 말에 대해 고슴도치는 그것이 실제로 존재하는 것인지 의문을 품는다. 도중에 고슴도치는 딸기잼이 든 보자기를 잃어버리기도 하는데, 다행히 다시 찾아낸다. 길을 서두르려는 고슴도치가 강물에 떠내려가게 되었을 때, 누군가 나타나서 그를 무사히 뭍으로 데려다준다. 마침내 곰의 집에 도착한 고슴도치는 그를 기다리느라 지친 곰의 수다스러운 이야기를 들으며 숲에서 본 것들에 대해 생각한다.

〈안개 속의 고슴도치〉

영화 속의 안개는 어린 아이가 세계를 받아들이는 방식을 상징한다. 아이는 그 속에서 우정과 위험, 수수께끼를 발견한다. 그 세계는 일상을 벗어난 꿈과 환상의 세계이다. 곰의 집으로 가는 것은 환상과 꿈의 세계에서 일상적인 세계로 돌아감을 의미한다. 영화의 의미에 대해 많은 연구자가 다양한 방식으로 해석했지만, 일반 감상자들로서는 잠시나마 이 몽환적인 세계 속에서 동심으로 돌아가는 것으로 충분할 것이다.

노르슈테인은 이 외에도 〈여우와 토끼〉, 〈황새와 학〉, 〈이야기들의 이야기〉, 〈외투〉 등의 뛰어난 작품들을 제작했다.

✳ 〈마샤와 곰〉

〈마샤와 곰〉

2009년 러시아 애니메이션 스튜디오 〈아니마코르드〉는 전 연령을 대상으로 한 애니메이션 〈마샤와 곰〉을 제작하기 시작했다. 2012년까지 26개의 시리즈로 구성된 첫 번째 시즌이 방영되었고, 시즌 2(2012~2015), 시즌 3(2015~2019)가 방영되었다. 2020년에는 시즌 4가 시작되었고 계속 새로운 에피소드가 추가되고 있다. 마샤라는 꼬마 여자아이가 우연히 자기 집에서 멀리 떨어지지 않은 곰의 집을 찾게 되면서 이야기는 시작된다. 늘 기발한 장난으로 곰을 난처한 상황에 빠뜨리는 마샤, 그러나 곰은 가족이 없는 마샤를 아버지처럼, 아저씨처럼 보살피고 애정을 준다. 마샤와 곰의 우정에 대해 풍부한 상상력으로 만든 이 애니메이션은 매회가 유쾌하고 흥겹다. 곰뿐만 아니라 숲에 살고 있는 토끼와 늑대들, 다람쥐, 고슴도치, 연못에 사는 개구리들, 마샤가 키우는 염소와 개, 그리고 곰이 사랑에 빠진 암곰 등은 때로 티격태격하면서도 조화롭게 살아가는 숲의 한 가족과 같다. 그래서 부모, 형제, 자매도 없이 집에 홀로 살고 있어도 마샤는 외롭지 않다. 마샤의 나날은 새로운 모험으로 가득 차 있다. 이 애니메이션은 올렉 쿠좁코프 감독의 머릿속에서 탄생했는데, 러시아의 구전 동화인 "마샤와 곰", 그리고 미국 애니메이션 〈톰과 제리〉에서 영감을 받았다고 한다.

〈마샤와 곰〉의 탁월성은 매회 기발한 상상으로 만들어 낸 5분짜리 이야기뿐만 아니라, 러시아의 자연을 기가 막힐 정도로 아름답게 그린 그림과 적절한 음악에도 기인한다. 무엇보다 마샤의 독특한 목소리와 웃음소리야말로 이 애니메이션을 엄청난 히트작으로 만든 요인이다. 〈마샤와 곰〉의 인기는 해외로까지 번져서 한국에서도 TV로 방영한 적이 있으며, 전 세계적으로 사랑받는 애니메이션계의 최강자로 자리 잡았다.

참고문헌

갈레오티 마크. 『짧고 굵게 읽는 러시아 역사』. 이상원 역. (서울: 미래의 창, 2021).

강덕수 외. 『러시아, 도시로 읽다』. (서울: 한국외국어대학교 지식출판콘텐츠원, 2019).

강윤희 외. 『러시아학 입문』. (서울: 인간사랑, 2006).

강태용. 『동방 정교회』. (서울: 익산, 1991).

고 골. 『구식의 지주들』. 허선화 역. (전주: 달섬, 2022).

______. 『뻬쩨르부르그 이야기』. 조주관 역. (서울: 민음사, 2009).

고리끼 막심. 『어머니』. 최윤락 역. (서울: 열린책들, 2009).

강명관 외. 『고전의 힘』. 부산대학교 교양교육센터 엮음. (서울: 꿈결, 2013).

구로카와 유지. 『유럽 최후의 대국, 우크라이나의 역사』. 안선주 역. (파주: 글항아리, 2022).

끄로포뜨낀. 『러시아 문학 오디세이』. 문석우 역. (서울: 작가와비평, 2011).

금난새. 『금난새와 떠나는 클래식 여행 1』. (서울: 생각의 나무, 2009).

______. 『금난새와 떠나는 클래식 여행 2』. (서울: 생각의 나무, 2007).

______. 『금난새의 내가 사랑한 교향곡』. (서울: 생각의 나무, 2008).

길레스피 데이비드. 『러시아 영화』. 라승도 역. (서울: 그린비, 2015).

김도윤. 『에로스의 예술 발레』. (파주: 살림출판사, 2012).

김주연. 『페테르부르크, 막이 오른다』. (서울: 파롤앤, 2021).

김희은. 『러시아 그림 이야기』. (서울: 자유문고, 2019).

나이스 데이비드. 『스트라빈스키, 그 삶과 음악』. 이석호 역. (서울: 포노, 2014).

네루 J. 『세계사 편력 2』. 곽복희.남궁원 역. (서울: 일빛, 2004).

똘스또이. 『안나 까레니나』. 최선 역. (서울: 창비, 2019).
랴자놉스키 V. 니콜라스, 스타인버그 D. 마크. 『러시아의 역사 상.하』. 조호연 역. (서울: 까치, 2011).
로버츠 J.M. 『히스토리카 세계사 4. 다양해지는 문화의 시대』. 조윤정 역. (파주: 이끌리오, 2007).
_________. 『히스토리카 세계사 6. 근대 유럽의 형성』. 윤미연 역. (파주: 이끌리오, 2007).
_________. 『히스토리카 세계사 7. 혁명의 시대』. 오윤성 역. (파주: 이끌리오, 2007).
_________. 『히스토리카 세계사 8. 유럽의 제국들』. 이은경 역. (파주: 이끌리오, 2007).
_________. 『히스토리카 세계사 9. 신흥 세력의 등장』. 유수아 역. (파주: 이끌리오, 2007).
_________. 『히스토리카 세계사 10. 새로운 세계화 시대』. 진우기. 김성재 역. (파주: 이끌리오, 2007).
르제프스키 니콜라이 엮음. 『러시아 문화사 강의』. 최진석 외 역. (서울: 그린비, 2011).
링컨 W.브루스. 『상트페테르부르크』. 허승철 역. (서울: 삼인, 2021).
미노루 니시하라. 『클래식을 뒤흔든 세계사』. 정향재 역. (서울: 북뱅, 2016).
민은기, 신혜승. 『Classics A to Z 서양 음악의 이해』. (파주: 음악세계, 2014).
바커 아델 마리 엮음. 『러시아 소비하기. 포스트소비에트 러시아의 사회와 대중문화』. (서울: 그린비, 2018).
박종호. 『불멸의 오페라 3』. (서울: 시공사, 2015).
박지배. 『표트르 대제, 강력한 추진력으로 러시아를 일으키다』. (파주: 살림, 2009).
박태성. 『러시아는 어떤 나라인가』. (서울: 신아사, 2018).
방일권. 『상트페테르부르크』. (파주: 살림, 2004).
베 버. 『사회경제사』. 조기준 역. (서울: 삼성출판사, 1987).
볼코프, 솔로몬. 『권력과 예술가들』. 백경희 · 이대우 역. (서울: 우물이 있는 집, 2015).
봄-두첸 모니카. 『샤갈』. 남경태 역. (서울: 한길아트, 2003).
부닌 이반 알렉세예비치. 『아르세니예프의 생애』. 이항재 역. (서울: 나남, 2008).

뿌쉬낀 알렉산드르. 『벨낀이야기』. 석영중 역. (서울: 열린책들, 2001).
빌링턴 제임스. 『이콘과 도끼 1,2,3』. 류한수 역. (서울: 한국문화사, 2015).
__________. 『러시아 정체성』. 박선영 역. (서울: 그린비, 2018).
서순 도널드. 『유럽 문화사 II 1830~1880 부르주아 문화』. (서울: 뿌리와이파리, 2020).
서 정. 『그들을 따라 유럽의 변경을 걸었다』. (서울: 모요사, 2016).
석영중. 『러시아 정교』. (서울: 고려대학교 출판부, 2005).
솔제니친 알렉산드르. 『이반데니소비치의 하루』. 이영의 역. (서울: 민음사, 2021).
송병건. 『경제사』. (서울: 해남, 2019).
_____. 『비주얼 경제사』. (파주: 아트북스, 2019).
_____. 『세계화의 단서들』. (파주: 아트북스, 2019).
_____. 『세계화의 풍경들』. (파주: 아트북스, 2019).
스카코브 나리만. 『타르코프스키의 영화』. (서울: B612, 2012).
스트라빈스키. 『음악의 시학』. 이세진 역. (서울: 민음사, 2015).
슬로님 마르크. 『소련현대문학사』. 임정석, 백용식 역. (서울: 열린책들, 1989).
시프먼 제러미. 『차이콥스키, 그 삶과 음악』. 김형수 역. (서울: 포노, 2011).
에이젠슈테인. 『이미지의 모험. 영화론과 영화작품』. 전양준 편역. (서울: 열린책들, 1990).
오종우. "스탈린주의의 탈신화화: 영화 〈태양과 지친 사람들〉과 〈도둑〉을 중심으로." 『노어노 문학』. 18권. 2호. pp. 309-342.
『우리에게 다가온 러시아 발레』. 한양대학교 아태지역 연구센터 러시아 유라시아 연구사업단 엮음. (서울: 뿌시낀하우스, 2021).
웨어 디모데. 『동방정교회의 역사와 신학』. 이형기 역. (서울: 한국장로교출판사, 1999).
유학수 외. 『러시아 문화』. (파주: 강원도 교육청, 2018).
유형종. 『신화와 클래식』. (서울: 시공사, 2021).
음악지우사 편. 『러시아 악파』. 음악세계 역. (서울: 음악세계, 2003).
__________. 『쇼스타코비치』. 음악세계 역. (서울: 음악세계, 2014).
__________. 『스트라빈스키』. 음악세계 역. (서울: 음악세계, 2012).
__________. 『차이코프스키』. 음악세계 역. (서울: 음악세계, 2002).
이길주, 한종만, 한남수. 『러시아. 상상할 수 없었던 아름다움과 예술의 나라』. (서울: 리수, 2013).

이덕형. 『러시아 문화예술 천년의 울림』. (서울: 성균관대학교 출판부, 2002).
이상우. 『러시아 발레』. (서울: 예니. 2002).
이주헌. 『눈과 피의 나라 러시아 미술』. (서울: 학고재, 2009).
이진숙. 『러시아 미술사』. (서울: 민음인, 2016).
이호림. "러시아 국립 청년 심포니 오케스트라 연주회". 『월간 리뷰』. 61권 4월호. 2021.
_____. "마린스키 극장 오케스트라 연주회". 『월간 리뷰』. 68권 11월호. 2021.
_____. "바이에른 방송 교향악단 연주회". 『월간 리뷰』. 65권 8월호. 2021.
_____. "발레 〈청동 기마상〉". 『월간 리뷰』. 50권 5월호. 2020.
_____. "발레 〈청동 기마상〉 2". 『월간 리뷰』. 51권 6월호. 2020.
_____. "상트 페테르부르크 필하모니 개관 100주년". 『월간 리뷰』. 64권 7월호. 2021.
_____. "오페라 〈보리스 고두노프〉". 『월간 리뷰』. 52권 7월호. 2020.
_____. "오페라 〈보리스 고두노프〉 2". 『월간 리뷰』. 53권 8월호. 2020.
정명자 외. 『러시아의 이해』. (서울: 우물이 있는 집, 2018).
정연호. 『슬라브 문화의 이해』. (서울: 신아사, 2010).
정준호. 『차이콥스키』. (파주: 아르테, 2021).
조주관. 『러시아 문학의 하이퍼텍스트』. (서울: 평민사, 2002).
조토프. 『러시아 미술사』. (서울: 동문선, 1996).
진희숙. 『무대 위의 문학 오페라』. (서울: 니케북스, 2016).
_____. 『음악사를 움직인 100인』. (파주: 청아출판사, 2013).
체호프 안똔 빠블로비치. 『벚꽃 동산』. 오종우 역. (서울: 열린책들, 2009).
카 E.H. 『러시아 혁명 1917-1929』. 유강은 역. (서울: 이데아, 2017).
코플런드 에런. 『음악에서 무엇을 들어낼 것인가』. 이석호 역. (서울: 포노, 2016).
토인비 A.J. 『역사의 연구 I, II』. 노명식 역. (서울: 삼성출판사, 1987).
톨스토이 레프. 『무도회가 끝난 후』. 박은정 역. (서울: 펭귄클래식 코리아, 2010).
파스테르나크 보리스. 『닥터 지바고』. 박형규 역. (서울: 문학동네, 2020).
파이지스 올랜도. 『나타샤 댄스』. 체계병 역. (서울: 이카루스미디어, 2005).
_____________. 『유러피언』. 이종인 역. (서울: 로크 미디어, 2020).
_____________. 『혁명의 러시아 1891~1991』. 조준래 역. (서울: 어크로스, 2017).

푸슈킨. 『예브게니 오네긴』. 최선 역. (서울: 서울대학교출판부, 2009).
프레데리크 들루슈. 『새 유럽의 역사』. 윤승준 역. (서울: 까치, 2010).
플라토노프 세르게이. 『러시아사 강의 1』. 김남섭 역. (파주: 나남, 2009).
플로롭스키 게오르기. 『러시아 신학의 여정 I』. 허선화 역. (서울: 지식을만드는 지식, 2016).
허승철 외. 『러시아 문화의 이해』. (서울: 대한교과서, 1998).
헌팅턴, 새뮤얼. 『문명의 충돌』. 이희재 역. (파주: 김영사, 1997).
헬퍼린 찰스. 『킵차크 칸국. 중세 러시아를 강타한 몽골의 충격』. 권용철 역. (파주: 글항아리, 2020).
헬름 에버렛. 『차이콥스키』. 윤태원 역. (서울: 한길사, 1998).
홀스트 이모겐. 『음악의 ABC』. 이석호 역. (서울: 포노, 2018).
화이트하우스 리처드. 『쇼스타코비치, 그 삶과 음악』. 김형수 역. (서울: 포노, 2014).
휴스 린지. 『표트르 대제: 그의 삶, 시대, 유산』. 김혜란 역. (서울: 모노그래프, 2017).

Brown David, Gerald Abraham, Lloyd-James David, Garden Edward. *The new Grove Russian masters 1: Glinka, Borodin, Balakirev, Musorgsky, Tchaikovsky.* W.W.Norton & Company. 1986.
Gerald Abraham, Hugh Macdonald, Geoffrey Norris, Rita McAllister, Boris Schwarz. *The new Grove Russian masters 2: Rimsky-Korsakov, Rakhmaninov, Skryabin, Prokofiev, Shostakovich.* W.W. Norton & Company. 1986.
Patrick O'Brien. *Atlas of World history.* Oxford university press. 2020.
Рапацкая.Л.А. История русской музыки: от древней руси до серебряного века. Планета музыки. Санкт-Петербург. 2015.
https://ru.wikipedia.org/wiki/Шолохов,_Михаил_Александрович(검색일 2022.1.2.)
https://ru.wikipedia.org/wiki/Бродский,_Иосиф_Александрович(검색일 2022.1.2.)
https://ru.wikipedia.org/wiki/Пастернак,_Борис_Леонидович(검색일 2022.1.3.)

https://terms.naver.com/entry.naver?docId=3385543&cid=60280&categoryId=60280(검색일 2022.1.28.)
https://ru.wikipedia.org/wiki/Утомлённые_сонцем(검색일 2022.2.20.)
https://ru.wikipedia.org/wiki/Сокуров,_Александр_Николаевиц(검색일 2022.2.20)
http://www.yes24.com/Product/Goods/23049259(검색일 2022.2.20.)
https://ru.wikipedia.org/wiki/Романс(검색일 2022.2.21.)
https://ru.wikipedia.org/wiki/Погудин,_Олег_Евгеньевиц(검색일 2022.2.21.)
https://pesni.retroportal.ru/sr3/48.shtml(검색일 2022.2.21.)
https://ru.wikipedia.org/wiki/Окуджава,_Булат_Шалвовиц(검색일 2022.2.22.)
www.google.co.kr/search?q=до+свидания+мальцики+стих&ei=8KMUY(검색일 2022.2.22.)
https://www.google.co.kr/search??q=кони+привередливые(검색일 2022.2.23.)
https://www.google.co.kr/search?q=поворот(검색일 2022.2.23.)
https://ru.wikipedia.org/wiki/Цой,_Виктор_Робертовиц(검색일 2022.2.26.)
https://reproduktor.net/kino/peremen/(검색일 2022.2.26.)
https://www.google.co.kr/search?q=милллион+роз(검색일 2022.3.1.)
https://ru.wikipedia.org/wiki/Ёжик_в_тумане(검색일 2022.3.5.)
https://ru.wikipedia.org/wiki/Мша_и_Медведьа(검색일 2022.3.5.)
https://blog.naver.com/ksis99(검색일 2022.3.10.)

한 권으로 읽는
러시아 문화와 예술

인쇄 2025년 8월 27일
발행 2025년 9월 1일

저 자 • 최윤희, 허선화, 이호림

발행처 • 한남대학교 탈메이지교양 · 융합대학(글누리)
대전광역시 대덕구 한남로 70
(042) 629-7722
press.hannam.ac.kr

인쇄처 • 도서출판 이 화
(042) 255-9708

ISBN 978-89-7066-412-5 03300

〈정가 18,000원〉